本书为国家社会科学基金青年项目

"20 世纪 80 年代以来的德国媒介哲学研究"（编号：19CXW014）阶段性成果

青岛大学学术专著出版基金资助

媒介观念史论

于 成 著

A History of

the Idea of Media

社会科学文献出版社
SOCIAL SCIENCES ACADEMIC PRESS (CHINA)

历史作品有开头和结尾，
但其中描绘的事件却无始无终。

——柯林伍德：《自传》

History books begin and end,

but the events they describe do not.

——*An Autobiography* by R. G. Collingwood

前　言

　　媒介，不仅是日常用语中的常用词，也是学术书写中的关键词。在许多语境中，媒介似乎是个不用加以解释的简单概念。然而，熟知非真知，尤其在学术书写中，究竟应如何理解媒介，一直是研究中的基本问题。本书即是从观念史角度，对该基本问题的一种回应。

　　本书中所谓媒介观念，是广义上的观念，不仅指媒介概念本身所具有的诸多含义，也包括中间、中介、象、用具等相关概念所具有的含义；不仅包括手段、传播工具、大众媒体等较为日常的观念，也包括延伸人体的技术、存在论化的媒介、文化技艺、技术性媒介等蕴含丰富学术性的思想观念。但本书的目的不在于对这些含义和观念分别加以解释，而在于从这些纷繁的观念中寻绎出思想的道路。为何媒介概念会在当今走出一条无限扩展的道路？要解答这个问题，就必须回到媒介观念史，回到媒介与"真"之间的关系及其走过的各种道路。

　　所谓"真"，在本书中，根据不同语境，可对应为真意、真实、真理、存在、无蔽、本有等。因此，所谓"道路"，是复数的道路。质言之，本书的目的是，在充分理解媒介观念之思想内涵的基础上，建构经由媒介通往真理的几条道路；由此可以发现，媒介概念无限扩展的根源在于媒介的存在论化。

　　本书以八章的篇幅铺陈推演。其中，第一章交代回溯地建构媒介观念的必要性和方法论。第二章分析中西词源中的媒介观，以中间状态存在论作为进一步展开媒介观念史的出发点。第三章在词源基础上，综合相关概念群，建构由中介通往真实的两条道路：中介无隔与超越阻隔。后世思想家多在超越阻隔上做文章，康德主体哲学等在这一问题上只能走向表象之真或建构之真。第四章作为过渡，认为人本主义媒介观对主体哲学构成一定的挑战，但最终没有突破。第五章和第六章以现象学为视角，建构通过对媒介的真诚性体验通达体验之真的道路和通过存在论化的媒介通达存在之真的道路，并认为这两条道路能够克服人本主义媒介观的局限。第七章和第八章倡导回到不同历史阶段的文化技艺、技术性媒介及其存在论意义，揭示它们对于我们的存在方式和思想表达的基础性影响，从而从物质性角度克服媒介概念恶性扩张带来的概念失效问题。

读者在阅读过程中，可时常参看结语部分的结论简图，以免迷失在书中所述的各种道路中。

目　录

第一章

导言

第一节　媒介观念的历史性问题

如今的媒介理论已将媒介（media）这一术语扩展到无所不包的地步，身体、技术乃至火土水气、宇宙星辰都为媒介所囊括。媒介理论从而可以与人类学、技术哲学、环境学乃至天文学、物理学交相辉映，甚至取而代之，似乎真的可以"成为形而上学的接班人"。[①] 然而，学术界在拥抱这些"理论创新"的同时，似乎不应该仅仅将之视为石破天惊的奇思妙想，因为任何当代理论都有其自身的历史性（historicity）。历史性并不仅仅是时间线意义上的历史事件的前后相继，更是人对这些事件的相关性的理解。

那么，对观念之历史性的辨析有何意义呢？有些人可能会说，当代媒介理论能够解决现实问题就够了，何必不厌其烦地"辨章学术，考镜源流"？对此，笔者十分同意柯林乌（又译作柯林伍德）的看法：历史写的是人类曾做过什么，为的是人类的自我认知（human self-knowledge）。[②] 也就是说，考察媒介观念的历史性问题，不是要告诉读者过去的人们说了哪些关于媒介的话，也不是要给予读者更多关于媒介理论的知识，而是要分

---

① John D. Peters, *The Marvelous Clouds*: *Toward a Philosophy of Elemental Media*, Chicago, IL: University of Chicago Press, 2015, p. 320.

② 〔英〕柯林乌：《历史的理念》，陈明福译，桂冠图书股份有限公司，1984，第13页。

析过去的人们如何把媒介观念发展为当代媒介理论，而这样做的价值"在于告诉我们人类曾经做过什么，并由此告诉我们人是什么"。[1] "人是什么"，更确切地说，指的是人如何存在。事实上，各个学科都在不同侧面分析着这个问题，强调历史性，无非是强调历史性乃是不容忽视的一个侧面。现代哲学对这一点已有深刻的分析，历史性乃是人理解存在的境域。

在如今的媒介研究中，忽视媒介观念之历史性的突出表现，就是把媒介当作一个"超历史"的概念。殊不知 media 本身是个现代（modern）[2]概念，而跨越前现代和现代的"媒介"则有更为丰富和复杂的含义。前现代的人们只有某种程度的中介观念和勉强可以翻译为"媒介"的单词，而很可能无法理解把书籍、石碑、符号统称为"传播工具"的想法；按照恩斯特（W. Ernst）的"中世纪无媒介"论的思路，这不是因为他们可能有这种想法而不自知，而很可能是因为他们对于世界的理解与我们不同。[3]

总之，无论研究当代的媒介，还是历史上的"媒介"，首先要厘清特定时代的媒介观念。由于特定时代的观念无法用一个概念来表达，本书所谓的媒介观念，就不仅包括历代学者加在媒介这个概念之上的思想观念，而且包括与之相关的概念及其思想内涵。把与媒介概念可能有关的论述放在"媒介观念"这一大名目之下，可能会使本书的边界模糊，但实际上，任何基础性观念本身就是不断生成变异的，很难像词典中的词条一样界定清楚。因此，冒联想过度的风险，也许比"画地为牢"更为可取。

通过对媒介观念之历史性的考察，本书无非是要明确，我们不能把今天的观念简单地套用到过去，而是要努力重演过去的人类经验，以丰富我们对自身的理解。另外，当代媒介理论如果不加批判地使用媒介这一术语，一厢情愿地把各种各样的思想内涵都加诸媒介，"'媒介'这一词汇就

---

① 〔英〕柯林乌：《历史的理念》，陈明福译，第 13 页。
② 英文 modern 包括中文中所谓的近代和现代。本书直接用"现代"翻译 modern，是为了便于同"前现代"对举，也包括中文中的近代。
③ Erik Born, "Media Archaeology, Cultural Techniques, and the Middle Ages: An Approach to the Study of Media before the Media," *Seminar: A Journal of Germanic Studies*, Vol. 15, No. 3 (2015).

会变得膨胀和可疑起来"，① 就会爆炸，从而失去解释效力。克莱默尔（Sybille Krämer）认识到，许多以媒介为名的研究，实际上并不能符合媒介概念，盲目地赋予媒介主动性、建构性，会遮蔽媒介本来的他律性、隐匿性/透明性和异质性等媒介性，使我们对于媒介重要性的认识误入歧途。② 克莱默尔以媒介性（Medialität）规定媒介的努力，确实可以给"膨胀的媒介"降温，本书对 19 世纪之前媒介观念所做的考察，也呼应了克莱默尔的论断；但我们不能就此否认物质主义媒介观存在的合理性，物质性、主动性的媒介观念，到了 20 世纪蔚为大观，今人在谈到媒介时，往往也从物质的意义上理解。事实上，无论观念意义上的媒介观，还是物质意义上的媒介观，都能从古希腊以来的媒介观念史中找到，本书即试图勾勒媒介观念演进的过程，使人们从历史性的角度理解：为何媒介在当今被赋予如此丰富的内涵？我们如何走到了这一步？这个问题，与媒介在真实/存在问题中的位置息息相关，因此本书将媒介与"真"的关系作为主导线索。

媒介观念如何与真实/存在问题相关？这个问题只能通过历史性的考察得到充分展开。媒介观念往往由中间、中介、媒介、象、手段、环节、过程等概念来表达；它不是由个人情感任意规定的，而是由这些历史性的概念规定的；不是由词语的简单相加得出的词典义项或定义，而是一种在生成变异中不断返回词语之源始意义的思想运动过程。观念只有在概念的轨道上运行，才不至于因失去根基而流于任意。

然而在当代媒介理论中，一些似乎本不属于媒介概念轨道上的东西，闯了进来，比如技术、身体乃至矿石、海洋。我们并不能因为这些东西不符合我们关于媒介的常识，就把它们轻易排除在外。经过历史性的考察后，我们会发现这样的概念扩张有一定历史必然性，与物的存在论化息息相关。换言之，在存在论的领域里，媒介观念始终伴随人们对存在问题的

---

① 温斯洛普-扬（Geoffrey Winthrop-Young）语。见王继周《文化技艺：德国文化与媒介研究前沿——对话媒介哲学家杰弗里·温斯洛普-扬》，《国际新闻界》2020 年第 5 期。

② Sybille Krämer, *Medium*, *Messenger*, *Transmission*: *An Appraoch to Media Philosophy*, trans. by A. Enns, Amsterdam, NL: Amsterdam University Press, 2015, pp. 75 - 86.

讨论，解释媒介观念，也就是从一个侧面，丰富对存在问题的理解。因此本书也将澄清，媒介观念对于人类解释存在，做出了怎样的贡献，且怎样继续做出贡献。

存在的意义问题不是存在者层面的归类问题，不是把某某归为媒介，从而赋予其新的存在意义的归类游戏，而是恰恰要问，为何人们会如此归类，如此理解媒介？媒介与存在本身的关系究竟为何？如此一问，就会发现，人虽然能够在追问存在这个意义上具有优先地位（人工智能的发展使这一点也变得可疑起来），但这并不说明，媒介与存在的意义就是由个别有理性的人单方面规定的。存在的意义是历史性的展开过程。以麦克卢汉的媒介延伸论来说，并不是从麦克卢汉起，人们才开始将媒介理解为人的延伸，理解为对于人之存在的一种本质规定，而是这一观念有其存在历史。当然，要理解这一点，还有很长的路要走（经过第二、第三章铺垫，第四、第五章进一步展开）。这里所要提示的是，媒介观念以先行的、存在论意义上的概念群为依凭，正是先行的概念造成了断裂与差异，否则一切都是单一时间线上的连续。好比书这个概念，从树皮、竹简到羊皮纸、布帛、手抄书，再到机印书、电子书，书看起来是连续的，但书的存在方式已然经过几次革命，人们对书的形式、内容的理解也随之发生翻天覆地的变化。

同样，随着存在历史的行进，人们对媒介的理解也一直发生着变化。存在历史不是线性的历史，而是通达存在过程中所走过的各种道路，其中不乏弯路和死胡同。媒介观念的外延无止境扩大，直至把媒介等同于所有存在者，乃至起决定性作用的权威，虽然这是存在历史发展到一定阶段的结果，但它也恰恰使自己走进了死胡同——说某某是媒介，相当于说某某是存在一样，而媒介沦为空洞的形式，无助于深入探讨媒介与存在的关系问题。我们需要警惕这样的诱惑：打着"万物皆媒"的旗号，视媒介为形而上学的接班人，将它规定为把所有存在者联系起来的最高概念，从而切断存在者与存在本身的联系。"万物皆媒"的后果是，人们完全可以撇开最高概念而走向各种特殊的存在者，由各种现实的媒介填满作为最高概念的媒介的空洞。这样一来：

马上就会有很多玩意儿可供我们调遣。随手可及的事物，所有在我们身边可供上手的器皿，工具，车辆等等。如果对我们来说这样的特定存在者太稀松平常了，一般配不上"形而上学"，不够高雅，不够味儿，那我们可以去找我们周围的大自然，土地，海洋，山脉，森林；还可以去找这其中的个别景物：树，鸟与虫，杂草与石头。如果我们把目光投向威力巨大的存在者，那么地球就在我们身边。以同样的方式存在着的有像近处的山穹；山后升起的月亮或某颗行星。存在着的还有在热闹大街上熙熙攘攘、你来我往的人群。我们自己也存在着，日本人存在着，巴赫的赋格曲存在着，荷尔德林的颂歌存在着。罪犯存在着，存在着的还有精神病院里的精神病人。①

若要避免"撇开存在而走到特殊的存在者那里去"，就要重新建立这些特殊存在者与存在本身的联系，后文就将指出，我们需要更具体、明了、具有现实性的概念重建这一联系，比如，复数的文化技艺与复数的技术性媒介有不同的存在论意义，单数的文化技艺和单数的技术性媒介也既各自特殊地，又相互联系地与存在本身发生关联。

当然，抛开存在论，读者也完全可以只从存在者或线性时间的层面上看本书。从存在者层面上看，本书提供了许多关于媒介的知识；从线性时间上看，本书勾勒了媒介观念的通史。不过，如此读法可能无法理解到这些知识皆关乎对存在问题的领会。之所以无法理解，是因为有品读者可能认为自圆其说、避免矛盾就是好的作品，而事物之源始状态恰恰可能是充满矛盾和斗争的。笔者在建构"往真之路"的同时，努力让思想观念呈现自由流动的状态，其中难免有矛盾之处。

需要声明的是，自由绝非否认理性，本书的写作当然需要缜密的形式逻辑，只不过让逻辑或理性凌驾于联想和想象之上，就可能错失一些风景。因此，本书中有时会出现思维跳跃，出现古代及现代、东方及西方各种学说连缀在一起的情况，这些跳跃和连缀可能与一般的讲法不同，甚至

---

① 〔德〕海德格尔：《形而上学导论》，王庆节译，商务印书馆，2015，第86页。

不可避免地犯错误，敬请指正。

第二节　词源、概念与观念

彼得斯在处理传播观念史时，在导论中反思了传播概念及其思想观念的混乱状态。从字源上看，前现代的"传播"概念与现在有很大不同，英文 communicate 源自拉丁文 commuicare，有告知、分享或使共同（make common）之意，没有对话、互动或心灵沟通的意思。在古典语艺理论中，communicare 的名词形式 communicatio 是一个术语，特指演说家的一种表达策略——在演讲时模仿对手或听众的口气说话，并不是真正的对话。现当代的传播概念则又被赋予了许多新观念，如可以用来指物理或精神实体的迁移或传输（transfer or transmission，也就是源自洛克的现代传播观念），指交换和相互性（exchange，mutuality，reciprocity，源自苏格拉底的对话观），指社会学中的符号互动，甚至用来翻译逻各斯（logos）这一更为复杂的哲学概念。除了这些不太严谨的含义，"传播"还被赋予了更具学术性的意义，在李普曼等人看来，传播可以协调公共舆论；在奥登（Charles K. Ogden）和里查兹（Ivor A. Richards）看来，传播可以使心灵相合、消除歧义；在卡夫卡看来，传播是从自我的"城堡"中突围的徒劳挣扎；在海德格尔看来，传播是一种生存状态——此在被抛于世界中，与他人共在；在杜威看来，传播是共同参与计划行动。[①] 不难看出，彼得斯虽然着力探讨传播的观念史，但并未脱离词的历史语义；他提示我们，只有在词的历史语义的基础上，才能充分揭示：我们究竟是如何理解传播观念的。

脱离历史语义的缺陷在于，仅仅把词作为中立的工具，而漠视词（逻各斯）本身就是对真理的揭示（中国也有"道说"——"道"在说），这样一来，就破坏了词与其思想内涵之间的有机联系；于是思想成为供理论家解释和取用的资源，似乎可以脱离词而独立存在，可以"得意忘言"。殊不知，"忘言"的前提是"寻言"，言与意乃是不二的。一旦人为地把思

---

① John D. Peters, *Speaking into the Air: A History of the Idea of Communication*, Chicago, IL: University of Chicago Press, 1999, pp. 1 – 32.

想内涵与其载体（词）分离，甚至让词承担起超重的思想内涵，词便破碎，失却在历史中养成的流美诗意。

媒介概念作为"零碎整体"，一种永远生成着的"可能世界"（possible world）①，丰盈但不肿胀，足以支撑起观念史的讨论；当然，它不可能囊括全部线索。着眼于"媒介"这一浓缩的固定词语及其相关的概念群，本书通过解读一些关键作家的相关作品，诠释"媒介"在前现代、现代语境中的思想内涵，尝试建构媒介观念生成流变的框架，为更深入的观念史、思想史、理论史研究奠定基础。与词源学考察不同，本书不是对媒介概念的考证，而是在学术文本中挖掘人们对于媒介概念之思想内涵的理解，因此偏向以词源为线索的观念史方法取径。鉴于媒介概念混杂日常观念和哲学思想的复杂性，本书只能在相当宽泛的广义上用观念史来界定方法取径，不同于史学方法论中狭义的观念史或思想史方法论。

在东方学界和西方学界，都鲜有文献对媒介观念进行系统性梳理和诠释，不过，一些西方媒介理论家和文化理论家在建构理论时，已经兼顾到观念的历史性问题，吉勒里（John Guillory）、基特勒（Friedrich A. Kittler）等学者的许多论述更是直接面对了这一问题。所以，我们已有充分的理由和准备重演媒介观念。② 那么，应当从哪里开始？从西方来说，答曰：古希腊。

从古希腊着手重演媒介概念，并非仅仅从时间线的在先来考虑，海德格尔（尤其是后期海德格尔）对这一点有经典的阐述。海德格尔认为，要重新唤起人对自身本真性存在的领会，必须回到早期希腊思想（即前苏格拉底思想），因为早期希腊思想是本源性的"存在之思"；回到早期希腊思

---

① Gilles Deleuze and Felix Guattari, *What is Philosophy?*, trans. by H. Tomlinson, & G. Burchel, New York, NY: Columbia University Press, 1994, p. 21.

② 德国概念史代表人物科塞雷克（Reinhart Koselleck）认为，概念可能与一些词语的多种义项有关，但它不认可约定俗成的定义，而是指向实际经验和经验关联。鉴于其多义性，概念是不可定义的，只可诠释。（见方维规《关键词方法的意涵和局限——雷蒙·威廉斯〈关键词：文化与社会的词汇〉重估》，《中国社会科学》2019 年第 10 期。）本书主要从哲学思想上对媒介概念加以诠释，较少涉及社会史、政治史层面，因此严格来讲不属于概念史研究。鉴于概念史对于媒介思想史具有启发意义，本节最后会简要讨论媒介概念史对于研究媒介概念的重要性。

想，不是为了把古希腊思想家的一言一行复制出来，而是要以早期希腊的方式思当前，更确切地说，是把古代"存在之思"中的积极因素带入当下对存在的领会之中。海德格尔在与日本教授手冢富雄的对话中，提醒人们不要误解重演（Wiederholen）希腊之思的意思：

> 我在《存在与时间》第一页上有关"重演"的谈论是经过审慎考虑的。"重演"并不意味着对永远相同的东西作一成不变的滚动，而是：取得、带来、聚集那遮蔽于古老之中的东西。①

何谓取得、带来、聚集、遮蔽？笔者将在展开媒介观念的历史性后再做诠释。这里所要指出的无非是，从古希腊的"媒介"字源着手，重演古希腊有关媒介概念的思想内涵，这不仅是理解媒介在存在论中的意义的合适切入点，也是理解媒介如何在历史中凝聚和积累为重要的思想观念的起点。

有词源做基础后，鉴于不同的史观会导致不同的历史书写方式，笔者还需交代如何利用词源和概念书写观念史的方法论。

本书区分了前现代、现代和媒介理论中的媒介观，只是为了突出现代和媒介理论中媒介观念的历史性和复杂性，并非把这些区分视为客观的历史事实，而是希望寻绎出超越线性时间的连缀乃至跳跃、断裂，从而更深入地理解当今媒介观念的生成过程。因此，本书对时间线的尊重，更多的是要建构并展开一种思想观念本身的运动过程，在纷繁的观念中建构超越媒介之隔的往真之路，而不是客观地断代。鉴于直到媒介理论出现，学者们才将媒介诠释为重要的学术概念，并借助媒介概念群表达了许多富有想象力的思想，因此，本书的大部分篇幅将会落在媒介理论上。

当然，在拥抱当代媒介思想奇观的同时，我们不能忘记，前现代和现代的媒介观念是媒介研究、媒介理论乃至媒介哲学产生的原动力，里面蕴含着丰富的思想可能性。在我们追踪理论前沿的同时，若能回溯地建构媒

---

① 〔德〕海德格尔：《在通向语言的途中》（修订译本），孙周兴译，商务印书馆，2004，第125页。

介观念展开的过程，或许能进行更有想象力的创造。因此，本书的前半部分在顾及词源、史实的同时，着重诠释其中蕴含的思想可能性，并发掘媒介观念的内在结构。

那么，如何把媒介观念的内在结构发掘出来？对于这个问题，彼得斯建构的传播观念史已经为我们提供了很好的样例，我们有必要简单梳理一下，他如何寻绎出传播观念中的基本结构——对话（dialogue）和撒播（dissemination），以进一步申明本书的方法论立场。

彼得斯将传播的原初观念定位于柏拉图的《斐德罗篇》（*Phaedrus*），定位于对话与撒播的争执。一方面，在柏拉图笔下的苏格拉底看来，爱欲（eros）使对话得以可能，这构成了如今对传播的基本理解——"一对一"对话式的心灵交流；另一方面，文字使撒播式的传播得以可能。但柏拉图又贬低文字，指责文字的中介扭曲了对话这一理想的传播模式，文字使传播不再是爱欲的结合（coupling of desires），因为书写使思想从身体中剥离，无法将作者与读者之心紧密结合。所以，在柏拉图看来，无差别的撒播并不是理想的沟通模式，亲密的对话才是"正常"的传播。然而一旦深入传播观念的历史脉络，彼得斯就发现，对话并非代表了人类对传播的唯一想象，《圣经·新约》就告诉我们，传播不仅为爱欲所驱动，也为博爱（agape）所驱动。不管被撒播者能接受多少，传教者总会孜孜不倦地撒播，这体现了信仰的坚定。甚至对话也可以视作一种特殊的撒播方式，理想中的亲密对话其实很难实现，双方更多的是把自己的话撒向对方，各自只能消化对方话语的一部分。总之，从传播观念的起源上看，对话与撒播共同构成了人类传播的主旋律，撒播可能是一种更基本的传播方式。

可见，对话和撒播这一内在结构，是通过对古希腊和基督教思想的解读建构起来的。按照西方人的思路，考察媒介观念亦应当从古希腊讲起。但笔者认为，前现代的传播或媒介观念，并非西方人所独有。只有现代媒介观念和媒介理论是西方独有的文化果实，在那之前，其他文明的媒介观念亦须珍视。因此，本书在以分析西方媒介观念为主的同时，将兼及中华文明中的媒介观念，并建构一种基本的媒介观念结构：中介无隔论与超越阻隔论。由于大多数思想家着力于后者，本书从第三章开始，也沿着后者往下走，建构媒介与表象之真、体验之真、存在之真等往真之路。

与客观史学的书写方式不同，建构主义的书写方式通常有很大的诠释空间，其可能的弊病在于，只通过文本进行天马行空的推论，而忽略了当时的社会条件或物质条件。笔者必须承认，本书只是围绕"媒介"主题展开的一种变奏，只是回顾了个别在学术史上较为出名的学者的相关论述。只抓取"媒介"这个相对狭小的概念群在历史中的语义变迁和相关的思想流变，既无法反映媒介概念变迁的整体面貌，也无法反映媒介思想在学术书写中的总体情况，更无法全面反映媒介概念与其他相关概念的关系。因此，若要更深入地挖掘媒介概念的历史细节，还需要发挥关键词、概念史、观念史、思想史、社会史、权力谱系学①等多种研究视角的优势，多维地考察媒介概念之生成流变。比如，渐成显学的德国概念史方法论，就可以成为讨论媒介概念的切入点，探究"旧的词义何时开始令人费解或者被人忘却，现代的、我们熟知的词义何时得以确立"。② 在这方面，传播与媒介研究者最熟悉的转折点是媒介概念之大众传播（mass communication）义项的出现；但是，学界往往把这个义项的出现，简单地归结为以报纸、电影、广播为代表的所谓大众传播的出现（见后文吉见俊哉的说法），殊不知这仅仅是媒介概念流变的一个因素，18 世纪后半叶到 19 世纪前半叶的基本概念之总体变迁（概念史中所谓"鞍型期"③或过渡时期）才是更应当挖掘的史学对象。

在我国，考察过渡时期的媒介概念亦是有待展开的课题。尽管早在唐朝就出现了"邸报"，在宋朝就发明了活字印刷术，明朝民间广泛流传着

---

① 翁秀琪指出，"应该以一种'概念系谱学'的方式，深究各类与 media 相关的概念在何时、为何会转变，或许才能掌握'什么是蜜迪亚？'这个大哉问。"见翁秀琪《什么是"蜜迪亚"？重新思考媒体/媒介研究》，《传播研究与实践》2011 年第 1 期。

② 方维规：《概念史八论——一门显学的理论与实践及其争议与影响》，《东亚观念史集刊》2013 年第 4 期。

③ 对于这个概念，概念史研究内部也有反思，如科塞雷克又提出"界线期"（Schwellenzeit）概念。

通俗性的刻本，但，作为大众传媒的媒介概念直到晚清、民国时期才明确起来。

> 到晚清，"媒介"概念发生了新的变化：一是词性上由原来单纯的名词变为名词或者动词，"媒介"从原来的"媒人""引荐者"释义扩展为"其他起联络和介绍作用的人"；二是指代对象上的变化，由"人"的范畴延伸到"物"的范畴，指代那些起介绍、联系作用的物。至此，"媒介"的意义变化接近了现代的意义，即人们用来传递、交流信息的工具。
>
> ……
>
> 在民国的杂志上，"媒介"继承和创新了之前的用法，用"媒介"指代"媒人、引荐者"的用法依然存在，另一些文章中所使用的"媒介"概念则越来越接近其现代词义，例如，"旧书为传染病之媒介""昆虫为传布种子之媒介"，将"媒介"视为一种起到连接、传播作用或使双方发生关系的事物，其中，最值得一提的是《纸——文化的媒介》一文，里面写道："纸，文化的媒介，精神的食粮，这大家都同意了。"即将纸张视为可以承载和传播文化信息的媒介，已经完全属于传播学对于"媒介"的认识范畴了。[1]

那么，晚清、民国时期，媒介及与媒介相关的各种概念为何会出现转变？这一方面需要对历史档案做更细致的梳理，另一方面需要注意微观层面的概念变迁与宏观层面的社会变迁之间的关系，在科塞雷克看来，概念在特定时代、特定思想和事物发展之语境中生成，概念史的第一个层次是分析概念的具体运用，第二个层次是揭示概念运用时的具体政治状况或社会结构。[2] 相比于把相对稳定的观念（idea）作为对象的观念史和思想史，

---

[1] 梁之磊、孟庆春：《"媒介"概念的演变》，《中国科技术语》2013 年第 3 期。

[2] 方维规：《关键词方法的意涵和局限——雷蒙·威廉斯〈关键词：文化与社会的词汇〉重估》，《中国社会科学》2019 年第 10 期。关于威廉斯社会史取径的关键词方法与科塞雷克概念史方法的联系和区别，亦可参见此文。

概念史把可变的概念作为研究的出发点，探究在社会转型过程中人们如何动态地理解和运用概念。[①] 相比于以得出词语之明确意义为目的的词语史，概念史认为词语可能有比其明确意义更丰富、更复杂的意义。

虽然概念史在概念研究中具有相当强的效力，但并不能完全取代关键词、观念史、思想史等研究方法，我们需要注意的是这些方法取径所擅长处理的问题域，以资互补。笔者以建构主义书写的这部媒介观念史，吸收了概念史重视词源之外更丰富、更复杂意义的方法论思想，希望从一个侧面揭示"如何理解媒介观念与存在问题的关系"这一问题的历史性和复杂性，澄清媒介在学术书写中的解释效力。

---

① 关于词语史、观念史、思想史、社会史、概念史之间的区别和联系，参见孙江《概念、概念史与中国语境》，《史学月刊》2012 年第 9 期；郭忠华《历史·理论·实证：概念研究的三种范式》，《学海》2020 年第 1 期；郭台辉《谁的概念史，谁之合理性：三种类型的比较分析》，《学海》2020 年第 1 期。从时间线上看，概念史是近来逐渐受到重视的史学方法论。

| 第二章 |

词源中的思想观念

人类为什么会出现媒介观念？这是一个与语言如何起源同样困难的问题。巴黎语言学会曾明令禁止讨论语言起源问题，认为谈论该问题纯属浪费时间；之所以浪费时间，是因为学者们提出的看法都是无迹可寻、无法实证的猜想。为了避免从一开始就陷入人类学困境，我们对媒介观念的探讨需要换一个可把握的起点，即，我们不去猜想中间、中介观念的起源，而是把握先哲对中间状态的理解。

古代先哲在理解自身存在的过程中，要么否认、要么承认中间状态的存在，中间状态存在论，为后世探讨媒介的作用打开了境域。因此，从先哲的思想，尤其是中间状态存在论谈起，或许是一条可行的道路。

第一节　前现代思想中的"媒介"

从词源上看，对应如今西文媒介概念（如英语的 media，德语的 Medien，法语的 médias）的古希腊词是 μεσος（mésos, Mesopotamia，字面上即两河之间之意。鉴于 μεσος 不像 μεταξύ 一样被赋予了哲学含义，我们不做讨论）和 μεταξύ（metaxú，即中间），基本含义是"之间"（英文一般翻译为 between、middle）。μεταξύ 在阿里斯托芬、希罗多德、柏拉图等的作品中皆有出现，常用作副词或介词，① 亚里士多德赋予该词哲学意义：

> 自恩培多克勒以来，火与水、气与土一直是四种神圣的根基，阿芙洛狄特（Aphrodite）以爱将这四种元素浑融在一起，从而形成了我们这和谐的宇宙。自古希腊原子论者留基伯（Leucippus）和德谟克利特以来，四者亦被视为四重体（quartet）。然而，亚里士多德把气和水这两种元素说成是两种"居间"（two "betweens"）。换句话说，亚里士多德首次把一个普通的希腊介词 metaxú（between）变成一个哲学名词或概念 tò metaxú（the medium）。在缺席与在场、远与近、存在与灵魂的"中间"（middle），并不是无物存在（there exists no nothing any more），而是存在一种"媒介关系"（mediatic relation）。②

基特勒的这段话，涉及的是亚里士多德在《论灵魂》中提出的理论；他在人类感知的层次上提出"媒介"的存在，认为感知离不开"媒介"的存在。实际上，亚里士多德对于感知的论证很复杂，与他的形而上学和灵魂观紧密相连，多分布于《论灵魂》的第二卷与第三卷，限于篇幅此处不能展开对亚里士多德整体体系的梳理；简化而言，亚里士多德区分了两种感觉方式，一种是中间有距离的，另一种是接触式的。③ 中间有距离的感觉包括视觉、声觉和嗅觉，它们以空气和/或水为 metaxú 进行感知；直接接触式的包括触觉和味觉（味觉是能感觉滋味的触觉），以肌肉为 metaxú 进行感知。需要注意的是，metaxú 这个词的含义十分微妙，似带有魔力：它"既不是简单的空虚（emptiness），也不是不可穿透的物质（matter）；它在分离的同时连接，更确切地说：它只有作为分离（division）才能使连

---

① 参见 Henry G. Liddell, & Robert Scott, μεταξύ 词条, *A Greek-English Lexicon*, http://www.perseus.tufts.edu/hopper/text? doc = Perseus：text：1999.04.0057：entry = metacu/，最后访问日期：2021 年 10 月 22 日。
② Friedrich A. Kittler, "Towards an Ontology of Media," *Theory, Culture & Society*, Vol. 15, No. 2-3 (2009).
③ 参见史夫曼（Mark Shiffman）在其英译本中所做的注释：区分了有距离的感觉（distance senses）与有接触的感觉（contact senses）。Aristotle, *De Anima*, trans. by M. Shiffman, Newburyport, MA：Focus Publishing, 2011, p. 74.

接（connection）得以可能"。① 比如，声音的产生需要两个坚硬物体相碰撞并且与空气相撞，空气一方面不是物体，不是声音产生的原因；另一方面也不是不存在的东西，而是发声的必要条件之一。换言之，相撞之物体必须是 metaxú（空气）中的物体，这样才有可能发声。在亚里士多德的体系中，视觉、听觉、嗅觉都需要经过 metaxú 的传递（如空气振动）才能够发生；触觉（和味觉）的性质与视觉等不同，它的 metaxú 是肌肉（注意这里不能把肌肉理解成感觉器官，它与空气或水一样，是通往感觉器官的metaxú），触觉与接触肌肉同时发生，中间没有在空气或水中传递所需的时间差。总之，"感觉不能因和感觉器官相接触而发生"，而必须通过metaxú；"真正的感觉器官是某种不同的内在的东西"。②

亚里士多德使 metaxú 不再仅仅是日常的"之间""中间""中介"概念，而是获得了微妙的认识论意涵。metaxú 具有物质性，是在认识过程中起过程性作用的必不可少的环节。然而，媒介观念不仅包括媒介物质性，也包括抽象的中介观或中间状态，如日常所谓你我之间、二者之间。对于这种较抽象意义上的媒介观，在亚里士多德之前的古希腊存在论中就有深刻的讨论：或根本地否认相互转换的实际存在（也就顺带否认了中间状态，因为只有在承认有流变和转换的前提下，才能进一步探讨，从这一状态到下一状态之间是否存在中间状态），或在承认相互转换的前提下否认中间状态的存在，或为中间状态留有余地。笔者把前两者称为中间状态不存在论，后者称为中间状态存在论。

一　中间状态不存在论

巴门尼德的存在概念是具有实体性的东西，充实着整个宇宙，非存在、虚空不可能存在。③ 换言之，从经验现象上看，万物处于不断流变的过程中；但从存在论上看，流变只是表面现象，经历各种变化而永不消亡

---

① 韦伯（Samuel Weber）语，转引自 Wolfgang Ernst, *Digital Memory and the Archive*, Minneapolis, MN: University of Minnesota Press, 2012, p. 105。
② 〔古希腊〕亚里士多德：《论灵魂》，秦典华译，载苗力田主编《亚里士多德全集》（第三卷），中国人民大学出版社，1992，第49—60页。
③ 〔德〕文德尔班：《哲学史教程》（上卷），罗达仁译，商务印书馆，1997，第56—58页。

的实体才是本质。该概念没有给相互作用、相互转化留下余地，也就不需要通过某个东西的中介达到另一种东西的中间状态。充满宇宙的物质，在本质上根本不需要相互作用或相互转换，因为"存在是某种永恒的东西，它得以免除于一切的生成和消亡"①。而在赫拉克利特看来，方生方死的变化比永恒的不变更具有存在论上的优先性。他的高明之处在于，看到了变化是按照某些固定的关系完成的，这些固定的关系才是真正的"永恒不变"，赫拉克利特称之为命运、秩序、宇宙的理性。"永变的秩序"这一看似矛盾的表达，在火这一意象中得到了具体的呈现——它永远跃动、永不熄灭。当他宣称世界是一团永恒的活火时，"火便变成了万物的本质。他所理解的这个始基，不是经历各种变化而不消灭的物质或实体，而恰恰是在永恒飞逝、永恒飘动（züngelnde）中的流变过程的本身，恰恰是与流变和消亡相对应的飞翔和消逝"。②赫拉克利特似乎给相互转化过程中的中间状态留下了余地，实际上并非如此，因为按照他的观点，这一刻存在的东西，下一刻就会变成性质完全不同的东西，并不需要过程性的中间状态。（与之相比，黑格尔把从意识到绝对精神的各阶段的发展，视为扬弃的过程，承认中间环节的存在论地位。）

亚里士多德的存在论也没有中间状态的位置。亚里士多德不像赫拉克利特那样涉及各种事物在时间和空间上的相互关系，只探讨事物由哪些要素构成。在这些要素中，真正重要的只有两点：形式（form）和质料（matter）。而诸如颜色气味之类的其他范畴都是次要的。比如一具雕塑，只有当熔化了的铜（质料）具有了人的形态（形式）之后，才成为艺术作品。可以说，亚里士多德似乎对存在论中的中间状态不感兴趣，或者说忽略了中间状态对于存在论的意义：只要形式和质料等条件具备，就能实现从潜在的雕塑到具体的雕塑的飞跃，至于形式和质料相互作用的过程、相互作用过程中是否存在雕塑的中间状态，似乎没有被亚里士多德当作一个问题提出来。他的"媒介理论"没有发生在存在论领域，而是发生在认识论领

---

① 〔德〕西格弗里德·齐林斯基：《媒体考古学》，荣震华译，商务印书馆，2006，第48—49页。

② 〔德〕文德尔班：《哲学史教程》（上卷），罗达仁译，第55页。

域：将空气、水等物质性媒介视作感官接触并经验外部世界的必要环节。

二　中间状态存在论

中间状态不存在论要么把实际发生的流变视作非真实，要么在承认流变的同时否认流变过程中的中间状态，而恩培多克勒的元素交换说则提出中间状态的存在。要讲清这一点，也得从构成万物的始基说起。在恩培多克勒的自然观中，真正的始基是四大元素火、土、水、气，以及与这四个元素对应的四种"物质性质"：热、干、湿、冷。任何事物都由四大元素以不同比例构成，任何事物中都存在四种"物质性质"的相互作用；相互作用的结果，是事物与事物之间的相互渗透和混合。与赫拉克利特的存在论不同的是，恩培多克勒不认为这一刻的事物与下一刻的事物之间存在性质上的差异，而是认为事物与事物之间总是具有相似性。既然设定了相似性，那么下一刻的事物必然部分地包含上一刻的事物，也就是说，事物与事物之间存在中间状态。

恩培多克勒没有就此止步，他进一步的问题是：这种事物之间的相似性和相互转换究竟是如何发生的？答曰：四大元素总是处于吸引与排斥（爱与恨）的混合运动中，事物与事物之间始终发生着元素交换。[①] 那么元素交换又是如何发生的呢？

在论证元素交换时，恩培多克勒指出，事物与事物之间的混合和交换不是盲目的，而是遵循孔道原理。不管有机体还是无机体，它们的"皮上有着十分细小的不可见的孔道，这些孔道的形状是各不相同的。经过这种有孔道的皮，不断地发出各种流射。……如果某一个东西出于同情而倾心于另外一个东西，那它就会去接受它的流出物，或者，说得更确切一些，就会将它自己的流射物跟那另外一个东西的流射物合在一起而完成一次成功的感觉。而要使得这样的事情有可能发生，其前提条件就在于那时的孔道在大小和形状上都互相契合，它们具有'共同的尺度'"。[②] 结合四大元素说，可以推论，所谓的流出物就是四大元素，爱（同情、倾心）是使流

---

① 〔德〕西格弗里德·齐林斯基：《媒体考古学》，荣震华译，第50页。
② 〔德〕西格弗里德·齐林斯基：《媒体考古学》，荣震华译，第52页。

出得以可能的动力，孔道则让流射运动有序进行。彼此兼容的孔道之间充满着彼此的流射物，这些孔道和流射物是事物自身存在的一部分，既是使事物与事物之间相互混合、交换的中介，也是使事物之间相互经验、感知的中介，因此其不仅是存在论中的重要一环，也具有认识论意义。

流射物通过孔道在事物之间流动，颇类于通过传播渠道进行的信息交换，难怪媒介考古学家齐林斯基（Siegfried Zielinski）会把媒介的原始模型追溯到恩培多克勒。

一方面，德谟克利特吸收了恩培多克勒的学说，认为原子间的相互作用也遵循孔道原理，通过孔道在大小和形状上的契合实现相互感知，并产生运动。另一方面，他认为存在并不为原子这种"基础物质"所充满，原子的运动需要空间，即所谓虚空，那么，孔道与孔道之间也必存在虚空。但仅仅有虚空还不能保证原子与原子的成功感知，德谟克利特进一步提出假说：成功搭桥的孔道与孔道之间，存在的是"压缩了的虚空"与"铭刻在压缩虚空中的影像"（εἴδωλον，eidolon；这个古希腊哲学关键词很难翻译，姑且采用"影像"的译法）。这样一来，孔道中不仅有使原子运动得以可能的虚空，也包含它们各自发出的信息（影像）；如果我们把一个原子视为感知者，另一个原子视为被感知者，那么所谓原子之间的成功感知，其实是"感知器官的影像"和"所感事物的影像"的等价交换，而不是真实（reality）在感知器官中如其本来面目的呈现。[①]

如此看来，德谟克利特的原子论并非原子加虚空这么简单，应当还包括"包含虚空和影像"在内的孔道空间。孔道空间是原子/内在的性质，是使原子得以运动和相互感知的必要中介。德谟克利特这一打通存在论与认识论的理论，体现了高超的思维水准，可能对亚里士多德的 metaxú 产生了重要影响；温斯洛普 – 扬就指出："tò metaxú 与其说是亚里士多德的原创贡献，倒不如说是他对德谟克利特学说的释义。"[②] 齐林斯基颇具想象力地直接由"虚空/影像作为中介"引申出交界面（德文 Schnittstelle；英文

---

① 〔德〕西格弗里德·齐林斯基：《媒体考古学》，荣震华译，第56页。
② 〔加〕杰弗里·温斯洛普 – 扬：《基特勒论媒介》，张昱辰译，中国传媒大学出版社，2019，第138—139页。

interface）概念：压缩虚空及铭刻在其中的影像构成了感官与对象的交界面，就是今天所说的人—机界面。① 总之，古希腊先哲在存在论层面深入探讨了事物的中间状态是否存在的问题，若中间状态存在，就需要探讨是什么在维系中间状态的问题，于是"流射物在孔道的交流"被引入存在论，这种交流也连带有认识论的意义：事物之间的相互感知得以可能。可以说，亚里士多德将媒介的认识论意涵灌注到 metaxú 一词上，并非石破天惊的创造，而是水到渠成。亚里士多德的 metaxú 不仅开启了媒介一词在学术书写中的旅程，也开启了早期"中介理论"的经典问题：中间者如何中介了我们的感知和认识；如在现代早期，诺利斯（John Norris）曾写道："知觉不是直接的（immediate），就是间接的（mediate）……间接的，比如说经由与第三种观念做比较，我们察觉到两种（观念）如何彼此相关。"②

当然，我们也不必拔高先哲对媒介理论的贡献。基特勒认为，由于希腊人没有在口语音素表达（articulated speech elements）与文字字母表达（articulated alphabetic letters）之间做出区分，因此，以书写作为使哲学得以可能的媒介的思想，从亚里士多德以来就一直是缺失的，直到海德格尔才明确意识到这一问题。③（详见本书第五章第三节）

三 中世纪的媒介概念

在中世纪，托马斯·阿奎那（Thomas Aquinas）将亚里士多德《论灵魂》中的 metaxú 翻译为拉丁文 medius④（常用作形容词，名词为 medium）。但这一翻译在当时的历史语境下并不严谨。

---

① 〔德〕西格弗里德·齐林斯基：《媒体考古学》，荣震华译，第 59—60 页。
② 转引自〔英〕雷蒙·威廉斯《关键词：文化与社会的词汇》，刘建基译，三联书店，2016，第 348 页，译文有改动。
③ Friedrich A. Kittler, "Towards an Ontology of Media," *Theory*, *Culture & Society*, Vol. 15, No. 2 - 3（2009）.
④ 这个词在拉丁文中是常用词，通常指中间。如维吉尔的诗句 et iam bis medium amplexi（现已拦腰缠了两遭），英语可直译为 and now having wrapped him in the middle twice, *Aeneid Book* Ⅱ Lines 218 - 219, http://www.stjohns-chs.org/language/imurphy _ courses/ap-latin/week28_ translation-3. pdf，最后访问日期：2021 年 10 月 22 日。

将 tò metaxú 辨识为拉丁文"媒介"的，是托马斯·阿奎那对亚里士多德《论灵魂》进行了颇大改动的拉丁文译本 De Anima。不管是因为亚里士多德不可靠的希腊文水平，还是受到他自身先入为主的观念的影响，阿奎那称之为媒介的东西和亚里士多德的"中间"并不完全相同。①

事实上，拉丁词 medius 含义十分丰富，在字面上既可以指空间意义上的中间，也可以指时间意义上的中间。还有"在两极之间""包含对立的双方""插入两人之间打扰或分开两人"等喻义。这些含义在西塞罗（M. Tullius Cicero）、李维（T. Livius Pantavinus）等古典拉丁文作家中即已完备。② 根据鲍恩（Erik Born）的说法，拉丁词 medium 又大概可以指中间（middle）、中位数（median）、手段（means）或居间调节者（mediator），也可表示"在之间"（inbetweenness）——该意涵启发后世将媒介理解为动态的、拓扑的（topological）关系。③ 这些含义，又与另一个同源英文词 mediation 的含义相关："在 14 世纪时，这个词在英文里出现，其最接近的词源为古法文 mediaction、后期拉丁文 mediationem，可追溯的最早词源为拉丁文 mediare——意指分成两半、占据中间位置、作为一个中介。"④

总而言之，前现代的媒介概念群，从存在论、认识论和目的—手段关系等方面，生发出相当丰富的理论想象，构成后世媒介理论的重要思想源头。当然，无论基特勒替亚里士多德诠释出的"媒介关系"，还是中世纪的媒介概念群，应当都还没有明确衍生出把口语、文字、图像、纸张、书籍等统归为传播手段/工具的思想意涵。但这并不意味着古人没有传播手段的观念，"用笔传道"、靠书籍布道的观念在古罗马就已有很明确的表达；只不过，前现代的人只是把传播功能理解为个别技艺的附带属性，没

---

① 〔加〕杰弗里·温斯洛普－扬：《基特勒论媒介》，张昱辰译，第 138 页。

② 参见 J. R. V. Marchant, & Joseph F. Charles rev., *Cassell's Latin Dictionary*, New York, NY: Funk & Wagnalls, 1953, 第 338 页 medius 词条。

③ Erik Born, "Media Archaeology, Cultural Techniques, and the Middle Ages: An Approach to the Study of Media before the Media," *Seminar: A Journal of Germanic Studies*, Vol. 15, No. 3 (2015).

④ 〔英〕雷蒙·威廉斯：《关键词：文化与社会的词汇》，刘建基译，第 347 页。

有系统性地把这些技艺理解为各具特色的传播工具。只有在印刷术产生广泛影响之后，媒介物质性上的差异才得到重视，现代意义上的传播手段观乃至大众传媒观才有可能出现。

第二节　17—18 世纪的媒介概念

经院哲学称人与人、人与神之间的无碍沟通为远程作用（actio in distans），这种理想的沟通形式无远弗届、不为形役，并为 17 世纪的科学家所接受，转化成一种科学问题：心灵与心灵间的"非物质性的传递"如何可能？培根的学生格兰维（Joseph Glanvill，1636—1680）提出了假设：以太（Aether）使心灵间的远程作用得以可能。何谓以太？当时的科学家把它描述为一种神秘的"物质"——"流体媒介"（liquid medium）。在牛顿的英文和拉丁文作品中，以太是使重力的传导得以可能的、无法为人类感官感知的"媒介"（medium），是上帝的感觉（sensorim dei）。[1] 这样一来，由神学而来的科学问题的解答又回到了神学，回到了对上帝、对纯粹精神的渴望。

当然，现代的媒介概念没有停留在心灵性、宗教性上止步不前，从牛顿对以太的描述中，我们可以解读出 17 世纪 medium 的两层常用含义。

一方面，medium 可表示一种物理介质，力可以通过它作用于远处的物体（尽管它可能看不见摸不着）。洛克（John Locke，1632—1704）就写道："摆锤所运动于其中的介质并非时刻相同。"（the Medium in which the Pendulum moves，is not constantly the same）（关文运对整句话的翻译是："因为我们不敢确定说，那种运动底微妙原因在运动时永远前后平衡，而且我们确知，摆锤运动所经过的介质［medium］永远是一样的。"[2] 这显然翻译错了。洛克上下文的意思是，无论用什么来测量，都无法确知绵延中的两个连续长度一定相等。具体到摆锤上，我们无法确定摆锤的两个连

---

① John D. Peters, *Speaking into the Air：A History of the Idea of Communication*, Chicago, IL：University of Chicago Press，1999，p. 80.

② 〔英〕洛克：《人类理解论》（上册），关文运译，商务印书馆，1959，第 158 页。

续振动一定相等，因为摆锤一旦摆动，摆锤所处的介质［medium］就起了变化，也就无法保证摆动的精确性，换言之，我们只能在观念中相信两个连续长度的相等性，实际上无法用任何测量工具测出相等性）。

另一方面，延续亚里士多德的认识论传统：medium 表示一种中介，印象可以通过它传递给感官。[①]

除此之外，延续自中世纪的手段（means）含义也有进一步的发展，在培根（Francis Bacon, 1561—1626）《学术的进展》（*Advancement of Learning*）中，作为手段的 medium 一词的含义就相当复杂：

> 学校传播学问，要么通过口说、要么通过书写，亚里士多德说得好：“词语是思想的模仿，文字是词语的模仿”；但是，思想并不一定要通过词语的中介来表达。因为凡能进行充分区别的东西，凡能被感觉感知的东西，在本质上都有能力表达思想。
>
> For the organ of tradition, it is either Speech or Writing: for Aristotle saith well, "Words are the images of cogitations, and letters are the images of words"; but yet it is not of necessity that cogitations be expressed by the medium of words. For whatsoever is capable of sufficient differences, and those perceptible by the sense, is in nature competent to express cogitations. (《学术的进展》是培根用英文写的，还有拉丁文版［*De Augmentis Scientiarum*, 1623］；拉丁文版与英文版并不完全一致，上述段落对应的由斯伯丁［James Spedding］编订的拉丁文版就没有用到 medium 这个词。)[②]

根据培根文集编辑者维克斯（Brian Vickers）的注释，tradition 指的是"知识的传播"（communication of knowledge）；[③] 吉勒里（John Guillory）认

---

① Tony Bennett, Lawrence Grossberg, & Meaghan Morris eds., *New Keywords: A Revised Vocabulary of Culture and Society*, Malden, MA: Blackwell, 2005, p. 211.

② 英文转引自 John Guillory, "Genesis of the Media Concept," *Critical Inquiry*, Vol. 36, No. 2 (2010)；拉丁文版参见数字扫描本，https://archive. org/details/worksfrancisbaco02bacoiala/page/410/mode/2up，最后访问日期：2021 年 10 月 22 日。

③ Brian Vickers ed., *Francis Bacon*, Oxford, UK: Oxford University Press, 1996, p. 640.

为，"organ of tradition" 指的是作为学问或技艺之传播者的学校（school as transmitter of the arts，arts 指语艺、逻辑和辩证法等大学科目，为避免窄化地理解为诗歌、音乐等 fine art，本书通译为技艺），大致也可以把"organ of tradition"理解为现代英语的"instrument/means of transmission"（传输工具/手段）。① 如果按照这种理解，口说和书写就可以顺延着理解为两种传播手段，那么再后面一句中的 medium 这个词也可以理解为传播手段。鉴于 medium 这个词在培根时代可以表示"手段"（means），吉勒里的这种理解应当是可以成立的。

然而，吉勒里同时又指出，所谓手段也可以指表达思想的不同技艺，就像诗歌和绘画是两种不同的技艺一样。那么，medium 究竟应当理解为传播手段，还是理解为表达技艺之手段，还是两种意思兼而有之呢？对此吉勒里似乎并没有解释清楚。笔者认为，恐怕是两种意思兼而有之。从引文来看，培根主要是在亚里士多德的意义上，将口语和文字理解为两种模仿方式，而模仿方式显然与技艺更有关，而与传播关系不大。这一点，可以从口语—文字之争的文化技艺史得到证明。

口语与文字之争，最典型的例子是柏拉图《斐德罗篇》中塞乌斯与国王的对话，国王说学了文字就会在灵魂中播下遗忘。德里达认为西方存在逻各斯中心主义，笔者强调的方面与德里达有所不同，即从媒介理论的演进来看，口语与文字之争实质上是两种表达技艺的争执，且在后世演变为不同的媒介表现形式之争。比如：其一，约 1450—1600 年，知识界曾就要不要在印刷书中插入图像产生过争执（支持者认为图像有利于理解事物，反对者认为图像只能代表偶性，而不能反映本质）；② 其二，尼可罗·马基亚维利和约翰·弥尔顿认为，阅读印刷书籍不是纯粹的视觉活动，还是一种演讲形式，一种与已故或远方之人的对话；③ 其三，后文提及莱辛

① John Guillory, "Genesis of the Media Concept," *Critical Inquiry*, Vol. 36, No. 2 (2010).

② Sachiko Kusukawa, "Illstrating Nature," in Marina Frasca-Spada, & Nick Jardinc eds., *Books and the Sciences in History*, Cambridge, UK: Cambridge University Press, 2000, pp. 90 – 113.

③ Leah S. Marcus, "The Silence of the Archive and the Noise of Cyberspace," in Neil Rhodes, & Jonathan Sawday eds., *The Renaissance Computer: Knowledge Technology in the First Age of Print*, London, UK: Routledge, 2000, pp. 17 – 26.

（Gotthold Ephraim Lessing，1729—1781）《拉奥孔》（*Laocoon*）将诗歌与造型艺术视为两种有本质区别的表达技艺，更是清晰地呈现了源自古希腊口语—文字之争的历史效果。从技艺之争的角度看，这清晰地呈现出从口语垄断到文字垄断再到电子媒介打破文字垄断的演进过程，无论文字、图像还是如今的新媒体，尽管在刚出现时不乏反对之声，却都无法阻挡它们在特定历史时期下主导知识生产。简言之，口语—文字之争作为技艺之争的原型，逐渐被推广到其他表达技艺上。

兼顾表达技艺之争的历史与培根文本的语境，medium 在上述引文中的显性含义应当是表达技艺，然而，我们也并不能说 medium 只有这一个含义，就像吉勒里解释的那样，采用"传播手段"的含义也完全说得通。这一双重性恰恰体现了概念自身的"零碎整体性"和其在扬弃自身的过程中不断生长的生成性。在上述引文后面，培根接下来谈的是：如果不用词语（words），还可以用"肢体语言"和"象形文字"表达思想，同样，二者一方面可理解为表达技艺，另一方面又可理解为传播工具或传播手段（instrument/means of transmission）。

将口说或文字作为传播手段的思想，在维尔金斯（John Wilkins，1614—1672）的作品中有清晰的呈现。他在《水晶：隐秘而迅捷的信使》（*Mercury：Or the Secret and Swift Messenger*，1641）中指出："文字的发明"（invention of letters）让我们"得以跨时空交谈"（discourse with them that are remote from us, not only by the distance of many miles, but also of many ages）。① 在《论象形文字和哲学语言》（*An Essay towards a Real Character, and a Philosophical Language*，1668）中，他甚至明确提出了口说属于视觉沟通、文字属于听觉沟通的"媒介理论"：

心灵概念的外在表达，即人们用来沟通思想的表达，要么诉诸眼睛，要么诉诸耳朵。

The external expression of these mental notions, whereby men commu-

---

① 转引自 John Guillory, "Genesis of the Media Concept," *Critical Inquiry*, Vol. 36, No. 2 (2010)。

nicate their thoughts to one another, is either to the ear, or to the eye. ①

　　谈及现代早期的传播/沟通手段思想，最著名的也许是洛克的理论。洛克将词语（words）与思想沟通（communication of thoughts）联系起来，认为词语并不是物的指代（signifying thing），而是与观念（ideas）相关。他在《人类理解论》（*An Essay Concerning Human Understanding*，1690）中写道：

　　　　词语是人类观念直接的符号；而且，通过词语这一手段/工具，人类得以传播概念、互相表达心中的所思所想。

　　　　They [words] being immediately the signs of mens ideas; and, by that means, the instruments whereby men communicate their conceptions, and express to one another those thoughts and imaginations, they have within their breasts. ②

　　"词语乃观念的符号"，这个"洛克命题"所要表达的是：词语在观念面前应当是直接的、透明的，是表达观念的手段，而不应妨碍观念的呈现。吉勒里认为，这个观点源自印刷文化对通俗易懂之文类的需求，印刷文化衍生出"要求清晰表达"（clarity）的修辞理论——"语言应该对意义保持透明"（language should always be transparent to meaning）。③ 笔者认为，洛克命题出现的原因，也许并不能只归结于印刷文化这一单一的因素；爱森斯坦（Elizabeth Eisenstein）曾提醒我们，印刷术不是唯一的变革动因，它的重要性在于，在与其他因素互动过程中，使这些因素发生了结构性的重组，从而重构文化。④ 在哲学史中，我们的确可以看到宗教哲学因素在

---

① 转引自 John Guillory, "Genesis of the Media Concept," *Critical Inquiry*, Vol. 36, No. 2 (2010)。

② 转引自 John Guillory, "Genesis of the Media Concept," *Critical Inquiry*, Vol. 36, No. 2 (2010)。

③ John Guillory, "The Memo and Modernity," *Critical Inquiry*, Vol. 31, No. 1 (2004).

④ 〔美〕伊丽莎白·爱森斯坦：《作为变革动因的印刷机：早期近代欧洲的传播与文化变革》，何道宽译，北京大学出版社，2010，"前言"第6页。

洛克命题中的复现："观念"相当于上帝，"词语"相当于通达上帝的中介手段；但宗教哲学因素其实在洛克命题中得到了重组，medium 不再仅指宗教性的手段，而是转化成现代语境中的传播手段和技艺。因此，印刷文化对媒介概念之影响的更严谨说法应当是：印刷文化使早已存在的许多因素以新的方式进行互动，使这些因素转化为现代文化语境下的素材，这些素材一方面可能依然带有过去的印记，另一方面衍生出现代意义。媒介概念在现代文化语境中的复杂性即体现了这一点。

还需注意的是，无论培根还是维尔金斯和洛克，虽然都明确具有传播手段观，但不一定非得用 medium 这个词来表达他们的思想。换言之，medium 虽然有丰富的含义，但要根据语境推断其具体的意思，如 18 世纪人们将钱视为流通和交换的 medium，[①] 既可以理解为一种作为物理介质的物品，也可以理解为作为传播手段的中介。

在 19 世纪前的学术书写中，medium 其实并不具有重要地位，而更类似在"手段""技艺"等常用概念下用来丰富语言的附属概念，对此，我们可以举莱辛出版于 1766 年的名著《拉奥孔》为例。

《拉奥孔》完全可以看作如今意义上的媒介理论著作——从媒材差异的角度讨论了诗与画这两种摹仿艺术的差异。莱辛认为，诗与画二者用来摹仿的手段（Mittel）不同，所以在艺术表达形式上有根本的差异，绘画等造型艺术用"自然的符号"（形状、色彩等）做同时并列的描绘，诗歌用"人为的符号"（语言）做先后承续的叙述；前者通过物体来暗示动作，后者通过动作来暗示物体。因此，同一艺术主题在不同的摹仿艺术中，应当有不同的表现方式，在诗歌中可以呈现拉奥孔的哀嚎状，但在雕塑中是不适合的；鉴于物质的（materielle，特指造型艺术用到的物质材料）明确界限，诗不能变成有声的画，画也不能变成无声的诗。很明显，上述所谓"摹仿手段"之别，类似培根口语/书写之别，在莱辛的文本中指的是物质（Materiel，造型艺术之媒材）与语言（Rede，诗之媒材）的区别。但莱辛根本没有用 medium 这个词来概括两者之间区别，中文翻译中出现了个别

---

① 参见 Tony Bennett, Lawrence Grossberg, & Meaghan Morris eds. , *New Keywords: A Revised Vocabulary of Culture and Society*, Malden, MA: Blackwell, 2005, p. 212。

"媒介"的译法，要么对应的是 Mittel，要么是根据上下文添加的，如"更严格地服从用物质媒介的绘画艺术的规律"（an die Gesetze der materiellen Malerei strenger halten）。①

Medium 这个词在莱辛的文本中有别的含义，我们看下面一段话：

> ……艺术家通过诗人摹仿品的中介（Medium）去摹仿自然，比起不用这种中介，还能显出更大的优点。一个画家如果根据汤姆逊的描绘作出一幅美的风景画来，他比起直接临摹自然的画家在成就上就还更大。②

这里的 Medium，显然不是从物质媒材的角度来说的。鉴于莱辛没有对之做自己的诠释，且在文本中只出现了一次，故而他应当是把它用作"手段"的同义词，即艺术家可以把模仿诗歌作为手段，以达到更好地模仿自然的目的。质言之，尽管莱辛论著的主题是媒材间的差异，但他没有像当代的理论家那样，使用 Medium 凸显媒介物质性对于艺术创造的影响，而更多用"手段"一词。实际上，西塞罗时代的人们已经注意到物质特点上的差异对技艺/艺术的影响，在《论演说家》（De Oratore）中，西塞罗（前 106—前 43）称雕塑和绘画为"无声的技艺/艺术"，以凸显演说术这门技艺与它们的差别；不过西塞罗的"艺术理论"还比较粗糙，他认为雕塑家或绘画家的作品虽然各不相同，但雕塑与雕塑之间、画与画之间则没有巨大的差别，基本遵循同一个原则；而演说家的演讲则风格相差巨大，有的甜美，有的简明，有的敏锐，有的洪亮，有的富有力量。③ 可见重视物质性对艺术表现的影响，并非当代学者的理论创新，实乃西方思想中的传统；只不过到了现代，尤其是印刷术发明以后，遗传自前现代的技艺观与传播手段观产生了密切联系。红衣主教库萨的尼古拉（Nicholas of Cusa，1401—1464）把印刷术誉为"神圣的技艺"，路德等主张改革的教士认为

---

① 〔德〕莱辛：《拉奥孔》，朱光潜译，商务印书馆，2016，第 24—25 页。
② 〔德〕莱辛：《拉奥孔》，朱光潜译，第 71 页。
③ 〔古罗马〕西塞罗：《论演说家》，王焕生译，中国政法大学出版社，2003，第 521—523 页。

印刷术是神的灵感和恩惠，他们作为受印刷文化洗礼的新型神学家，虽然依然用宗教的语言形容印刷术，但反映出的是新的福音传播方式——使自己成为畅销作家——"不必经过传统的渠道，不必讨好地方的宗教法庭，不必翻越阿尔卑斯山去罗马朝觐，他们就可以发起改革运动了"。① 16 世纪中叶的德意志历史学家斯莱登（Johann Sleidan）讲道："仿佛是要证明上帝选择我们去完成一件特别的使命，我们的土地上发明了一种神奇而精妙的技艺即印刷术。这使德国人大开眼界，又给其他国家带来启蒙。"② 18 世纪的孔多赛（1743—1794）还在仰赖"技艺"这一词语描述印刷的影响：印刷术是一种将知识之光洒遍世界的"技艺/艺术"。③ 印刷术的讴歌者们虽依然采用技艺/艺术这一古老的概念，但隐含的意思恐怕是：印刷术具有使新知识广泛传播的功能，是一种有效的传播手段。

在 19 世纪初黑格尔的著作里，Medium 依然表示一种心灵性的中介。他在精神现象学导论开头，批判把认识作为传播真理之光的媒介的观点："如果认识……是真理之光赖以传达到我们面前来的一种消极的媒介物（Medium），那么我们所获得的事物也不是象它自在存在着的那个样子，而是它在媒介物里的样子。"这样一来，认识作为"我们所使用的手段"，就会产生"与它本来的目的相反的东西出来"。④ Medium 用来形容认识，指的是心灵性的手段。

总之，早期媒介概念在学术书写中往往不具有核心地位，常被用来形容观念、物质意义上的手段或表达技艺，直到人们需要突出手段、技艺之传递性的层面，媒介概念才取得了相对独立的地位。吉见俊哉曾总结道："早期以物质性、心灵性、宗教性的中介为基础的媒介概念，到了 18—19 世纪逐渐扩展，开始出现将报纸理解为一种媒介的想法。到了 20 世纪，以报纸、电影、广播为代表的所谓大众传播，对人们形成社会现实的过程具

① 〔美〕伊丽莎白·爱森斯坦：《作为变革动因的印刷机：早期近代欧洲的传播与文化变革》，何道宽译，第 249 页。
② 转引自〔美〕伊丽莎白·爱森斯坦《作为变革动因的印刷机：早期近代欧洲的传播与文化变革》，何道宽译，第 188—189 页。
③ John Guillory, "Genesis of the Media Concept," *Critical Inquiry*, Vol. 36, No. 2 (2010).
④ 〔德〕黑格尔：《精神现象学》，贺麟、王玖兴译，上海人民出版社，2013，第 103—104 页。

有决定性的影响，因此将媒介等同于传播媒体，也就成了理解媒介的主流想法。"① 早期作为成功感觉之中间物、作为使心灵间远程作用得以可能的中介、作为宗教性手段的媒介概念，在以印刷术为主导的学者圈中，被重构为更广泛意义上的媒介物质性、在中间起调节作用的中介物，以及向大众进行传播的手段，成为学者描绘现代社会的主要概念之一。

诚如吉见俊哉所言，大众传播的义项在 20 世纪构成了媒介概念的主导含义，一直影响到今天普通人对于媒介概念的理解。在学术书写中，二战后兴起的大众传播研究直接继承了传播手段观，并在如今的媒介研究中依然占据主流。

如果说早期的大众传播研究可分为宏观（macro）和微观（micro）两个层次，那么宏观层次的研究可以以拉扎斯菲尔德和默顿的文章《大众传播、流行品味与有组织的社会行动》（1948）为代表。在一些教科书中，该文章是有限效果论的经典文本，但在西蒙森和魏曼（Peter Simonson and Gabriel Weimann）的仔细检视下，这篇文章其实是"批判的"而非"行政的"，讨论最多的是大众传播的社会历史角色和功能（包括功能障碍），而不是它的具体效果。具体来讲，这篇文章讲的是大众媒体地位赋予（status conferral）的功能、强化社会规范的功能，以及产生麻醉作用的功能失常（the narcotizing dysfunction）；至于对效果的讨论，则出自文章的最后六页，其精确的含义是指：在某些限定的情况下，"出于各种社会目的的宣传"可能产生相当有力的说服效果。② 可见，尽管"效果"一词更容易联系到微观层面，但拉扎斯菲尔德和默顿其实是从宏观层面把握大众传播对大众产生的影响的。

在以上的讨论中，"媒介"基本上可以与"大众传播"相互替换，指的是一种社会实践。至于社会实践是由哪些要素构成的，则并没有说明。或者说，这并不在问题意识的范围之内，因为其关注点在于统摄各种媒介

---

① 〔日〕吉见俊哉：《媒介文化论：给媒介学习者的 15 讲》，苏硕斌译，台湾群学出版有限公司，2009，第 5 页。

② 〔美〕卡茨等编《传播研究的典律文本》，夏春祥等译，台湾五南图书出版公司，2013，第 1—30 页。

的"大众媒介"如何影响个人和社会，而不问这一整体性的媒介概念是如何生成的。

微观层次的研究，可以以贺佐格的经典文章《论借来的经验》（1941）为代表。她用深度访谈分析妇女收听收音机的动机，"像是将法兰克福学派的宏观文化分析应用到个人的微观世界中"。[①] 在这个层次上，可以看到，媒介不再是宏观意义上的大众传播，而是具体的媒介设备（如电视机）及其话语实践（如新闻、连续剧）等的生产与消费过程。具体到贺佐格的研究中，即肥皂剧之所以为家庭主妇所消费，并不是因为阅听人是主动的，而是因为这一套广播内容提供了替代苦难生活的幻想，从而给予阅听人以错误且有害的满足。

在20世纪六七十年代以后，早期研究的不足受到了注意，逐渐有大量既关注宏观又有细致微观调查的效果理论问世，我们经常提到的知沟理论、沉默螺旋、议程设置、涵化理论、媒介依赖等皆属此类。[②] 在这些研究中，媒介既可以指所有媒介实践的总体，也可以指具体的媒介实践，至此，传播学者就可以以更大的视野概括媒介，把媒介看作媒介机构、科技、相关团体、个人共同运作的中介（mediation）过程，或者说是媒介生产者和消费者之间的互动与对意义的运作。[③] 一旦以这一视角审视媒介的作用，也就越出了媒体机构向社会大众公开传递信息的大众传播概念。事实上，在传播科技日新月异的时代，大众传播已经变成了众人参与的中介传播（mass mediated communication）——每个人实际上都或多或少地参与了中介过程：

> 我们每个人都是传播者，而我们所创造的意义本身则不断地漫游与转化。这些意义力量强大，足以跨越疆界。一旦播送出电视节目、架设起网站、寄发电子邮件，这些讯息就会不断地进行跨界，直到这

①〔美〕卡茨等编《传播研究的典律文本》，夏春祥等译，第38页。
② 刘海龙：《大众传播理论：范式与流派》，中国人民大学出版社，2008，第185页。
③〔英〕西尔弗斯通：《媒介概念十六讲》，陈玉箴译，台湾韦伯文化国际出版有限公司，2003，第19页。

些被生产、引发出的话语、影像在眼前或记忆中消失无踪。每一次的跨界也都是一次改头换面，而每次的改头换面则都是一次意义的宣告，宣告了本身的关联性、重要性与价值。①

用更时髦的话来说，这也许就是媒介化（mediatization）的过程。当然，"媒介化"学者试图把"媒介化"打造为比"中介"更深刻、更高一级的概念，在他们看来，中介概念（在分裂或冲突的各方之间进行干预协调）在绝大多数语言中都存在，而日耳曼和斯堪的纳维亚语言中的"媒介化"则意指一种元过程（meta process）：中介性技术和媒介组织形塑日常实践和社会关系的历史过程。②

作为传播手段和传播设备的媒介概念，在媒介研究中逐步拓展为话语实践和中介性技术与组织，从而使媒介从一个静态的概念，变成了动词。但媒介的动词化也使媒介这个词失去了使用的必要性，把媒介用作动词，可能反不如行动者这个概念贴切。③ 媒介研究者在赋予媒介概念群各种各样含义的同时，似乎也应反思：为了学术表达的妥帖准确，是否需要抱紧"媒介"不放，是否需要给"媒介"减负。另外，正像克莱默尔提示的那样，当代学者似乎总是抓住媒介物质性的一面不放，遗忘了其心灵性、观念性的一面，而这一面才是以往人文学术使用该概念的侧重点，它在黑格尔这样的大师笔下沉淀下来，本不应该被埋没在当代学者的媒介理论之中。

从媒介概念发展的过程来看，它既是观念论意义上的中介、中项，也是物质主义意义上的媒材、媒体。但在 20 世纪后，物质主义的道路占据上风，衍生出把形形色色的物视作媒介的理论，本书所侧重刻画的，就是这条道路。媒介概念与传输装置、技术、身体等偏物质性的东西走到了一起，共同营造了 20 世纪以来学术书写中的媒介观念。然而，媒介概念虽然

---

① 〔英〕西尔弗斯通：《媒介概念十六讲》，陈玉箴译，第 27—28 页。
② 关于"中介"与"媒介化"的详细区分，见唐士哲《重构媒介？"中介"与"媒介化"概念爬梳》，《新闻学研究》2014 年第 121 期。
③ 方念萱：《导言：媒介已成为动词》，《中华传播学刊》2020 年第 38 期。

外延很大，毕竟有其历史的和现实的规定性，不能盲目地使用，使它超出自身的规定性，失去解释力。鉴于此，一些德国媒介理论家提倡区分文化技艺、技术性媒介等概念，明确自己的论述范围。笔者认为这是避免使媒介理论大而无当的出路之一，因此在后文予以重点关注。

第三节　中西比较的可能性

本章主要讨论源自古希腊的媒介概念的思想意涵。在此过程中，词语一方面维持着自身的惯性，另一方面又在新的语境中不断地生成流变。总结而言，前现代可以翻译为"媒介"的单词，多表示心灵性、宗教性的中介关系或某种在中间存在的东西，而没有形成把纸张、石碑乃至文字统归为传播手段的含义。在古登堡（又译作"古腾堡""谷登堡"）的金属印刷术之后，西方虽然出现了把口语、文字视作传播手段的思想，但我们不能就此推论出，17—18 世纪 medium 的主要含义是传播工具，因为文本上的证据显示，medium 的实际含义相当复杂，有物理介质、感官中介、表达/传播手段等多重含义。这些含义构成了媒介观念的重要基础，其中传播手段观和大众传媒观成为当代媒介研究着力拓展和超越的观念，后文论及的延伸论、媒介物质性和文化技艺等学说，则与感官中介、物理介质等基本含义密切相关。

相比于令人头痛的古希腊和拉丁词源，汉字中的"媒""介"古义则比较清晰。

"媒"的意思主要是媒人，许慎《说文解字》对媒的解释是，"谋也。谋合二姓"。"介"是会义字，本义是裹在士卒身上的护革，在甲骨文中，"介"字字形像人身穿铠甲，中间是人，两边的四点像连在一起的铠甲片。后来，这个意思引申为居中、在两者中间起联系作用，如"诸侯相见，卿为介"（《荀子·大略》）。"媒介"作为一个固定搭配，指的是引荐人，西晋学者杜预在注解《左传·桓公三年》"会于嬴，成昏于齐也"时写道："公不由媒介，自与齐侯会而成昏，非礼也。"①

---

① 本段古文皆转引自梁之磊、孟庆春《"媒介"概念的演变》，《中国科技术语》2013 年第 3 期。

相比于西方，中国古代学者没有赋予"媒""介"过多形而上的意涵；实际上，从词源上看，希腊、拉丁文中的"媒介"的原初含义更对应汉语里的"中"，中国古代关于"中"的哲学可谓蔚为大观，如中庸、中道、中和（中国古人学术书写中的"中"始终与道相伴，而西方前现代的"中"更多指在中间起作用的东西，其在哲学史中的地位不高，这个现象也许是值得深入探讨的课题），不是西方媒介思想能够涵盖的。当然，前文在探讨古希腊关于中间状态是否存在的学说时，并没有拘泥于"媒介"或"中"这些词上；中国先哲在讨论相关问题时，也未必会使用这些词。笔者讨论的是这些词蕴含的思想可能性，而非词典中的义项。

比如，在古代中国，不乏和恩培多克勒极其相似的自然观，如阴阳五行说（阴阳五行不是由某个人提出的，而是从战国后期到西汉中期陆续形成的。在此之前，阴阳和五行并没有放在一起讨论，后儒认为阴阳、五行理本相同，故将两者联系起来）。[①] 与四大元素说类似，先人提出，天下万物皆由金木水火土这五类元素构成；与四大元素之间有序运动的学说相似，这五种元素遵循相生相克的运动规律。那么什么是促使元素运动的动力呢？在恩培多克勒那里是爱与恨，在古代中国则是阴与阳，萧吉《五行大义·序》写道："夫五行者，盖造化之根源，人伦之资始。万品禀其变易，百灵因其感通。本乎阴阳，散乎精像，周竟天地，布极幽明。"[②] 在恩培多克勒那里，事物之间的交感遵循孔道理论，由流射物中介；在阴阳五行说中，事物之间的交感遵循五行相生相克理论，每种元素都可以是另一种元素的中介，比如要从木转化成土，需要火的中介，因为木生火，火生土。可见，元素说层面的媒介观具有一定的普遍性，并不一定为某个文明所独有。当然，有些媒介观念更具有民族性，德谟克利特原子—虚空的科学假说，就显得独一无二；居于天地之间的气的观念，也为华夏民族所独有。在《庄子》中，气充斥于"形"之间，"察其始而本无生。非徒无生也，而本无形；非徒无形也，而本无气。杂乎芒芴之间，变而有气，气变

而有形，形变而有生。今又变而之死，是相与为春秋冬夏四时行也。"① 可见，气的性质明显不同于亚里士多德的空气或水，它是"形"之前无定形的一种重要状态，而非仅仅起辅助作用的媒介。另外，气似乎不像张岱年根据西方哲学术语理解的那样，是一种不一定能为感官所察觉到的客观实体，② 因为气并非独立存在的东西，至少在《庄子》中它的上面还有"变"。

总之，西方前现代媒介观念所关注的问题，并非西方人所独有。只有现代媒介观念才是西方独特的文化果实，在那之前，其他文明的思想观念亦足珍视。

也许有人认为读解古代的文献时自然会在语境中知晓每个词的含义，不必大费周章地辨析词义。然而，受现代性洗礼的当代学者，往往有意或无意地在不加规定的情况下用现代概念读解前人的文本；对基本概念的研究至少能提醒研究者注意，除了"媒介"一词，许多与媒介相关的概念如"信息""传播"等，也不能轻易用当今的词典衡量。比如，如今信息论意义上的信息（information）不同于亚里士多德意义上的形质论，也不同于力（force）或能力（energy）等物理学概念。中世纪修辞学、政治学和神学经常讨论"communicatio"（英文 communication 对应的拉丁文），但并不指符号互动、对话或认同。如果在不加规定的情况下，用现代人的惯用语汇描述前现代，势必引起混乱。

事实上，在关于媒介性的历史研究（historical studies of mediality）中，为避免将现代的媒介概念生搬硬套到前现代，西方学者往往会区分狭义上的现代电子技术（media sensu stricto）和广义上的中介（media sensu lato），甚至就此问题发生方法论争论。③ 汉语学界在吸收西方媒介理论时，若对这些问题视而不见，则难免出现"跨文化误读"。虽然绝对意义上等值的

---

① （西晋）郭象注，（唐）成玄英疏，曹础基、黄兰发整理《庄子注疏》，中华书局，2011，第 334 页。

② 张岱年：《中国古典哲学中若干基本概念的起源与演变》，《哲学研究》1957 年第 2 期。

③ Erik Born, "Media Archaeology, Cultural Techniques, and the Middle Ages: An Approach to the Study of Media before the Media," *Seminar: A Journal of Germanic Studies*, Vol. 15, No. 3 (2015).

跨文化翻译并不存在，[①] 但对基本概念的探讨，无疑有助于理解媒介概念背后蕴含的观念史或思想史，有助于澄清"媒介"不只是一个现代概念，它有深厚的历史底蕴和复杂的生命历程；也有助于在重演过去的同时理解当下，深描媒介观念与人类文化实践之间的关系。

---

① 潘文娇、董晓波：《正视对外译介过程中的跨文化误读》，《中国社会科学报》2020年6月2日，第3版。

第三章

由中介通往真实的路：中介无隔与超越阻隔

"中间状态不存在论"体现了人类去掉中介、直达真理的渴望，但付出的代价是：忘记事物的多样性和事物变化过程中中间状态的多样性。"中间状态存在论"使人意识到，对中间/中介过程（以下有时简称"中介"）视而不见并非诚实之举。后世思想家多承认中介的存在，并在处理通达真实/真意的问题时展开了两种对待中介的思路——"中介无隔"与"超越阻隔"。前者追求"得意忘象"，虽然重视中介在通达真实过程中的关键作用，但不认为中介最终会造成阻隔，中介最终可被体验为透明的、无隔的。后者把真实本身置入不可知的领域，只探讨如何通过中介再现或体验真实，从而绕开与真实本身相隔的问题。

第一节 中介无隔

宗教家是中介无隔论的主要拥护者之一。奥古斯丁在处理"上帝借助肉体中介显现到底意味着什么"这个问题时暗示：对于上帝和天使来说，精神和肉体、神和人的区别并不存在，二分法和中介观念只对人类有效，是人类堕落的标志，人类要想获得拯救，必须超越肉体和中介，进入纯粹的精神领域、进行纯粹精神性的交流。简言之，中介只是手段，精神才是目的，手段不应僭越目的。质言之，在奥古斯丁看来，即使上帝借助肉身对人类显现，肉身也并不重要，因为上帝无形无相，肉身只不过是对人类感官的让步。奥古斯丁论肉身与上帝之关系的学说，复现于托马斯·阿奎那"论物质与精神之关系"的学说。阿奎那利用亚里士多德、奥古斯丁、阿拉伯哲学家的许多论证，首先证明了"上帝是宇宙最初和最后（有目的性）的原因"，接下来，从等级上将精神与物质严格区分开来就轻而易举了："如果上帝是一切事物的初始因，他必然是物质和形式的原因。因为他是纯粹精神，未杂有物质，物质就不可能由他那里流射；他必定是由无中创造物质的。"① 与此相关的中世纪炼金术士的工作，形象地反映了通过不纯粹的物质臻至完美的理想；另外，中世纪对于书籍、教育的态度，亦体现了精神与物质间的目的—手段关系：教育的最终目标是更全面地理解基督教信仰和上帝，文字、书籍等是实现这一目标的手段。② 简言之，宗教哲学生发出这样的中介观：作为手段的中介是必要的，但不会造成隔阂。转换为现代科学中的中介观，③ 即：通过中介调节、科学手段才能显示出事物的本质。

在洛克的词语—观念学说中，物质相对于精神并不重要的想法呈现为：词语相对于观念并不重要，词语不应该妨碍观念的表达。尽管我们不能说洛克的"词语无隔论"直接来源于宗教哲学，但超越肉身、词语物质性等观念的不断复现足以说明，"中介无隔"是贯穿于古代和现代的基本观念之一。

超越物质的心心相印始终是人类的渴望，或许也总是一部分人的信仰。一些艺术理论家认为，我们并不是通过音乐的声响、画作的色彩等中介与伟大的艺术家产生共鸣的，艺术家与听众、观众之间的心有灵犀才是关键。对于艺术欣赏者来说，声响、色彩亦好比奥古斯丁笔下的上帝肉身，艺术家才是上帝。在中国魏晋时代，这种超越的渴望被表述为"得意

---

① 〔美〕梯利：《西方哲学史》（增补修订版），葛力译，商务印书馆，1995，第216页。
② Rosamond McKitterick，"Books and Sciences before Print," in Marina Frasca-Spada, & Nick Jardinc eds., *Books and the Sciences in History*，Cambridge, UK: Cambridge University Press，2000, pp. 13 – 34.
③ 炼金术士的宗教精神转化为科学家追求科学真理的精神。借用马克斯·韦伯的术语来说，炼金术士的宗教行动与科学家的科学行动之间具有内在亲和性，宗教性促进了现代科学的进展。

忘象"。当然，王弼的"意象论"深受魏晋玄学影响，是对《周易》"意""象"关系说的发展。我们不妨先从《周易》着手看中国古代的无隔观念。

首先，关于《周易》的产生，《系辞下》中说得非常明确："古者包牺氏之王天下也，仰则观象于天，俯则观法于地，观鸟兽之文，与地之宜；近取诸身，远取诸物，于是始作八卦，以通神明之德，以类万物之情。"① 也就是说，宇宙间存在的各种自然物象、现象和形象，是包牺氏进行观物取象的直接对象来源。为了确定这些物象的意义内涵，他通过对各种具体的自然物象进行联想、想象、类比，"以类万物之情"，由此而确定了易象系统，所谓："是故易有太极，是生两仪，两仪生四象，四象生八卦，八卦定吉凶，吉凶生大业。"②

然而通过对其所取之象进行考察，我们不难发现，《周易》在通过联想、想象、类比等方式赋予各种具体自然物象以意义的过程中，具有随意性。如《说卦》只举象例，不做解释，遂致不少卦象的立意依据晦暗不明，朱熹所谓："其间多不可晓者，求之于经，亦不尽合也。"③ 也就是说，在《周易》中，那些原始的物象并不具备一种完全符合逻辑论证的必然性，其中寄托着原始先民们的某种愿望和理想。④

但我们也应该认识到，以上论述只是从个别案例上看到了《周易》之象的杂乱，似乎《周易》之象完全缺少内在的整体连贯性。可从"圣人立象以尽意，设卦以尽情伪"的整体目的上看，《周易》之象并非具体事物对"意"的简单随意模仿，而是直接指向"意"本身，是有一个统一的原则的。《系辞上》："子曰：书不尽言，言不尽意。然则圣人之意，其不可见乎？子曰：圣人立象以尽意，设卦以尽情伪。系辞焉，以尽其言，变而通之以尽利，鼓之舞之以尽神。"⑤ 简单来说，虽然"言"无法通达"意"，但还可以用"象""卦"等其他方式通达。总之，《周易》象之驳杂，一方面，体现了古人在取象过程中还未能使"象"与所表之"意"明确联系

① （魏）王弼著，楼宇烈校释《王弼集校释》（下册），中华书局，1980，第558页。
② （魏）王弼著，楼宇烈校释《王弼集校释》（下册），第553—554页。
③ （宋）朱熹著，廖名春点校《周易本义》，中华书局，1994，第202页
④ 杨吉华：《意象性思维与象喻性文本》，《山东社会科学》2009年第5期。
⑤ （魏）王弼著，楼宇烈校释《王弼集校释》（下册），第554页。

起来，以致后世不解取象之意；另一方面，立象以尽意暗含了"意""象"一体的因素，见象就是见意。王弼的"得意忘象"，显然是接着后一方面来讲。

"得意忘象"说记载于《周易略例·明象》中，现按原文顺序将其内容分为五个层次，分别概括如下。

第一层，言生于象，象生于意。"夫象者，出意者也。言者，明象者也。尽意莫若象，尽象莫若言。言生于象，故可寻言以观象。象生于意，故可寻象以观意。"① 单从字面义来看，言、象、意分别指卦辞、卦象、卦意，但就其义理来看，当指语言、物象、真义。以佛学中的"方便"说来诠释，这一层内容表达的意思即"言"是认识"象"的方便，"象"是通达"意"的方便。

第二层，得象忘言，得意忘象。"意以象尽，象以言著。故言者，所以明象，得象而忘言；象者，所以存意，得意而忘象。犹蹄者，所以在兔，得兔而忘蹄；筌者，所以在鱼，得鱼而忘筌也。然则，言者，象之蹄也；象者，意之筌也。"② 此乃进一步说明言、象是得意的途径。通过象得到意之后，"象"就像奥古斯丁所说的肉身一样，相对而言不再重要。这里需要注意的是，对于"忘"的理解直接影响到对"得意忘象"的解释，"忘"在《说文解字》中意为"不识"，但不能单从字面意思理解"忘"，在王弼这里，"忘"应引申为"超越"之意，即借助"象"突出"意"的重要性，淡化"象"却不丢弃"象"。这一层意思，可与宋儒的"存天理，灭人欲"相类比，与"忘"类似，"灭"并非意指消灭人的情欲，而是克制欲望，超越于"情"之上，达到"圣人之性"。根据近代哲学家熊十力的体用不二论，"意"与"象"的关系也可理解为"体"与"用"的关系，"意"为体，"象"为体的外在表现——用，"意"与"象"乃是不二的。

第三层，勿陷于言，勿陷于象。"是故，存言者，非得象者也；存象者，非得意者也。象生于意而存象焉，则所存者乃非其象也；言生于象而

---

① （魏）王弼著，楼宇烈校释《王弼集校释》（下册），第 609 页。
② （魏）王弼著，楼宇烈校释《王弼集校释》（下册），第 609 页。

存言焉，则所存者乃非其言也。"① 这一层次是对前两层次的进一步发挥，提醒作为"言"与"象"的使用者，陷入言，则得不到象，陷入象，则不能"得意"。

第四层，立象尽意，重画尽情。"然则，忘象者，乃得意者也；忘言者，乃得象者也。得意在忘象，得象在忘言。故立象以尽意，而象可忘也。重画以尽情，而画可忘也。"② 接续上一个层次，这一层次就是要告诉人们应该怎么摆正言、象、意三者的关系。王弼强调立象尽意，重画尽情，进一步完善言、象、意三者关系的讨论。这是对前三层意思的再次提升和强调。

第五层，忘象求意，义斯见矣。"是故触类可为其象，合义可为其征。义苟在健，何必马乎？类苟在顺，何必牛乎？爻苟合顺，何必坤乃为牛？义苟应健，何必乾乃为马？而或者定马于乾，案文责卦，有马无乾，则伪说滋漫，难可纪矣。互体不足，遂及卦变；变又不足，推致五行。一失其原，巧愈弥甚。纵复或值，而义无所取。盖存象忘意之由也。忘象以求其意，义斯见矣。"③ 最后一层批判了拘泥于象数，而不顾象数背后之义理的"观象"之法，强调超越"文字障"而领会根本性的意的重要性，简言之，就是强调解《周易》的方法论是"忘象求意"。

王弼前面讲"尽意莫若象，尽象莫若言"，后面又讲"得意在忘象，得象在忘言"，两者看似存在矛盾之处，实则不然，王弼旨在表达两层意思，也是两个环节，一是：象是认识意的载体和工具（方便）。二是：通过象尽意后不应再拘泥于象，而是要理解象背后的意。拿入经之门户的乾、坤二卦来讲，不论取何为象，皆不离刚健、柔顺之本义，即乾刚坤柔。

在近世的艺术批评中，往往将"意""象"合称为"意象"，这也从一个侧面体现了"意""象"不二的意涵。这一思想其实早已为文人墨客融会贯通于艺术、美学之中。刘勰认为文章的根源在于道（自然的"天

---

① （魏）王弼著，楼宇烈校释《王弼集校释》（下册），第 609 页。
② （魏）王弼著，楼宇烈校释《王弼集校释》（下册），第 609 页。
③ （魏）王弼著，楼宇烈校释《王弼集校释》（下册），第 609 页。

道"），"日月叠璧，以垂丽天之象；山川焕绮，以铺理地之形。此盖道之文也"。① 道有美丽的显象，好的文章能以象为中介显道，超越实存事物之存在，达到象即是道，道即是象的艺术境界。不难发现，刘勰的"道"一方面与《周易》的"意"相通，另一方面显得缥缈、广袤而更具有美学内涵，无疑是对原始意象说的扩充与发展。关于如何运用意象进行创作，刘勰在《文心雕龙·神思第二十六》篇中说得更为明确："玄解之宰，寻声律而定墨；独照之匠，窥意象而运斤。"②"窥意象而运斤"，就是借由艺术表现"超以象外"。在古人看来，天人本来合一，借由艺术之中介对道的"再现"，完全可以通达"不可言之理，不可述之事"。

象确实存在，但象不会造成阻隔，即并不对真诚沟通、通达真意构成实质性的损害，成了一些中介理论的一种基本信条——中介过程可以与人构成具身（embodiment）关系，可以透明，甚至抽身而去。用德里达的话来说，这乃是一种忘却书写的"意志"，想要企及存在者之外的既不在场又不直接对"我"发生作用的存在；想要忘却差异，在所谓的纯粹语言中忘却书写。

然而，坚持中介无隔论的难点在于，中国哲学"忘象"的境界对于普通人来说很难达到。对于普通人来说，象属于可感的世界，无法忘掉；故而柏拉图等西方哲人区分可感世界与理念世界。超越可感世界中种种表象之隔，抵达理念世界，成为西方哲学的一大传统。然而，柏拉图漏掉的环节是，考察理念世界，首先应当考察人的认识能力究竟能够在何种程度上认识理念，接近理念。直到康德等哲学家完成对主体之认识能力的批判之后，我们才能清晰地看到，从主体的认识能力出发，充其量只能说真正的真实不可知，永远也不可能抵达真实的彼岸世界。下面第二节就将揭示主体与真实之隔的困境（第四章既有对此困境的延续，也有挑战），第三节推演出超越阻隔的两条道路（胡塞尔现象学、海德格尔存在论），以为第五章做准备。

---

① （南朝梁）刘勰著，王运熙、周锋撰《文心雕龙译注》，上海古籍出版社，1998，第 2 页。
② （南朝梁）刘勰著，王运熙、周锋撰《文心雕龙译注》，第 245 页。

第二节　主体与真实之隔

受现代性洗礼的现代人无法像中世纪基督徒那样，对肉身和物质造成的阻隔视而不见。尤其是在人类的传播活动中，传者与受者永远受到肉身、传播工具的阻隔，完全透明的对话只适用于天使、神或外星生命体，并不适用于人与人，甚至也不适用于人与神。在克尔凯郭尔看来，人根本无法理解耶稣是神的说法。对人而言，耶稣明明是人而不是神。耶稣偏要对加利利（Galilee）的人说"我是上帝之子"，这与耶稣本身是人的事实构成了矛盾。这一矛盾体现了神向人进行传播的困难，也体现了人理解神的困难。有些人相信这一矛盾的实际存在，从而否认神的存在，将耶稣诠释为历史上真实存在的人；有些信徒不认为"耶稣是人"与"耶稣是神"之间构成矛盾，提出道成肉身说（incarnation），认为耶稣既是完全的神（道）又是完全的人（肉身）；有些信徒则认为人们对肉身的理解有误，提出了幻影说（doctism），认为耶稣只是完全的神，是上帝投射在人间的幻影，不可能是肉身。不管这些信徒如何理解，就算神真正存在，在人间，神的权威也不得不让位于人的诠释，神的话语也难免被误解。对克尔凯郭尔而言，误解是让人感到恐惧和战栗的绊脚石（skandalon），且无法绕道而过。① 这些绊脚石提醒我们作为肉体性、物质性存在者的局限，提醒我们追求无障碍的传播好比建造巴别塔，永远无法完成。爱默生（Ralph Waldo Emerson）称物质为使人类清醒的生命"必需品"（commodity），人不能完全陷入自己的知觉（perception）之中，因为人的存在是实质性的（substantive），是与他人关联在一起的。完全陷入自己的知觉就是在唯我论中迷失，物质不允许这样的迷失，它是让自我觉察到上帝和他者的存在的关键一环。②

---

① John D. Peters, *Speaking into the Air: A History of the Idea of Communication*, Chicago, IL: University of Chicago Press, 1999, pp. 130 – 131.

② John D. Peters, *Speaking into the Air: A History of the Idea of Communication*, Chicago, IL: University of Chicago Press, 1999, pp. 156 – 157.

肉身和传播工具的物质性总会提醒我们，无隔的沟通并不存在；在形而上层面，柏拉图也早已指出，可感世界与理念世界总是隔着一层：我们所处的这个可感的世界并不是真实的存在，而只是理念的摹本，理念才是真实（reality）。亚里士多德又提出了一个与此十分类似的概念——实体（οὐσία［ousia］，英文一般翻译为 substance，直译为在下面支撑的东西），指的是事物的本质（essence）或最终原因（cause）。在此意义上，上帝、灵魂或亚里士多德的形式、笛卡尔的心灵与广延、康德的物自体等哲学概念，都可以称为实体。由于本章主要处理的是中介过程如何通达真实的问题，我们暂且把 reality 和 substance 两个概念统一称为真实（reality）。那么总体而言，柏拉图以降的绝大多数哲学家都认为，我们通过中介过程所体认到的世界并非真实的世界，而是永远与真实隔着一层的世界。

用康德（本节所述的康德思想皆出自《纯粹理性批判》[①]，并做了简化）的术语来表达，即，我们所见闻到的所有现象（phenomenon），首先都是经由感官加工感觉材料而得到的表象（representation）。这或许根本构不成什么"理论"，更像是常识，我们难道不是瞬间就把再现于我们感官之中的种种材料体认为某种现象吗？康德所要问的，恰恰是这一常识是如何可能的，即感官中介的杂多表象如何统一为有意义的现象？苹果的形状、颜色等感觉材料如何作为一个对象/客体（苹果）呈现在我们面前？这一问题，正是他之前的哲学家无法完整解答的，所以要回答这一问题，需要回到培根、休谟等经验论者的观念论（idealism），因为康德把经验论者"采用'观念'的地方使用了'表象'这个说法"。[②]

康德所谓的表象应当包括休谟所谓的印象和观念，即经验；康德之所以要用表象替换经验，是因为休谟所谓经验的东西无法证明"表象即现象"。休谟认为，知觉（perceptions）经验分为两种：印象和观念。印象"包括了所有初次出现于灵魂中的我们的一切感觉、情感和情绪（sensations, passions and emotions）。"观念则"指我们的感觉、情感和情绪在思

① 〔德〕康德：《纯粹理性批判》（注释本），李秋零译注，中国人民大学出版社，2011。
② 〔美〕汤姆·洛克摩尔：《在康德的唤醒下：20 世纪西方哲学》，徐向东译，北京大学出版社，2010，第 42 页。

维和推理中的微弱的意象"。① 除了强烈和生动程度（印象更为强烈和生动），印象和观念都极为类似，因此"心灵的全部知觉都是双重的：表现为印象和观念两者"。②

印象总是先于观念，印象是观念之为观念的根据：

> 我们的全部简单观念在初出现时都是来自简单印象，这种简单印象和简单观念相应，而且为简单观念所精确地复现。
>
> ……
>
> 一个印象最先刺激感官，使我们知觉种种冷热饥渴苦乐。这个印象在心中留下一个复本，印象停止以后，复本仍然存在；我们把这个复本称为观念。③

按照如上说法，举例来说，人们对复杂的风险观念就来自简单的印象，比如第一次被火烧到后形成火导致伤痛的印象，伤痛过去后，关于或导致伤痛的复本仍然存在，这个复本就是用火有风险的观念。显然，根据休谟的思路，用火有风险的观念来自火导致伤痛的因果关系。这似乎是一条常识，但休谟要问，这条常识是如何可能的，简单印象或观念借着什么因素产生了更复杂的因果关系观念？休谟在《人性论》第三章第六节试图从根本上解决这个问题：

> 我们只能根据经验从一个对象的存在推断另外一个对象的存在。经验的本性是这样的。④

在这段话中，"推断"一词十分重要，它说明我们实际上不能够把经验作为知识的可靠保证，所谓的关乎未来的因果关系只能是推断。"太阳

---

① 〔英〕休谟：《人性论》，关文运译，商务印书馆，1980，第13页。
② 〔英〕休谟：《人性论》，关文运译，第14页。
③ 〔英〕休谟：《人性论》，关文运译，第19页。
④ 〔英〕休谟：《人性论》，关文运译，第104页。

明天究竟会不会升起"，这样的命题，仅凭我们对于太阳为何物的经验，是无法知道答案的。同样，核电厂以后是否会真的发生危险，仅凭我们对于核电厂的过去经验，也是无法判断的。换句话说，对核电厂以后会不会发生危险的推估，并不遵循我们有关核的经验，也不遵循把核应用于发电的经验，而是由以前发生过危险的经验事实决定的，至于由经验事实如何推出风险的可能性，则是一种具有偶然真理性的"推断"，因为"推断"是经验的本性。

根据如上所述"经验的本性"，我们绝不能说核武器爆炸，会产生房倒屋塌、人死物灭的毁灭性危害，而只能假设爆炸产生危害，因为通过炸弹的投掷，经验的复本只能告诉我们过去发生了什么，我们并不能据此判断接下来会发生什么；在核武器将爆未爆的一瞬间我们"看不到"它的爆炸及危害。当炸弹爆炸，我们之所以会假设发生毁灭性的危害，是因为我们根据"经验的本性"得出过"基于物质事实"（matter of fact）的因果关系的假设。

如果休谟给出的"经验的本性"（因果关系假设/推断）是正确的，那么我们关于某某有风险的推断，只要有基于物质事实的因果关系的推断，就可以成立。也就是说，如果要有风险观念，我们就必须承认一些基本的推断原理（休谟给出的基本的推断原理有同一关系、时空关系、因果关系，注意这些原理都是经验性的、推断性的，从属于经验的本性）。反过来说，如果我们从未看到过爆炸，就被要求预言，核爆炸会发生什么，我们则不得不承认我们的确不能预测。缺乏经验事实，就缺乏推断原理，预言就缺乏根基。

如果想将过去的经验应用于推断未来，那么人们就会期待因果法则。我们对核发电会导致灾难这样的因果关系进行学习的唯一途径，来自过去受到某人或某物伤害的经验印象。这种因果关系只是具有偶然真理性的推断或者说经验事实的结合，而不是具有必然真理性的法则或者说先验根据，至于具有偶然真理性的推断为何总是有效，则是不可知的：

不但我们的理性不能帮助我们发现原因和结果的最终联系，而且即使在经验给我们指出它们的恒常结合以后，我们也不能凭自己的理性使自己相信，我们为什么把那种经验扩大到我们所曾观察过的那些特殊事例之外。我们只是假设，却又不能证明，我们所经验过的那些对象必然类似于我们所未曾发现的那些对象。①

质言之，我们所谓的知识只不过是"建立于过去的经验之上，建立于我们对于它们的恒常结合（constant conjunctions）的记忆之上"。②

休谟假设，过去所发生的事情是对未来将要发生事情的引导，即，假设我们以感官或记忆为中介得以保留的经验，是未来可依赖的准绳。如果我们只能以接受这样的假设解决因果推理的根据问题，就等于承认了人类活动没有任何的理性基础——人不是由于具有建立因果关系的能力，而是由于自身对于因果推断的条件反射而能对未来做出判断的。至于人为什么能将过去、现在和未来条件反射式地、恒常地结合在一起，却又是不可知的。

面对休谟对人建立因果关系能力的怀疑，康德赞赏休谟注意到了：凭借经验所得到的所有东西，要超出经验的界限是不可能的。康德承认，休谟的怀疑论使他从"教条主义"（即独断论，一方面认为经验无法得出诸如因果关系之类的超越经验的东西，另一方面又必须承认它们在现实中存在）的迷梦中惊醒：

我坦率地承认，就是休谟的提示在多年以前首先打破了我教条主义的迷梦，并且在我对思辨哲学的研究上给我指出来一个完全不同的方向。③

康德进一步指出，休谟的问题在于，把"带有先天成分的知觉的经验"（即表象）仅仅当作后天经验，把理性的认识能力（使感觉表象呈现

---

① 〔英〕休谟：《人性论》，关文运译，第109页。着重号为原译文所有。
② 〔英〕休谟：《人性论》，关文运译，第106页。
③ 〔德〕康德：《任何一种能够作为科学出现的未来形而上学导论》，庞景仁译，商务印书馆，1978，第9页。

为对象的能力）当作欺骗性的能力（即"推断"）。这样一来，"所有人都把一个苹果知觉为苹果"的普遍必然性就无法保证了，如果说这一日常生活中的真理并不够"普遍必然"，还可以举出反例，那么诸如欧式几何、牛顿力学等科学定律的普遍必然性又如何保证呢？如果诸如数学公式、物理定律不是通过理性，而是通过休谟所谓的经验的"恒常结合"得出的话，那么科学与宗教迷信的解释力相比，难道不就只有程度上的差别了吗？

当然，如今按照休谟的思路的人可能会说：如今的科学发展已经证明了欧式几何、牛顿力学也不是普遍必然的真理，科学只能不断追求真理，无法完全达到真理，认识真理的过程（典范确立的过程）比结果更重要；因此康德把科学定律的普遍必然性当作反驳的理由，是非常低级的错误。

我们当然可以质疑哲学家知识的陈旧，但不能轻易推翻他们的推理思路，简单的错误也可能蕴含深刻的道理。康德的重点不仅在于为科学知识的普遍必然性辩护，更在于解决知识的根据问题，也就是解决感觉表象为什么必然呈现为现象/对象的问题。尽管当今诸如量子力学等已经证明：驯服偶然也许并无可能，但量子力学本身也无法就这一科学知识的来源给出理由。康德所要追问的，正是不确定性这一表象作为一种科学知识如何可能的问题。休谟的论证实际上证明了，经验论者无法回答这样的问题，因为仅凭后天经验，无法确保由感官中介到的知识的普遍必然性，所以最终只能把知识论证为具有偶然真理性的"推断"，倒向彻底的不可知。

然而，我们也不能低估经验论者的思想，他们不是不知道论证的思路应当是将经验与理性结合，对此，经验主义者培根在康德之前早就有过经典的表述：

> 经验主义者好像蚂蚁，它们只是收集起来使用。理性主义者好像蜘蛛，他们从他们自身把网子造出来。但是蜜蜂则采取一种中间道路。他从花园和田野里面的花采集材料，但是用它自己的一种力量来改变和消化这种材料。①

---

① 北京大学哲学系外国哲学史教研室编译《西方哲学原著选读》（上卷），商务印书馆，1981，第358页。

经验论者不是不知道要做蜜蜂的工作。如果不引入先天因素，他们怎么也无法解释"材料"（感觉表象）怎么凭借"力量"而不再是"材料"（成为对象）的问题，也就是说无法解释简单风险经验的叠加怎么凭借"经验的本性"而成为一种风险知识的问题，故而只能回到"收集材料"的老路上。对此，康德进行了哥白尼式的倒转：不是"改变了的材料"（对象）必须符合"采集了的材料"（表象），而是"采集了的材料"必须符合"它自己的力量"（认识主体的先天认识能力）才能"改变材料"。蜜蜂的"力量"即主体的先天认识形式，既独立于表象，同时也构成表象的先决条件的先验范畴和先验准则。在康德那里，休谟所谓的后天经验性的、具有偶然真理性的因果关系"推断"其实应当属于人的先天认识能力；因果关系不是推断，而是具有必然真理性的先验范畴。如此一来，将过去、现在和未来连接起来的就不再是经验的"恒常结合"，而是绝对的必然的充足理由（因果关系的先验范畴）。

人类之所以能够通过表象认识对象，一方面，是因为表象中有后天的感觉材料（印象），但感觉只是一个条件，经验论者的错误就在于把感觉材料当作充分必要条件，于是感觉材料永远无法超越自身形成认识的对象；另一方面，表象中还含有先天的成分，即，先验范畴（康德的《纯粹理性批判》把先验范畴严格限定于自然科学领域，为自然科学区分了量、质、关系和模态四大类 12 种先验范畴，这个范畴表是人为自然界立法的根本）也是人类知识的条件。感觉材料和先验范畴结合在一起，人类的认识才得以可能。先验范畴好比飞机，印象好比汽油，飞机加上汽油，才有飞的可能性。

在康德看来，表象这一不可被进一步还原、无须过多解释的基本概念，不仅是纯粹理性领域的基本概念，而且渗透在人的生命中，适用于人的所有认识活动。在《道德形而上学》（*The Metaphysics of Morals*）的导言中，康德就写道："存在者依据其表象来行动的能力叫作生命。"（The capacity of a being to act in accordance with its representations is called life.）①

---

① Immanuel Kant, *The Metaphysics of Morals*, trans. by M. Gregor, New York, NY: Cambridge University Press, 1991, p. 40.

康德的思考并没有就此打住，他接着追问，在感官把所接收到的东西处理为表象/现象之前，感官又是凭什么接收到"所接收到的东西"呢？这一终极之问，恐怕也难倒了康德，他的解答方案是设置一个不可被认识的物自体（the thing-in-itself），感官受到物自体的刺激才会引起表象。由于物自体本身不可被认识，属于超验的领域，也就为上帝和灵魂留下了余地。然而这么一来，感官中介之隔岂不也具有超越的可能性？在科学认识之外岂不是存在灵魂与灵魂直接沟通的可能？不过在康德看来，保留上帝和灵魂仅具有道德实践上的意义，其并非关于认识能力的真理。对于主体来说，根本无法完全超越感官中介之隔抵达超验的领域。

第三节　超越阻隔的路

一　叔本华：直观

叔本华一方面继承了康德的表象学说，认为康德的表象学说认识到自在之物乃是一大进步，"因为他论述了人类引为不可否认的道德意义是完全不同于，不依赖于现象的那些法则的，也不是按这些法则可以说明的，而是一种直接触及自在之物的东西"。① 但在叔本华看来，物自体这一靠逻辑虚设起来的东西根本不靠谱，是"梦呓中的怪物"，"这种怪物就会是哲学里引人误入迷途的鬼火"。② 叔本华在这里其实已不仅仅是在反对康德，而是要让人认清：靠理性思辨根本无法找到世界的本质。所有的重大发现都是直接的了知，刹那间的直接了知，在汉语中叫顿悟，在德语中叫 Ein-fall，在法语中叫 apperçu，叔本华称这种认识能力为直观（Anschauung）或悟性（Verstand）。③

叔本华直观到的世界之本质，就是盲目冲动的意志，"盲目冲动"的意思并不是杂乱无章、无规律可循，而是说，我们所看到的表象的规定性

---

① 〔德〕叔本华：《作为意志和表象的世界》，石冲白译，商务印书馆，1982，第575页。
② 〔德〕叔本华：《作为意志和表象的世界》，石冲白译，第28页。
③ 〔德〕叔本华：《作为意志和表象的世界》，石冲白译，第50页。

并没有什么"道理"可言;我们尽可以总结出一大堆行事准则、科学定理,但就其本质来说都是"盲目"的,是由意志"约定俗成"的。而表象就是意志的一种客体化,整个世界就是"我"的表象。

叔本华顿悟式的哲学,看起来是一种不讲道理的中介无隔论,试图以直接了知突破与世界之本质相隔的问题,实则用更强的怪物——盲目的冲动取代了物自体,从而把表象的"在世"性更加牢固地确立起来。叔本华的非理性主义虽然撼动了形而上学中的理性,却依然没有放弃形而上学所要达到的目标——与我们相隔的真实(reality);尽管他通过质疑理性本身的方式,推翻了前辈哲学家确立的真实,却又确立了自己的真实——意志(Wille)。所以,非理性主义虽然想通过质疑理性的方式突破形而上学的真实观,却强化了与真实的相隔,回避了表象之隔的问题:"我"的世界就是由表象中介的世界,并不存在什么不可认识的超越的东西的刺激,更不存在把人类从表象的永隔中拯救出来的上帝。盲目冲动的意志已经不讲道理地规定了在世界之中现象即表象,只有通过刹那间的了知才能绕开表象之隔。

康德、叔本华之所以无法真正突破表象之隔,是因为把真实当作外在于主体的、更高一级的东西,要通达外在的东西,必然需要中介过程。用建构真实论(gonstructive realism)的术语来说,康德等哲学家所追求的都是真实本身(reality itself),真实本身要在等级上高于"建构的真实"(constructed reality)。比如康德的物自体就是真实本身(reality itself),而表象则是建构之真(constructed reality),人类的表象,必须由悬在头上的物自体刺激感官才能得到。

二 黑格尔:扬弃地超越中介

中介无隔论的问题在于,既然无法容忍中介、象对上帝、真意的阻隔,干脆不承认中介会造成阻隔;过程虽然也很重要,需要通过一定劳作才能透过象得到意,但象终究外在于意,只要达到了意,象就可以遗忘。康德等哲学家直面认识这一中介过程对通往真实的阻隔,最终发现,认识不可能达到真理,从而倒向不可知论。黑格尔批评道,一开始就把认识和真理区分为认识真理的过程和真理本身，好像可以避免因直接讨论真理本身而产生的种种无谓争论，实际上是害怕真理；因为如果要严肃地讨论认识真理的过程的话，这一过程本身就应当具有真理性，不应该被排除在真理本身之外。① 那么，中介与真理的关系究竟为何？

在正式进入这一问题之前，我们首先要知道，不能以形式逻辑的、非黑即白的思维方式理解黑格尔，因此，笔者先举一例，帮助不熟悉黑格尔的读者理解其辩证的思维方式。我们思考一个问题：今天的我是不是昨天的我。按照常识来说，当然是，不仅是，而且从出生到死亡都是。那么继续追问，为什么是？有人会说，因为我们承认人格的连续性，虽然孩子乃至胚胎尚不具备健全的人格，但具有健全人格的潜能，这种人格的连续性并不随时间的变化而被切断，否则就会出现昨天的杀人犯在今天辩称"昨天的我不是今天的我"的荒谬情景。然而再仔细一想，今天的我确实不是昨天的我，不仅肉体会发生变化，精神状态也可能发生变化。《论语》里面讲三十而立、四十不惑等变化，是中国人熟知的；古希腊诗歌中也有这样的描述：

> 最初七年，尚待发育的一个孩儿，话语含糊不清，
> 上下两排牙齿才出不久就一一脱落。
> 在天神的保佑下，他又度过了七个年头，
> 这时，青春的标志才慢慢开始显现；
> 再过七年，他四肢发达，嘴唇上下冒出了
> 松软的胡须，饱满的肌肤宛若花蕾。
> 在第四个七年中，他身强力壮，到达了人生中
> 体格健全的高峰，充满了成熟的气质。
> 第五个七年里，他便开始考虑结婚成家，
> 为生儿育女、传宗接代寻找良机。
> 第六个七年里，他的一言一行多半由头脑指挥，
> 根本不愿轻举妄动，胡作非为。

---

① 〔德〕黑格尔：《精神现象学》，贺麟、王玖兴译，第105页。

> 在第七个七年以及第八个七年这十四年中，
> 他的思路和口才都到了人生的顶峰。
> 到了第九轮，尽管他的能力犹存，其语言和
> 智力却日益弱化，缺乏大智大勇。
> 当他又度过了七年，度过了第十个人生年轮，
> 他面临死亡，并不觉得不合时机。①

　　可见，相比于不变，变似乎更应当是人的基本经验。如果以非黑即白的思维来看，人既是变的又是不变的，昨天的我既不是今天的我又是今天的我，这种矛盾是无法容忍的。但如果以扬弃的思维来看，上述矛盾便迎刃而解：今天的我扬弃了昨天的我，也就是说，今天的我既保留了昨天的我，又超越了昨天的我。在保留的意义上，我还是昨天的我；在超越的意义上，我不是昨天的我。换言之，我是不断自我分裂的，并且不断否定自己当下的存在方式，比如在不是科学家的时候要成为科学家，就是在否定当下不是科学家的状态，再如自甘堕落，也要建立在自我否定的基础上。这种否定就是对自己的异化，使我不再是我，也恰恰是在自我异化的过程中，我才成为我。这种自我分裂、否定、异化的过程不是仅仅持续到"人生的顶峰"，而是伴随着整个我的实现过程，直到死亡这一刻，才最终达到与自身的统一，我不再觉得此刻"不合时机"，因为死亡这一刻无法否定。

　　黑格尔所谓的绝对真理就类似于上述的"我"，他的著名论断——绝对既是实体，也是主体，实际上是要强调绝对不是静止的、停留在抽象层面的实体，而是有生命的、需要实现出来的实体。实现出来的过程没有外在的推动力，只能自己实现自己。因此，实体要靠否定自身、变得与自身不同来推动自身的实现，黑格尔把这个过程描述为"单一的东西一分为二的过程"，这个过程不是一里面本来有两个东西（如阴阳）而分裂出来，而是一通过否定自身树立起自身的对立面，即树立起他在。起初，双方以为双方是对立的双方，但最终反思到他在原来和自己是一个东西，从而达

---

① 〔德〕恩斯特·狄尔编，王扬译注《古希腊抒情诗集》（第一卷），上海人民出版社，2018，第65页。

到否定之否定，实现对立统一。质言之，真理就是通过否定之否定重新恢复自身的过程，是一个圆圈，一个合目的性过程："预悬它的终点为目的并以它的终点为起点。"[①]

第一重的否定，即向他在转化的过程，被黑格尔称为中介（vermittelung）。中介不是外在于真理的东西，而是真理与自己发生关系，变成他在，从而最终实现自己的必要过程。如果没有中介，真理就是原始的单一性、抽象的普遍性，不能作为绝对，充其量只能当作潜在的真理；譬如上帝如果没有创造世界，就不能称为上帝，只有成为上帝的潜能。因此，必须严肃地对待中介，绝对、永恒、一切等说法，在没有经过中介的情况下，只是一些抽象的大词，不是作为真实的东西，真实的东西不是只有空洞的形式，而是有丰富的内容。

然而，中介往往为人厌恶，因为它是间接的，人们总把间接的东西视为消极的，总想把它排除在绝对之外，就像在中介无隔论里那样。"但事实上人们所以嫌恶中介，纯然是由于不了解中介和绝对本身的性质。"[②] 中介不仅仅是间接的，也是直接的、积极的。如果把第一重否定单独截取出来，我们只能看到它间接的、消极的一面，仿佛真理把自身截断开来，等待我们再给它接上一样。但黑格尔的真理模式是全体，从全体来看，不仅有第一重的否定，还有第二重的否定，必须从双重否定的角度看，才能看到真理的本质。真理既包含着向对立面的转化，也包含着把它重新吸收回来的过程，因此，中介（分裂为对立的双方）是直接包含在真理之中的、真理反思自身的积极环节，是真理对自身的扬弃，既保留着抽象真理，又超越了抽象真理；这种自我分裂必须再次被扬弃，才能实现为绝对真理，也就是最终取得与对立的和解。

总之，从黑格尔全体性的真理模式来看，中介是包含在真理中的他在、对立面、否定物，是积极地、直接地推动真理实现自身的过程。黑格尔既没有像中介无隔论那样，以为中介是间接的手段，最终不应属于真理，也没有像康德那样，把认识的反思过程放在真理之外，而是把中介纳

① 〔德〕黑格尔：《精神现象学》，贺麟、王玖兴译，第 62 页。
② 〔德〕黑格尔：《精神现象学》，贺麟、王玖兴译，第 63 页。

入真理实现自身的过程中，这样，就不需要像中介无隔论那样，刻意回避中介的真理性，也等于批判了康德忽略中介过程之真理性的不妥。

从后文所谓媒介存在论来回看黑格尔的中介学说的话，就会发现黑格尔的总体思维方式与媒介存在论完全一致，即把媒介存在论化（在黑格尔这里是把中介真理化）。当然，媒介存在论中的媒介是更偏物质性的文化技艺、技术性媒介，并非观念论意义上的中介。

三 消解形而上学的真理问题

维特根斯坦特别关注语言实践与本质的关系问题，认为并不存在一个超越于语言之外的真实本身（reality itself）。真实本身之所以有意义，并不是因为有真实本身这个外在于语言的对象，而是因为它存在于语言的使用之中。任何字词的意义都不能脱离使用者在日常生活的种种活动中形成的生活形式，"想象一种语言，就意味着想象一种生活形式"。① 在特定的生活形式中，语言使用者说出字词，同一脉络中人自然懂得而有所回应。字词的一来一往密切配合着生活形式中语言使用者之间的互动，有如在玩一种游戏，因此维特根斯坦称之为语言游戏。在不同的生活形式中，同一个字词会有不同的用法，这些不同的用法可能有所重叠，但不会有共同的核心意义。这种意义/用法的延伸，维特根斯坦把它称作"家族相似性"（family resemblance）——儿女跟父母在相貌上各有部分相似，但要说全家相貌的特征，却又举不出来。

维特根斯坦在诠释家族相似性时说了一个比喻：想象有一个社群，社群中每个人都有一个盒子，其中装有一个我们姑且称作"甲虫"的东西。由于大家都看不到别人盒子中的"甲虫"，所以每个人对"甲虫"的认知都只能从自己盒中的"甲虫"得来。实际上，每个人的"甲虫"可能都不一样。我们甚至可以想象有些人的"甲虫"不断地变来变去。在这样的情况下，维特根斯坦说，假如"甲虫"这个词在社群的共同语言里被用到的话，它不可能是一个东西的名称。盒子里的东西不可能是社群语言游戏的

---

① 〔德〕维特根斯坦：《哲学研究》，李步楼译，商务印书馆，2000，第12页。

对象，它甚至可能根本不是东西，因为盒子里头可能根本空无一物！①

维特根斯坦所说的"甲虫"，完全可以用真实本身（reality itself）替换。也就是说，当"真实本身"这个词组在语言游戏中被使用的时候，它不可能是在指涉一个实体事物，不可能具有本质性。那些追寻与自己相隔的本质的哲学家就好比那些谈"甲虫"以资炫耀的人——盒子里的"甲虫"只是能在生活中的语言游戏里起到一定作用罢了，里头可能空无一物！

后来的社会理论、媒介理论也都不再把真实本身（reality itself）当作他们所说的真实，那个大写的 Reality 谦虚地变成了社会学的建构之真。现象学的社会学认为，真实的世界就是日常生活世界，"对日常生活，或生活的主观经验的现象学分析，绝不是因果或衍生性的假设，也不是对被分析现象在本体论根据的断言"。② 人是从事定型化的存在者（a typifying being），现象学的社会学的任务就是要理解定型化过程中赋予意义的主观、客观过程。举例来说，自我意识凝视街景或焦虑困思时，我们不必问，意识为什么要凝视街景或焦虑困思，而是要理解，我们如何赋予自我意识以"凝视街景"或"焦虑困思"这样的意义。赋予意义的过程，即定型化的过程，就是社会学意义上的真理。

如果说舒茨（Alfred Schutz）的现象学在很大程度上是对"真实的世界就是日常生活世界"的论证，那么而伯格和卢克曼（Peter L. Berger and Thomas Luckmann）的专著《真实的社会建构》（*The Social Construction of Reality*）则直接把这一命题当作结论，明确把真实本身的问题排除在社会学真理外。此书开篇就认识到，如何界定真实（reality）是社会学在逻辑上首先要处理的问题。作者显然感到此问题颇为棘手，因为尽管社会学所探讨的真实是日常生活情境中的真实，但毕竟难以与哲学用语简单区隔。因此，作者主张将哲学意义上的真实界定为：存在于人类意志之外的现象性质。这一界定等于宣布了：社会学所讲的真实就是现象/表象，是建构之真（constructed reality），而不是哲学意义上的真实本身（reality itself）；社

---

① 〔德〕维特根斯坦：《哲学研究》，李步楼译，第 150 页。
② 舒茨语，转引自〔美〕伯格、卢克曼《知识社会学：社会实体的建构》，邹理民译，台湾巨流图书公司，1991，第 34 页。

会学所处理的问题，是知识①如何由社会建构成真实的过程，而不再是知识如何可能。这样一来，与我们相隔的本体就被排除在讨论之外。用作者所举的自由意志的例子说明，即，在知识社会学中，并不探讨自由意志在本体上的依据，要探讨的问题是：自由意志为什么在某些社会中成为知识，而在另一些社会中没有形成可被传授的表述。

当然，这样的界定并不意味着否定真实本身之存在，只是认为真正应该关心的是建构之真："实际上，各组制度化过程几是同时发生，而无须假设这些制度化过程在功能上必然挂钩先验理由，更遑论具有一种逻辑一致性的系统存在。"② 排除先验、超验，几乎成为社会学家的共识，也正是在这一点上，伯格和卢克曼认为涂尔干（Émile Durkheim）和韦伯（Max Weber）并不是两种对立的典范——"社会事实"和"行动的主观意义群"都是被建构起来的真实，只不过前者重在描述外化、客观化的过程，后者重在描述内化的过程。

四 重提真理问题

消解形而上学的真理问题，也就消解了如何超越中介之隔通达真理的问题。然而在一些哲学家看来，绕开真实/存在本身，只讨论经验世界中建构的真实，是在回避思想的任务；回避真实本身对于社会学家和一般媒介研究者或许说得过去，但对于哲学家来说就是偷懒。

在胡塞尔看来，回到事情本身并非不可能，只不过需要换一种与主体哲学不同的思路。即不再把"真"划定为"存于人类意志之外的现象性质"，而是回到意向性构造的体验之真：

　　所有客观的存在、所有的真理都在先验的主体性中有其存在的根

① 对应对真实（reality）的界定，伯格和卢克曼将知识界定为：能将现象确定为真，且可判断为具有特质的确定性。也就是说，《真实的社会建构》所讲的真实和知识都是康德所谓现象，它们的区别仅在于，真实是非命题性的、默会的，知识是命题性的、显性的。比如大多数常人都默认自己有意志的自由，而知识阶层能对自由意志给出命题，但任何知识性的表述都无法圆满地概括作为真实的自由意志。

② 〔美〕伯格、卢克曼：《知识社会学：社会实体的建构》，邹理民译，第79页。

据和认识的根据。

Alles objektive Sein, alle Wahrheit hat ihren Seins- und Erkenntnisgrund in der transzendentalen Subjektivität, und ist es Wahrheit, die transzendentale Subjektivität selbst betrifft, dann eben in dieser selbst. ①

总之，我们必须把我们的洞见建立在或隐或显的意向性上，在意向性中，我们第二性的自我在先验自我的领域内证成并得到确认；……

We must, after all, obtain for ourselves insight into the explicit and implicit intentionality wherein the alter ego becomes evinced and verified in the realm of our transcendental ego；…②

所谓第二性的自我（alter ego），不是心理分析中的第二个人格，而是日常实践中的自我。日常实践中的"我"之所以能确定这就是"我"，根据在于先验主体性的意向性。这个先验主体性或先验自我，并不是外在于第二性自我的东西，而是第二性自我习焉不察的意识过程，需要现象学方法才能描述出来。可见，胡塞尔所谓回到事情本身，不是追寻完全外在于"我"的对象，而是回到先验自我构造意义的过程。他提示我们，要避免走入表象之真的死胡同，首先需承认对象不是意识之外的东西，而是意识构造的东西，即，对象就是意向相关项（Noema），是以"我"所领会到的意义的面貌出现的（哲学研究者对如何理解意向性有争议，笔者重在点出胡塞尔现象学对媒介理论的启发，无意介入争议）。笔者把这种明见的领会称为"体验之真"，以为第五章媒介体验论做准备。

海德格尔也渴望像中国古代先哲一样"得到真意"，也许正是这一点，使许多中国读者感受到海德格尔与中国哲学的亲近性。然而笔者认为，海德格尔与王弼的根本分歧在于，象无法忘，也不必忘。回到存在本身，并

---

① Edmund Husserl, *Formale und Transzendentale Logik：Versuch einer Kritik der logischen Vernunft*, The Hague：Martinus Nijhoff, 1974, p. 280.

② Edmund Husserl, *Cartesian Meditations：An Introduction to Phenomenology*, trans. by D. Cairns, Springer–Science+Business Media, 1960, p. 90.

不能对"象"视而不见，而是要把"象"存在论化，理解到"象"乃是存在本身的一部分（详见第五、第六章的媒介存在论）。对此境域的揭示需要建立在批判西方主体哲学的基础上，中国古代哲学根本没有这个条件。在海德格尔看来，无论主体哲学意义上的真实本身还是体验之真，都是以人的理解或认识为出发点的真理观，都没有万有之间的关系和运动过程，乃是虚无主义；因为从主体出发达到的真并不是真正的存在，只是一个最高的存在者，人们误把这一最高存在者当成了一切存在者的原因，当成了存在本身（正因如此，ontology 对海德格尔来说不是本体论，而是存在论）。所以海德格尔讲"转向"（kehre）：人本主义哲学（后文把康德主体哲学和胡塞尔现象学统称为人本主义哲学）其实是沿着人的在世存在而来的，只不过主体哲学最终遗忘了这一点，是故我们要沿着人本主义哲学所来的道路回到本来所是的状态。

本章论述了，在理解中介对于通达真理的意义时，思想家主要采取了两条道路。一条认为，中介无隔，中介并不会对通达真理造成实质上的阻隔，该条道路在宗教和艺术领域尤其有市场。另一条试图克服沿着康德主体哲学而走的道路：真正的真实（reality itself）是无法达至的、在逻辑上必须设定的最高存在，在现实层面难以讨论，可讨论的只能是建构之真（constructed reality）。

在媒介理论中，麦克卢汉的媒介理论具有突破主体哲学框架的因素，其激发出的一些讨论，对于主体哲学中的人类中心主义构成了直接的挑战。但是，麦克卢汉并没有撼动主体哲学的根基，许多受麦克卢汉影响的媒介理论家甚至出现了"倒退"（见第四章）。突破主体哲学框架的媒介哲学是否可能？建构真实论的做法是把真实本身悬置起来，只有建构之真。在胡塞尔和海德格尔看来，把真排除不是追问的态度，而是在回避问题。按照胡塞尔的思路，突破口在于回到主体本身的意向性上，把真纳入体验活动来考虑，在主体的体验活动中，媒介可以抽身而去，使主体达成本真性体验；在海德格尔看来，要真正地超越阻隔，首先需把中介过程存在论化。这两个思路将在第五章展开。

| 第四章 |

主体哲学视野下的延伸论：继承与挑战

之所以将麦克卢汉的延伸论作为独立的一章，是因为它在沿着人本主义道路前进的同时，体现出了一些偏离的因素。正是这些偏离的因素，使麦克卢汉及其相关学者的思想显得富有活力。麦克卢汉把媒介引入技术本体论，在技术人类学中开启了以媒介理解技术的支脉，为我们综合考察媒介与技术提供了依据。媒介与技术并非简单的混为一谈，二者在概念上的融合反映了人们对人类中心论、主体主义形而上学的怀疑。"人是目的"这一被康德哲学牢固确立起来的观念，有可能翻转为"技术是目的"。

但是，偏离并不意味着完全摆脱人本主义的桎梏。在处理如何把人从技术的控制下解放出来这个问题时，麦克卢汉等学者又往往不得不求助于主体的先天能力进行自救。埃吕尔等思想家让我们清醒地意识到，逻辑虚设的先天能力并不牢靠，并不能保证人的自我拯救。埃吕尔认为，余下的方案就只有他救。

第一节 媒介如何等于了技术？

"媒介是人的延伸"（Media is an extension of man）是麦克卢汉媒介理论的重要命题，该命题使得媒介研究的范围不再局限于报纸、电报、广播、电视等大众媒介。不仅轮子是脚的延伸、衣服是皮肤的延伸、房屋是身体控温机制的延伸，游戏与赛事、语言与意识也都成了延伸人的媒介。

凯瑞（James Carey）等文化理论家认为，在麦克卢汉之前，人们看不到手稿和计算机、印刷术和卫星广播之间有什么内在联系，而麦克卢汉的媒介概念让人们看到了技术（technologies）间的内在联系。简言之，麦克卢汉在媒介和技术之间画上了等号。

这就引起了一个问题：把衣服、房屋、赛事勉强理解为通常意义上的技术①还勉强说得过去，那么语言和意识也被称为技术，是麦克卢汉的牵强附会，还是说麦克卢汉并没有在日常的意义上使用"技术"这一术语？要回答这个问题，需要考察延伸论的观念史，才能明确该论断的内涵。

利斯特等（Martin Lister, et al.）注意到延伸论可以追溯到亚里士多德，但我们认为，亚里士多德的"延伸论"与麦克卢汉的延伸论似乎只有字面上的相似之处，而无实质上的联系。麦克卢汉的论点，应当是植根于19世纪以来对机器、技术本质之反思的学术脉络下，而非前现代的"延伸论"。笔者以利斯特等从《优台谟伦理学》（Eudemian Ethics）和《政治学》（Politics）中摘引出的两段话阐明这一点。先看《优台谟伦理学》中的一段话：

> 因为肉体只是生而伴随灵魂的工具，奴仆也仿佛只是主人的部分和可以夺取的工具，奴仆作为工具，就如非生物似的。
>
> For the body is the soul's natural tool, while the slave is as it were a part and detachable tool of the master, the tool being a sort of inanimate slave. (Eudemian Ethics, book Ⅶ, 1241b)②

利斯特等认为这段话体现了"工具是灵魂和身体之延伸"（tools are

---

① 通常意义上的技术，既可以指人工制品，也可以指以人工制品为最终结果的一整套技术体系（其中包括产品、知识、人员、组织、规章制度和社会结构），还可以指包括研究、设计、技巧、财政、制造、管理、营销和维修等活动在内的复杂的社会事业。见刘兵《人类学对技术的研究与技术概念的拓展》，《河北学刊》2004 年第 3 期。

② 中译文见〔古希腊〕亚里士多德《优台谟伦理学》，徐开来译，载苗力田主编《亚里士多德全集》（第八卷），中国人民大学出版社，1994，第 9 页。英文转引自 Martin Lister, et al., New Media: A Critical Introduction (2nd edition), London, UK: Routledge, 2009, p. 90。

extensions of soul and body）的意涵。但从这句话所对应的问题上看，亚里士多德其实是在讲主奴关系问题。他对奴仆的态度是工具论式的，奴仆是和无生命的工具同样性质的东西，是纯粹的手段。如果硬要把这句话诠释为"延伸论"的话，似乎也应当这么理解：主人是目的，延伸了主人的奴仆是手段，主人与奴仆、灵魂与肉体之间的关系是纯粹的目的与纯粹的手段的关系。所以，与其说"工具"是延伸，不如说"工具"是手段。这一点从利斯特等人所引述的第二段话中可以看得更清楚：

> 工具有多种，有些有生命，有些无生命；在航海中，船舵无生命，而瞭望者则是一个活着的工具；因为在各种技术中，帮手只是一种工具。
>
> Now instruments are of various sorts; some are living, others lifeless; in the rudder, the pilot of the ship［the kybernetes］has a lifeless, in the look-out man, a living instrument; for in arts［techne］, the servant is a kind of instrument. (*Politics*, book Ⅰ, 1253b)①

不难看出，这里的"工具论"其实是目的论，因为两段话很符合亚里士多德的目的论思想，关键就在"肉体是灵魂的工具"这句话上。看过亚里士多德的《论灵魂》就会知道，与柏拉图相同，亚里士多德认为灵魂和肉体构成了生命，不同的是，灵魂不可以与肉体相分离，因为肉体具有成为生命的潜能（"躯体是潜在的存在"②），肉体存在的目的就是获得灵魂从而具备生命。因此，说身体是灵魂的工具，其实是说灵魂通过身体达到自我实现的目的。总之，"灵魂对肉体的关系与工匠对工具、主人对奴仆的关系相同"，③ 都是目的与手段的关系。

---

① 中译文见〔古希腊〕亚里士多德《政治学》，颜一、秦典华译，载苗力田主编《亚里士多德全集》（第九卷），中国人民大学出版社，1994，第9页。英文转引自 Martin Lister, et al., *New Media: A Critical Introduction* (2nd edition), London, UK: Routledge, 2009, p.90。

② 〔古希腊〕亚里士多德：《论灵魂》，秦典华译，载苗力田主编《亚里士多德全集》（第三卷），第32页。

③ 〔古希腊〕亚里士多德：《优台谟伦理学》，徐开来译，载苗力田主编《亚里士多德全集》（第八卷），第428页。

在亚里士多德及其后相当长的时期，人类的技术活动基本上是使用工具。工具是手段，人是目的，如今也还是人们对技术的通常看法。

在文艺复兴以后，人的至高地位更加牢靠，康德在《道德形而上学的奠基》（Grundlegung zur Metaphysik der Sitten）中就比较详尽地阐述了"人是目的"①的观念。不过一般认为，17—18世纪的科学界也有一种反对该观念的论调，即"人是机器"。博登（Margaret Boden）认为，该观念可追溯至前现代模仿动物和人体动作的"自动机"（automata），亚历山大港的希罗（Hero of Alexandria）就写过许多关于"自动机"的论文。可是，这些发明只是外在地模仿肢体的动作，而没有想要理解心智与身体之间的奥秘。真正把能否制造具有心智的机器作为严肃哲学问题来探讨，还得要到笛卡尔的时代。就是说，"在十七世纪之前，并没有以细致的机械论术语思考身体功能或行为的哲学传统"。②

在笛卡尔看来，制造一种从外在看与人类行为毫无差异的机器是完全可能的，因为他坚定地认为，身体只不过是一个完美的复杂机器：

> 心脏的跳动、食物养分的吸收、睡觉时的呼吸，乃至于行走、歌唱和其他类似的平日活动，假使没有心智的参与，皆可由身体独自担负。当一个人从高处坠落，他会伸出双手保护头部，这样做并不是因为理智的督促，而仅仅是因为千钧一发之刻动物本能的使然，这一刻，仿佛是机器在运转，其中并无心智之欲求。
>
> [the body alone is responsible for] The beating of the heart, the digestion of our food, nutrition, respiration when we are asleep, and even walking, singing, and similar acts when we are awake, if performed without the mind attending to them. When a man in falling thrusts out his hand to save his head he does that without his reason counselling him so to act, but mere-

---

① 笔者这里取"物是手段，人是目的"这一层意思；该观念还有另一层意思，即我们在日常生活中把自己或他人当作手段，但从理想状态上看应该把每个人都视为目的。见俞吾金《如何理解康德关于"人是目的"的观念》，《哲学动态》2011年第5期。

② Margaret Boden, *Mind as Machine: A History of Cognitive Science* (volume 1), Oxford, UK: Oxford University Press, 2006, p. 58.

ly because the sight of the impending fall penetrating to his brain, drives the animal spirits into the nerves in the manner necessary for this motion, and for producing it without the mind's desiring it, and as though it were the working of a machine. ①

　　笛卡尔所谓的身体，指的是物理的身体，并不包括心智，因此他一方面承认机器和人可能并不存在外部差异，但另一方面没有得出同阿兰·图灵一样的结论：如果机器和人之间的差异在外部不可见，那么两者就是等同的。② 笛卡尔认为，心智绝非机器。也正是这一点，把人与动物、机器划分开来。在他看来，心智的判断（judgment）是机器和动物无法具有的能力，比如同样是被火烧到，动物只会体会到某种感觉，但不会把这种感觉判断为痛。如此看来，笛卡尔所谓"人是机器"不仅不是对"人是目的"的反动，两者反而同处于一个阵营，皆意在突显具心智之人类的高贵。

　　真正对"人是目的"观念有所撼动，应该要到马克思的时代。在他那个时代，机器改变世界的恐怖力量已依稀可辨。火车头、铁路、电报和自动纺织机等人类工业的产品，源于自然但超越了自然，被马克思视为人类意志、人脑的器官。③ 这可以说是将机器视作人类思维之延伸的先驱性思想。

　　然而与麦克卢汉的延伸论不同的是，马克思的"延伸论"的重点在于揭示机器对人的异化作用。在马克思看来，机器本来是中性的，后来机器变成一股邪恶的力量，人最终为自己的创造物所"异化"。机器按照一定目的运转着，化为一种异化的力量作用于工人，使工人的活动完全受机器的限制。使机器变得邪恶的是"历史的要素"——资本主义生产方式。马克思批评数学家和力学家只看到工具和机器都由简单的力构成，而看不到简单的工具和复杂的工具——机器之间的区别："的确，任何机器都是由

---

① 转引自 Margaret Boden, *Mind as Machine: A History of Cognitive Science* (volume 1), Oxford, UK: Oxford University Press, 2006, p. 74。

② Alan Turing, "Computing Machinery and Intelligence," *Mind*, Vol. 59, No. 236 (1950).

③ 参见 Martin Lister, et al., *New Media: A Critical Introduction* (2nd edition), London, UK: Routledge, 2009, p. 91。

这些简单的力构成的，不管它怎样改装和组合。但是从经济学的观点来看，这种说明毫无用处，因为其中没有历史的要素。"① 这说明，他既没有将工具和机器对人的改变视为客观的、正常的，也没有将简单工具和复杂机器都视为人的延伸，因此与麦克卢汉的延伸论具有质的差别。不过，就马克思能以历史的、经济的观点看待人与工具/机器之关系这一点而言，实在是相对于亚里士多德、笛卡尔、康德等思想家的一大进展。工具/机器不再被视为永恒不变的实体，而被视为逐步演化的、在不同的历史阶段对人产生不同程度之影响的技术物，这或许可视为后世以媒介技术划分时代之历史分期法的先导（在今天，以技术发展阶段为时代划界的观念更是渗入了日常生活，比如 Web2.0 时代、4G 时代）。

恩斯特·卡普（Ernst Kapp）的"器官投影"（organ projection）说则既不像马克思那样强调机器对人的异化，也不像先辈哲学家那样强调人的高贵与机器的低劣，而是试图从科学的角度对人与工具的关系予以客观的说明：

> 鉴于器官的功效和力量有待增强，工具的恰当形式就从该器官衍生出来——大量的发明发源于手、手臂和牙齿。弯曲的手指变成了钩子，手心变成了碗；在剑、镖、桨、铲、耙、犁、锹上，我们可以看到手臂、手和手指的各种姿态。

> [s] Ince the organ whose utility and power is to be increased is the controlling factor, the appropriate form of a tool can be derived only from that organ. A wealth of intellectual creations thus springs from hand, arm and teeth. The bent finger becomes a hook, the hollow of the hand a bowl; in the sword, spear, oar, shovel, rake, plough and spade, one observes the sundry positions of arm, hand, and fingers. ②

---

① 马克思：《资本论》（第一卷），中央编译局译，人民出版社，2018，第 428 页。
② 转引自 Martin Lister, et al., *New Media: A Critical Introduction* (2nd edition), London, UK: Routledge, 2009, p.91。

卡普的思想与 19 世纪生物学的看法一致。工具的样态是人体器官样态的投影，这一比较客观中立地看待身体与工具的看法，也在很大程度上契合了麦克卢汉媒介是人身体之延伸的看法。但不难看出，卡普关注的也仅仅是人的物质性器官的延伸，而忽略了认知功能（cognitive functions）的延伸。[①] 也就是说，卡普与麦克卢汉一样，看到了在"机械年代"，"我们在空间上延伸了我们的身体"；但至于"意识的延伸"[②]，则超越了卡普所处的技术时代，不是他所能料想到的了。

相比于马克思和卡普，柏格森对麦克卢汉的影响更为直接，或许直接促成了麦克卢汉大胆地将所有东西都看成人的延伸。一方面，他以比较中性的态度描述"器官"被它的延伸——"机械"所异化的事实：

> 如果说我们的器官是自然的工具，那么我们的工具一定是人工的器官。工人的工具是其手臂的延续，那么人的工具、设备就是其身体的延续。自然将制造工具的智慧赋予我们每个人，为我们的扩张做好了准备。但是开采原油或煤炭之机械……事实上已广泛地延伸了我们的器官。没有人预言到，机械赋予器官过大的力量，以至于远远超出器官的承受力——这超出了人类的计划。

> If our organs are natural instruments, our instruments must then be artificial organs. The workman's tool is the continuation of his arm, the tool-equipment of humanity is therefore a continuation of its body. Nature, in endowing each of us with an essentially tool-making intelligence, prepared for us in this way a certain expansion. But machines which run on oil or coal... have actually imparted to our organism an extension so vast, have endowed it with a power so mighty, so out of proportion with the size and strength of

---

① Clive Lawson, "Technology and the Extension of Human Capabilities," *Journal for the Theory of Social Behavior*, Vol. 40, No. 2 (2010).

② 麦克卢汉所谓"在经历了一个多世纪的电科技下，我们又全面延伸了我们的中央神经系统本身"；"我们正快速地接近人类延伸的最后阶段——亦即以科技模拟我们的意识"。见〔加〕麦克卢汉《认识媒体——人的延伸》，郑明萱译，台湾猫头鹰出版社，2015，第 32 页。

that organism, that surely none of all this was foreseen in the structural plan of our species. ①

另一方面，他明确提出了意识是人的延伸之思想（至少在麦克卢汉看来是如此）。在《理解媒介》（*Understanding Media*）第二部第八章，也就是该书开始分别论述各种技术是如何延伸人体之首章中，麦克卢汉援引《创造演化论》（*L'Évolution Créatrice*）论证意识的延伸如何反作用于我们的感官：

> 法国哲学家柏格森不论生活、书写，都遵循一脉思想传统：这一派认为，语言这项人类科技削弱并减低的集体无意识的价值……语言延伸放大了人，却同时分化了他的感官机能。言语是意识的技术延伸，却削弱了人的集体意识或直觉感。
>
> 柏格森在《创造演化论》中主张，甚至意识本身也是人的一个延伸，令集体无意识之下的合一喜乐变为暗淡。②

总之，在柏格森那里，不仅工具、机器等外在于人的东西是人的延伸，意识、语言这些传统上认为内在于人的东西也是人的延伸。如果说麦克卢汉在继承柏格森的同时还有所超越的话，他的超越之处并不体现在单独考察工具、机器、语言、意识等对人的影响，也不在于把它们简单相加并冠以媒介之名，而在于从本体论层面把媒介和技术把握为同一种东西，一切媒介都是技术，一切技术都是媒介，媒介/技术不仅仅是手段，而是一种如经济、政治、文化那样的整体性结构，并以工具、机器、语言、意识等为具体表现形式影响着人的感官比率。

当然，将工具、机器乃至人的身体纳入对于媒介/技术之本质的思考，其实在 20 世纪前半期就已风生水起。在 19 世纪，人们或许还可以坚信，

---

① 转引自 Martin Lister, et al., *New Media: A Critical Introduction* (2nd edition), London, UK: Routledge, 2009, p. 92。

② 〔加〕麦克卢汉：《认识媒体——人的延伸》，郑明萱译，第 115 页。

技术对人的改变是一种不应该出现的异常现象，随着技术能力的增强，20世纪初技术对人的改变已成为基本事实。新的传播和运输技术剧烈改变了欧美文化，人们对时间和空间的认知进入一个全新的时代。如此看来，延伸论直接植根于与传统技术有别的现代技术。

在 20 世纪前半期，身处现代技术中的人们已领会到自身生存方式的改变，技术与存在的关系问题突显为重要的时代问题。就重估技术之本质这一点上看，许多学者在麦克卢汉之前就是麦克卢汉主义者，"就像许多作家在卡夫卡之前就是卡夫卡主义者一样"。[①] 在哲学方面，处于世纪之交的柏格森（《创造演化论》首次出版于 1906 年）敏锐地意识到，恰如语言让人超越了目之所及的范围，使器官超出承受力的新技术刺激了人的认知"进化"；在美学方面，稍晚的本雅明也意识到，在资本主义现代性下的政治经济学范围中探讨媒介是不够的，与新媒介伴生的是新的美学，这种美学并非从艺术（fine art）中寻找美的本质，而是研究知觉和感觉与某种技术之间的关联。新的美学意味着新的知觉可能性、新的身体和新的主体，意味着公共空间和私人空间的重构。[②]

在人类学方面，人类学家莫斯（Marcel Mauss）试图用身体技艺（techniques of the body）这一概念厘清关于技术的根本性错误——认为只有在有工具时才有技术。身体技艺是"一种本领，不同社会中的人都知道如何使用自己的身体"。[③] "身体是人的第一个工具，也是最自然的工具。或者更确切地说，是技艺的对象和手段。"[④] 例如人在进行双手捧水喝水活动时，人不会仅仅将双手作为外在于人的工具、手段看待，双手这一工具/手段本身也是内在于人的对象。身体技艺不局限于将身体作为技术手段进行具身实践活动，当人必须穿上宇航服才能进行太空作业时，宇航服

① Carlos A. Scolari, "Media Ecology: Exploring the Metaphor to Expand the Theory," *Communication Theory*, Vol. 22, No. 2 (2012).

② Jaeho Kang, *Walter Benjamin and the Media*, Cambridge, UK: Polity Press, 2014, pp. 20 – 21.

③ Marcel Mauss, "Techniques of the Body," trans. by B. Brewstr, in N. Schlanger ed., *Techniques, Technology and Civilisation*, New York, NY: Durkheim Press, 2006, p. 78.

④ Marcel Mauss, "Techniques of the Body," trans. by B. Brewstr, in N. Schlanger ed., *Techniques, Technology and Civilisation*, New York, NY: Durkheim Press, 2006, p. 83.

便构成了身体技艺，它不可能是可有可无的工具，而是与身体同等重要的对象。

如果说不能用工具论规定身体技艺，那么与身体息息相关的语言也需要重新考量。维特根斯坦就批判了将语言视为承载对象之工具的观点。后期维特根斯坦认识到其前期"语言与世界一一对应"的观点存在问题，这个观点认为语言对应实体，概念的意义在对象，了解对象才知道概念的含义。比如我们通过桌子形成桌子的概念，桌子的概念与现实的桌子有对应关系。但语言并不仅仅是实指（ostension）的体系，它还有独立于"世界"的一面，是一套自我增殖的类比综合（analogical synthesis）体系：

> 一旦等到儿童已经被训练为会将"脚"（或"这是我的脚"）、"手"作为一个句子加以正确使用，且会将"我的脚受伤了"作为一个整句，可以设想，他也会在适当的场合说出"我的手受伤了"，尽管他没有这个实际发生的句子的先前经验。
>
> Having been directly conditioned to the appropriate use of "Foot" (or "This is my foot") as a sentence, and "Hand" likewise, and "My foot hurts" as a whole, the child might conceivably utter "My hand hurts" on an appropriate occasion, though unaided by previous experience with that actual sentence. [①]

身体、语言这些内在于人的要素不能被简单地理解成工具或手段，那么外在于人的技术又如何呢？海德格尔在 20 世纪 50 年代的演讲中下了一个判断，不论古代技术还是现代技术，"技术是合目的的手段"和"技术是人的行为"这两点都无法概括（本书第五章展开）。

以上梳理是要说明，如果把麦克卢汉的学说放置在 20 世纪以来对技术本质之追问的脉络下考察，就会发现麦克卢汉的媒介学说并不是横空出世的奇谈怪论，而是处于突破工具论、手段论的技术思想脉络下，即，延伸

---

① Willard Quine, *Word and Object* (new edition), Cambridge, MA: The MIT Press, 2013, p. 8.

论可以视作以媒介、讯息界定技术的技术本质论：技术的本质就是延伸了人的媒介，延伸的后果是媒介作为一种具有转换能力的讯息"组设了我们每一个人的意识与经验形态"。[①] 无论"讯息"，还是"人的延伸"，都意味着作为媒介的技术是具有终极价值的事物，而不只是一种手段、工具。

第二节　技术决定论与人本主义

叶启政认为，"麦克卢汉的'媒体是人之身体的延伸'说法，道出了人与媒体之间互动时媒体之结构理路产生作用的场景，但更重要的是，到底他意图把论述的重心安置在人的主体能动性，还是媒体本身所内涵的结构理路的作用上面，毕竟不是那么的清楚"。[②] 一些文化研究学者认为麦克卢汉过于重视媒介本身所蕴含的结构理路，属于片面的技术决定论；但另一些奉麦克卢汉为先师的媒介环境学者，则不但不认为他们属于技术决定论，反而标举人本主义（humanism）的旗帜。

实际上，技术决定论本身就是个复杂的概念，不同的学者对于技术决定论有不同的理解。比如，海尔布隆纳（Heilbroner）区分了"严格"与"宽松"的技术决定论，而宾博（Bimber）则区分了"规范的"、"法则的"及"非意图的"三种不同类型的技术决定论。[③] 笔者无意介入这一争论，只是要指出，一些被认为是技术决定论的媒介环境学者，在提供矫技术之弊的方案时，最终通常不得不求助于主体的先天能力。

一　技术决定论和技术乐观主义

批判理论及其分支文化研究，喜欢批评麦克卢汉缺乏对政经势力及其操作媒介之方式的讨论。一些文化研究学者由此特别给麦克卢汉颁发了"技术决定论"奖，这一奖项如今已衍生出众多品种，大体上可归为三类：

---

① 〔加〕麦克卢汉：《认识媒体——人的延伸》，郑明萱译，第53页。
② 叶启政：《现代人的天命——科技、消费与文化的搓揉摩荡》，台湾群学出版有限公司，2005，第56页。
③ 曹家荣：《理解技术实作：现象学取径初探》，《社会分析》2013年第7期。

一类是硬决定论（hard determinism），主张技术是社会历史变化的首要决定因素；一类是软决定论（soft determinism），主张虽然技术是使事件发生的直接原因，但技术本身是人发挥能动性的结果；处于这两种决定论之间的是文化/技术共生论，即人类文化与技术相互依存、相互影响，并不存在谁主导谁的问题。[①] 不难发现，软决定论根本不是技术决定论，而是人类决定论；共生论则比较复杂，如果把强调打破技术与文化界限的理论算作共生论的话，那么似乎可以说技术决定论同时也就是文化决定论。由此，我们认为真正的技术决定论只有硬决定论。

硬决定论把技术作为先在因素，常使人疑惑，难道人的能动性不存在吗？事实上，硬决定论不一定否定人的能动性，它只是强调所有后果的根本原因都是技术，人当然可以有能动性，当然可以利用技术产生短期的效果，但从长期看，人的能动性不对后果产生影响。从长时段来看，在硬决定论的框架下，人的能动性问题可以搁置一旁，技术对文化结构的全面重塑才是划分历史时代的依据。

文化研究学者给麦克卢汉贴的标签即硬决定论。威廉斯（Raymond Williams）认为麦克卢汉把媒介视为唯一原因，忽略了太多其他因素，因而批判道：

> 因为如果媒介（不论印刷媒介还是电视）是原因，那么所有其他原因，那些所有人一般而言会视为历史的东西，皆属于结果。同样，与媒介直接的生理和"病理"效果相比，社会、文化、心理和道德层面的问题，皆属不相干。
>
> For if the medium—whether print or television—is the cause, all other causes, all that men ordinarily see as history, are at once reduced to effects. Similarly, what are elsewhere seen as effects, and as such subject to social, cultural, psychological and moral questioning, are excluded as irrelevant by comparison with the direct physiological and therefore "psychic"

---

① 林文刚编《媒介环境学：思想沿革与多维视野》，台湾巨流图书公司，2010，第41页。

effects of the media as such. ①

麦克卢汉显然不想考虑既存的社会权威的控制；他所设想的控制只有一种，即任何社会问题都能由特定的媒介按照一定分配比率引发的特定病理效果来消除或控制。

McLuhan, of course, would apparently do away with all such controls（按：existing social authorities）; the only controls he envisages are a kind of allocation and rationing of particular media for particular psychic effects, which he believes would dissolve or control any social problem that arises. ②

在威廉斯笔下，麦克卢汉总是将人类置于技术的摆布之下，总是单方面地强调只有技术才具有颠覆性。于是乎人类的活动成了整体性技术活动的一个齿轮，这个齿轮无法决定技术的发展过程，由此推之，人类未来如何，只能看技术的后果：要么带来繁荣，要么带来灾难。对于这种想法，批评者不在少数。阿多诺（Theodor W. Adorno）就批评对技术的"狂热迷恋"（fetishization of technology）往往伴随着法西斯人格的形成，从而对社会造成严重不良影响。③ 凯瑞则在贬义上将麦克卢汉定义为电子技术崇拜者。

凯瑞在一定程度上继承了威廉斯对待麦克卢汉的态度，他把麦克卢汉视为技术乐观主义者，更确切地说，是电子技术乐观主义者——为电子革命大唱赞歌的各色人等中的其中一位。这些人的思想"传递着这样一个印象：电子技术是人类的伟大施主"。④ 凯瑞紧接着就对这种"美国式乐观"大加嘲讽：

---

① Raymond Williams, *Television: Technology and Cultural Form*, London, UK: Routledge Classics, 2003, p. 130.
② Raymond Williams, *Television: Technology and Cultural Form*, London, UK: Routledge Classics, 2003, p. 131.
③ Theodor W. Adorno, *Critical Models: Interventions and Catchwords*, trans. by Henry Pickford, New York, NY: Columbia University Press, 2005, pp. 200–201.
④ 〔美〕詹姆斯·W. 凯瑞：《作为文化的传播》，丁未译，华夏出版社，2005，第88页。

电所产生的一目了然的后果，显然与那种分权的、有机的、和谐的秩序背道而驰。电子技术的使用在计算机中心与能源网（energy grids）、五角大楼与美国国家宇航局（NASA）、通用电气与国家电力公司之间，已经滋生了新的集权化倾向。而且，"电子社会"造成了这样的恶果：发电产生了热量与空气污染，电视与广播网节目不惜牺牲地方方言与利益，只注重单一的全国口音与报道题材，从而侵蚀了地方文化。①

在今天看来，这样的嘲讽未免老套。不过，一旦我们深入产生这种嘲讽的历史脉络，我们也许会理解凯瑞良苦用心。在凯瑞看来，他那个时代的人们普遍将使用电子技术视作美好未来的保证，可以概括为电子技术至上主义。

技术至上的乐观主义具有美国自身的历史性。美国人继承了欧洲人将美洲视为处女之地、救赎之地的乌托邦观念，认为美国可以避免欧洲工业体制的缺陷，会"从机器和工业革命中得到财富、权力和生产力；从自然中获取和平、和谐与自足"。② 除了观念史上的渊源，技术至上论还有赖于印刷术、蒸汽机这些技术确实推动了美国进步这一历史事实。由是，爱默生等知识分子将技术上升为精神象征（spiritual symbolism），最终出现里奥·马克思（Leo Marx）所谓的"技术至上"的论调。

当然，技术至上论并非没有反对者。机器没能使美国避免内战，也没能阻止经济大萧条的到来。这些事实击碎了从欧洲继承来的"美国梦"，美国终究没能摆脱欧洲的历史。但没过多久，电力取代了机器，成为新的至尊。电之所以能迅速确立其王者地位，是因为当时的人们认为电学、电器化与力学、机械化之间存在质的不同，认为电的威力能迅速实现所有被机器出卖了的梦想。当然，其中不乏文学家、电力学家（electricians）和其他学者们的负面观点，但在凯瑞看来，这些悲观论调为改革家们的鼓吹所掩盖。其中格迪斯（Patrick Geddes）颇具代表性，凯瑞称他为"第一位

① 〔美〕詹姆斯·W.凯瑞：《作为文化的传播》，丁未译，第90页。
② 〔美〕詹姆斯·W.凯瑞：《作为文化的传播》，丁未译，第91—92页。

眼界超越充满乌托邦幻想的科幻小说、社会批判、平均地权运动的思想家"，"第一个系统地提供一个完整乌托邦理想的人"。① 格迪斯为未来的改变勾画了具体的图景：集权转变为分权、污染转变为生态平衡、城市的拥塞转变为地方的复兴、虚假的世界主义转变为民族复兴。美国人很快把他的思想付诸实践，开展了"巨能"（giant power）运动，期待电力能够扭转蒸汽时代工业集中化所带来的问题，重塑遭到破坏的乡村生活、小型社区和家庭。②

在凯瑞看来，赋予电力以超越其实际能力的价值，将电力与人类的前途联系起来，并没有看到问题的实质。他提醒我们注意背后的权力运作：在格迪斯的计划中，对电的期望被既得利益者——电力公司所取代；田纳西流域管理局成了冷战的武器，美国既在输出技术，也在输出美式民主。

对电力的鼓吹，延续为对电子技术的崇拜，电力背后的权力运作，也就同样适用于电子技术。由此我们就不难理解凯瑞对麦克卢汉等电子技术革命论者的嘲讽。借助伊尼斯的思想，凯瑞对电子技术乐观主义进行了彻底的批判：

> 伊尼斯将传播和社会控制分为两种基本类型，一种是空间束缚型（space-binding）媒介，如印刷品和电，它们与跨地域的扩张和控制联系在一起，擅长建立商业主义、帝国（empire），最终发展为技术专家治国论。另一种是时间束缚型（time-binding）媒介，如手稿、人的讲话，这些媒介相对偏爱关系亲近的团体、形而上学的思考和传统的权威。……无论电力与分权化、民主化有着怎样暂时的联系，它们和日益严重的地域扩张、空间控制、商业主义和帝国主义不过是一丘之貉。③

那么如何把人类从帝国主义技术控制中解放出来？凯瑞指出，知识界

① 〔美〕詹姆斯·W. 凯瑞：《作为文化的传播》，丁未译，第 98 页。
② 〔美〕詹姆斯·W. 凯瑞：《作为文化的传播》，丁未译，第 100 页。
③ 〔美〕詹姆斯·W. 凯瑞：《作为文化的传播》，丁未译，第 105—106 页。

的任务是把电子技术还原为跨空间传输的手段，以此为技术祛魅。麦克卢汉的"地球村"、托夫乐（Alvin Toffler）的"第三次浪潮"和奈斯比特（John Naisbitt）的"大趋势"（Megatrends）等将技术与人类美好未来联系起来的预言，不过是"知识界对电本身的神秘化"，是"对技术的病态心理"（technical psychosis）。[1]

总而言之，硬决定论、技术乐观主义，构成了一些（或许是大多数）学者对麦克卢汉的一般印象。

当然，有的学者认为给麦克卢汉贴上决定论的标签是一种误读。梅洛维次就认为，麦克卢汉对政经势力的疏忽，"恰恰映照了政治经济学批判的典型缺点，即他们也忽略了不同媒介形式的不同特性与影响力"。[2] 学者们开始注意到，麦克卢汉的取径中蕴含的批判性不仅并不比政治经济学少，而且或许更适合促进社会改革（附录文章《PPT批判》亦证明麦克卢汉的媒介理论具有批判性）。还有的学者把麦克卢汉和现象学联系起来，以此视角来理解，麦克卢汉的行文中体现的应当是非线性的立体马赛克思维，因此对麦克卢汉而言根本没有所谓决定的问题。

至于乐观主义，也不一定像凯瑞那样言之凿凿，雷龙和韦达（Laureano Ralon and Marcelo Vieta）在比较麦克卢汉与海德格尔的关系时认为，第一，他们都接受了现代技术是一种天命的事实，又主张要批判性地思考如何缓冲现代技术的冲击；对二者来说，通过对技术的审慎处理，我们能避免技术的巨大冲力对我们的碾压（juggernaut rolling over us，麦克卢汉语），从而牢牢保持对技术的掌握。第二，海德格尔认为技术与人的关系是自由的关系（free relationship），我们不需要将作为集置的技术的捕获（capture）视作我们的最终命运，存在总是能被再发现——通过艺术、诗歌以及审慎（circumspectful）的思考和生活方式；麦克卢汉也认为艺术、诗歌和美（aesthetic）的生活方式能够让我们更深刻地理解结构着我们的

---

① 〔美〕詹姆斯·W. 凯瑞：《作为文化的传播》，丁未译，第107—108页。
② 〔美〕卡茨等编《传播研究的典律文本》，夏春祥等译，第228页。

生存的东西。①

也许是认识到之前的评价有失公允，凯瑞在 1998 年重新评价了麦克卢汉。称他抹平了艺术（art）和实用（utility）、美学行动（aesthetic action）和实践形式（practical form）之间的二分，使传播媒介不再仅仅被视为用来传递信息、说服或管理的东西，人们开始从美学的角度看待媒介对经验的影响。②

本节的重点不在于同意或不同意学者们对于麦克卢汉的理解，麦克卢汉的行文风格本身就蕴含多种解读的可能性。③ 本节所要指出的是，在这些可能性中，一种是忽视人之作用的硬决定论，另一种则在人本主义（humanism）与技术之决定力之间摇摆不定，二者的调和形式，即林文刚所谓的文化/技术共生论。我们接下来就要阐明，这三种不同的解读方式，在触及"救世"问题时，往往求助于主体的先天能力所保证的拯救能力，因此其骨子里都是以人的意义作为终极关怀的人本主义。

二 "技术决定论"者的"人本主义"宣言和"救世"方案

把麦克卢汉视为技术决定论的学者，很容易连带将其思想来源和徒子徒孙，也视为技术决定论者。有趣的是，在细读伊尼斯、芒福德（Mumford）、埃吕尔、波兹曼（Neil Postman）和莱文森等学者的论著之后，我们会发现这些学者在强调技术的重要作用的同时，其实都没有完全否定人的主观能动性，甚至最终还要靠人的能力把人类从媒介的碾压下解救出来。如果说人本主义在伊尼斯、芒福德和埃吕尔等人的著作中还是潜伏着的话，那么在波兹曼和莱文森等媒介环境学者的笔下，"人本主义"乃是刻意的宣言。

我们知道，伊尼斯最著名的"决定论"命题，是把文明的演进道路之

---

① Laureano Ralon, & Marcelo Vieta, "McLuhan and Phenomenology," *Explorations in Media Ecology*, Vol. 10, No. 3（2011）.

② James Carey, "Marshall McLuhan: Genealogy and Legacy," *Canadian Journal of Communication*, Vol. 23, No. 3（1998）.

③ 于成：《打开"媒介黑盒子"——"延伸论"的多重意涵与现象学诠释》，《东方论坛》2020 年第 2 期。

不同归因于传播的偏倚，事实上伊尼斯对该命题的表述远比上述情况复杂：

> 我们可能可以假定，对某种传播媒介长时间的使用，会在某种程度上决定传播出去的知识的特质，那么该媒介的广泛影响力最终就会创造一个新的文明，在这个新文明中，原有的生活状态和通权变达难以为继，也就是说，新媒介的优点可能会导致新文明的出现。
>
> We can perhaps assume that the use of a medium of communication over a long period will to some extent determine the character of knowledge to be communicated and suggest that its pervasive influence will eventually create a civilization in which life and flexibility will become exceedingly difficult to maintain and that the advantages of a new medium will become such as to lead to the emergence of a new civilization. [1]

显然，"assume that"后面的主语并不是"媒介"，而是"使用"，谁使用？当然是人。所以，起决定作用的不是媒介，而是"对某种传播媒介长时间的使用"，更具体地说，就是人类在使用媒介时为了适应媒介之特定限制而做出的自我调适。伊尼斯一方面说金字塔是时间偏倚的媒介，另一方面又在其他地方说金字塔反映出"空间掌握"，这并不是他的失误，而是他的立论基点在于：当偏倚的影响实际发生、新文明出现后，人们会将偏倚察觉出来，并基于平衡的考量，调整新媒介的使用方式，以资修正。所以，新文明严格来讲是人类"调整新媒介的使用方式"后的文明。按照这一思路，"金字塔矛盾"问题大概可以这样解释：当埃及王朝刚刚兴起，需要强调政体的延续时，金字塔就是时间偏倚的媒介；在漫长的统治过程中，对时间的强调不再重要，金字塔也能够用来强调对空间的掌握，埃及文明的演进过程实际上受到的是埃及人对金字塔、莎草纸等媒介的使用的影响。总而言之，"偏倚论"并不是单方面认为媒介起决定作用，

---

① Harold Innis, *The Bias of Communication* (second edition), Toronto, CA: University of Toronto Press, 2008, p. 34.

更不是把媒介定性为时间偏倚或空间偏倚，而是一方面看到媒介偏倚对文明的重要影响，另一方面也要看到人类对偏倚所做出的自我调适，因此更接近于把人和非人看作对称的行动者网络理论。

芒福德对媒介和技术革命的强调确实有决定论的调子，使得人们把他和技术决定论联系在一起。可事实上"技术决定论本身是一个稻草人"，"芒福德肯定不主张技术决定论，他认为，有的时候技术之所以失去控制，仅仅是由于人们让其自生自灭"。①

> 人本主义的观点既是芒福德的天赋，也是他的困境。……芒福德把人当作环境变化洪流中永恒的本源；这样做的时候，他不经意之间把人和机器对立起来。隐含在这个观点之下的是这样一个对待人及其技术的基本态度：无论环境怎样改变，人的本质维持不变。他拒绝接受这样的观点：技术变革的分水岭，某种程度的技术变化真能使人彻底改变，真能彻底改变人类，他反对技术能够影响人类这个物种的观点。因此对芒福德而言，人类作为一个物种发生的技术变革或文化演进的观点，始终是难以接受的另类观点。②

芒福德强调技术的决定作用只是表象，是人的疏忽造成的恶果。人的疏忽，用芒福德的术语来讲，就是机器意识形态（machine ideology）取代了有机意识形态（organic ideology）。自中世纪的僧侣以钟表规范行动以来，机器意识形态扩散开来，人们开始信仰量化的、独立于人的机械世界。机械世界标准化的控制，最终导致人在机器面前投降，成了机器的延伸。

但芒福德拒绝被机器决定，他认为有可能回到有机论意识形态，即恢复最初的平衡阶段——技术总体上以生活为中心，而不以工作和权力为中心。

这里，芒福德遭遇了一个困难，既然人的行动和思维已被机器意识形态左右，人如何摆脱机器意识形态而重拾有机论意识形态呢？正是这个问

---

① 林文刚编《媒介环境学：思想沿革与多维视野》，第 77 页。
② 林文刚编《媒介环境学：思想沿革与多维视野》，第 77 页。

题，使芒福德求救于人本主义。人本主义是个包罗宏富的概念，我们在读到这个概念时，往往要仔细分析上下文才能确定其意义。根据描述，这里的人本主义应当是指，不论技术发展到何种程度，人始终能够掌控技术的认识论预设，历史的发展最终由人类决定。从这个意义上说，人本主义就是人类决定论——人具有选择生存方式的自由意志：

> 这一新的模式（按：有机论模式，organic modcl）会及时地用生物技术取代巨技术，这乃是从权力走向完满的第一步。一旦有机论的世界图景呼之欲出，完满经济的工作目标不会是将人类嵌入机械之轮，而会是充分发展每个人的无限潜能，每个人都能自我实现、自我超越，有意识地从过分屈从于机械系统的状态下解放出来。

> This new model will in time replace megatechnics with biotechnics; and that is the first step toward passing from power to plenitude. Once an organic world picture is in the ascendant, the working aim of an economy of plenitude will be, not to feed more human functions into the machine, but to develop further man's incalculable potentialities for self-actualization and self-transcendence, taking back into himself deliberately many of the activities he has too supinely surrendered to the mechanical system. [1]

这段话隐含了，机器意识形态是在历史中形成的，有机论意识形态则是超历史的、先在的"天赋"。在芒福德20世纪五六十年代的作品中，机器意识形态表现为巨机器（megamachine）[2] 所潜隐的共同意识形态纽带：加强权力复合体，扩大控制范围，忽视生命的需求与宗旨。不管在哪个历

---

[1] Lewis Mumford, *The Myth of the Machine: The Pentagon of Power*, New York, NY: Harcourt Brace Jovanovich, 1970, p. 395.

[2] 芒福德早期作品将现代技术和机器等同起来，后来他和埃吕尔一样，把现代技术看作由无机的部件和人的部件构成的连锁系统，系统中包括了机器、技术、官僚主义、军队、科学和管理精英等。芒福德把现代技术体系称为"巨机器"。见 Robert Casillo, "Lewis Mumford and the Organicist Concept in Social Thought," *Journal of the History of Ideas*, Vol. 53, No. 1 (1992)。

史时期，人都能意识到人的基本存在方式是有机的，人永远保有对有机生存模式的选择权。

根据卡西洛（Robert Casillo）的研究，和芒福德一起学习的凡勃伦对芒福德的人本主义"天赋"观的发展起到了关键作用。面对工业发展所带来病态文明，两者不约而同地回到了新石器时代人性的状态——没有寄生虫、过分竞争和掠夺行为。当然，两者并不是要恢复到新石器时代的村庄，芒福德就批评新石器时代的村庄过于停滞封闭。他们只是认为，新石器时代蕴藏着把人从机器意识形态中拯救出来的价值观，并希望在工业环境中，重新唤醒新石器时代的"健康"人性。①

这样，芒福德和凡勃伦不仅设置了一个超历史的人性概念，而且假设人类具有健康的价值观，每当人类遇到危机，就需要回到健康的价值观以拯救病态的文明。

芒福德希望和憧憬的有机论的未来，这并不是要机器彻底消失，而是让机器重新回到人们的掌握之中，进而达到有机和谐与生态平衡的状态。在未来世界里，进步将不会停止，但应该朝向人类处境的改善，而不是技术的扩张。在这个世界里，人类大家庭可以生活在同一屋檐下，所有人都可以在良好的生态环境中发展，而不会沦为机器的配件。②

"让机器重新回到人们的掌握之中"的人本主义呼吁，为媒介环境学所继承。在《媒介环境学的人文主义》（The Humanism of Media Ecology）一文中，波兹曼将自然环境与媒介环境区别开来，"人类生活于两种不同的环境。一种是自然环境（natural environment），由空气、树木、河流和鸟兽虫鱼构成；另一种是媒介环境（media environment），由语言、数字、图像、全息图乃至符号、技艺和机械等构成，这些东西让人成为人（make

---

① Robert Casillo, "Lewis Mumford and the Organicist Concept in Social Thought," *Journal of the History of Ideas*, Vol. 53, No. 1（1992）.

② 林文刚编《媒介环境学：思想沿革与多维视野》，第 90 页。

us what we are)"。在媒介环境中，应该以人为中心着眼点理解媒介："我是从人文主义的视角理解媒介的，一个人必须考虑到：对于什么是好的、什么是坏的，人们会有不同的价值判断。"①

但是波兹曼也像芒福德一样，常常透露出媒介决定论的色彩："媒介是一种技术，文化在这种技术中生长；也就是说，它赋予文化、政治、社会组织和思维方式以形式。"② 媒介决定了文化的走向，可以说构成了波兹曼学说的核心。《童年的消逝》论证了印刷术以来的儿童概念，如何在电视呈现的成人世界中消失不见；《娱乐至死》认为电视摧毁了人类在印刷文明中达到的智力高度；《技术垄断》则直接以"文化向技术屈服"为副标题，认为我们已处在技术垄断（technopoly）时代——技术把它的价值观强加给我们，使我们染上了"文化艾滋病"。

于是，波兹曼遇到了和芒福德同样的悖论，既然新媒介已经破坏了由印刷术建立起来的思考和理性的传统，我们怎能凭借已中了毒的大脑拯救自己？如果能够自我拯救，岂不否定了新媒体造成的实际破坏？波兹曼的答题思路也与芒福德一致。首先，人类发展史是技术逐渐占据主导地位的历史。人类经历了工具使用（tool-using）时代、技术专家统治（technocracy）时代和技术垄断时代：工具使用时代，人主导着技术，工匠具有较高的自主性；技术专家统治时代是人和技术争夺主导权的时代；技术终于在技术垄断时代获得了胜利。这样的区分大体上相当于芒福德的前技术时代、旧技术时代和新技术时代。其次，要把人类从技术垄断中拯救出来，必须恢复到人掌控技术的状态，也就必须假定：人有回归传统价值观的先天能力。传统价值观，在芒福德那里可追溯到新石器时代，在波兹曼这里则是返回 18 世纪。最后，波兹曼给出的建议是，应当重新发现和开垦 18 世纪的遗产、文学和思想，用理性战胜迷信。

在数字时代，媒介环境学者莱文森重新诠释麦克卢汉，明确沿着人本

---

① Neil Postman, "The Humanism of Media Ecology," *Inaugural Media Ecology Association Convention*, New York, NY: Fordham University, 2000.

② Neil Postman, "The Humanism of Media Ecology," *Inaugural Media Ecology Association Convention*, New York, NY: Fordham University, 2000.

主义的道路前进：

> 麦克卢汉说人被"发送"出去的时候，这句话里隐藏着人在技术世界里处于次要地位的意思。然而，隐藏在麦克卢汉图式之中，后来在因特网中充分表现出来的，还有另一面：人是积极驾驭媒介的主人。不是在媒介中被发送出去，而是发号施令，创造媒介的内容。对别人已经创造出的内容，人们拥有空前的自主选择能力。我的媒介演化理论可以叫作一种"人性化趋势"（anthropotropic）的理论。①

与芒福德和波兹曼不同，莱文森认为，"人能积极驾驭媒介"不是人的超越性的天赋，而是体现在媒介演化史中的历史事实。莱文森于是乎煞有介事地为信息化新千年（information millennium）勾画了一幅指南，指导人们如何更好地让媒介符合人性。讽刺的是，并不是所有人都认同这一事实，仅仅十年后，卡尔（Nicholas Carr）出版了《浅薄——互联网如何毒化了我们的大脑》。② 卡尔指出，互联网正是在顺应我们意愿的情况下，改变了我们的思维习惯。表面上看，当然是人使互联网越来越符合用户的需求；而实质上正是这种"人性化趋势"给大脑带来了灾难。这也正是芒福德所刻画的，人在机器意识形态的笼罩下浑然不觉的状态。不过，卡尔的解决方案也并没有超越芒福德人本主义式的方案，最终求助于人最不可能被计算机取代的部分——推理、领悟、记忆和情感的能力。

总之，芒福德一脉的学者，把人性确立为人类永远不会被技术宰制之所以可能的前提。与康德区分纯粹理性和实践理性的思路一致，承诺先天拯救能力的意义并不在于理论或知识，因为它没有增加我们对于技术的任何知识，它的意义在于实践：技术已然在经验层面完全限制了人类的自由，但并不一定摧毁人类的天赋，于是我们依然可以假定人类的天赋可以

---

① 〔美〕保罗·莱文森：《数字麦克卢汉——信息化新纪元指南》，何道宽译，社会科学文献出版社，2001，第56页。
② Nicholas G. Carr, *The Shallows: What the Internet is Doing to Our Brains*, New York, NY: Norton, 2010.

摆脱技术的控制。

康德对后世以主体的先天认识能力为基点的哲学产生了深远影响；甚至当思想家试图尝试摆脱主体哲学、人类中心论时，往往不经意间落入了主体哲学思维方式的桎梏。麦克卢汉等学者一方面表露出对人类中心论的怀疑，另一方面在处理"如何把人从技术的控制下解放出来"这个终极问题时，又在不经意间回到了主体的先天认识能力。

第三节　另一种可能性

长期以来，人们在思考技术时，往往思考的是技术对人的意义。人类为什么需要技术？是因为人类的身体潜力极为有限，无法凭借自身的力量应付自然。舍勒（Max Scheler）、松巴特（W. Sombart）、阿尔斯贝格（P. Alsberg）、加塞特（J. Ortega y Gasset）等作家，都是根据这个角度推导出技术的必要性的。从这个人类学的角度看，技术的本质确实就是遵循着省力化（Entlastung；facilitation）法则的人类延伸物：技术经过了工具（tool）、机器（machine）和自动机（automata）这三个阶段，不仅解放了人类的手脚，而且解放了人类的大脑。[1]

如果说马克思等思想家在机器阶段已经在某种程度上意识到了技术的自主性，那么在递归性的自动机（注意不包括简单重复的机器）阶段，一些学者明确认识到，以人类中心的视角看技术根本无法看清技术的本质。埃吕尔认为，技术是独立于人的（independent of man himself）；这并不是说技术将要取代人类，而是说人类已无法限制或驯服技术。

说技术本质上独立于人，并不仅仅停留在猜想的层次，而是实际发生的社会现象。维纳在《控制论》第二版（*Cybernetics：or Control and Communication in the Animal and the Machine*，首次出版于 1948 年）中即指出，拥有记忆、学习能力的自动机并不是科学幻想，恒温器（thermostats）、自动罗盘驾船系统（automatic gyrocompass ship-steering systems）、自动推进导

---

① 〔德〕阿诺德·盖伦：《技术时代的人类心灵——工业社会的社会心理问题》，何兆武、何冰译，上海科技教育出版社，2008，第1—21页。

弹（self-propelled missiles）、防空火力控制系统（anti-aircraft fire-control systems）、自动控制石油裂化蒸馏器（automatically controlled oil-cracking stills）和超高速计算机（ultra-rapid computing machines）等都早已存在。[①]

当然，所谓独立、自动的技术主要指的是技术具有自我调节、自我增殖的能力，但与人的自主性还有很大距离。我们日常所说某某人自主做出决定，指的是人有达到某种目的的意愿，意愿体现了人的自由。维纳所描述的导弹等技术并没有一个属于自我的目的，它的自主性仅仅体现在自我反馈的能力，因此仅仅具有形式上的自主性，而非实质上的。

实质上的自主性，应当能够领会到自身存在。技术如何能够理解自身的存在？机器人版的《百年孤独》也许会这样开头："多年以后，在面对机器人行刑队时，人们回想起 AlphaGo 故意输给李世石的那个下午。"当然，这只是众多可能性的一种，是科幻（不难联想到电影《黑客帝国》中刻画的以人为养料的机器世界），而非科学。相信当今绝大多数人依然会坚持人才具有绝对价值，"人是目的"这一为康德所牢固确立的信念，怎能为科幻式的调侃所轻易推翻？可是，当科幻晋升为科学，人本主义就陷入危机四伏的境地。2017 年，Facebook 人工智能研究所（FAIR）对两个聊天机器人进行对话策略迭代升级，结果发现它们竟自行发展出了人类无法理解的独特语言。如今我们还可以拔掉开关证明人类对技术的控制，可谁能保证未来不会出现《2001：太空漫游》（2001：A Space Odyssey）中Hall 那样的人工智能呢？复杂性科学奠基人 W. 布莱恩·阿瑟（W. Brian Arthur）就指出：

> 现在的主流技术是一个系统或者一个功能网络，一种"物—执行—物"（tings-executing-tings）的新陈代谢，它能感知环境并通过调整自身来作出适当反应。……当现代技术逐渐进入到一个网络中，能够感知、配置、恰当地执行，它就表现出了某种程度的认知能力。从这个意义上说，我们正在向智能系统前进。基因技术和纳米技术将加

---

① Norbert Wiener, *Cybernetics*：*or Control and Communication in the Animal and the Machine*（second edition），Cambridge, MA：the MIT Press, 1961, p. 43.

速这一进程。事实上，未来这样的系统不仅能够自构成、自优化、具有认知能力，还能自集成、自修复以及自保护。①

以如上所述技术系统的尺度衡量人，就会发现人不仅不能成为技术系统的掌控者，反而只不过是这一系统的有机形态："物"是有机体，"执行"过程由神经网络完成。这样，人类的智慧就可被重新定义为算法，整个人体就可被界定为技术系统或信息处理器。众所周知，信息处理器需要不断换代升级，鉴于无机机体的运算能力远高于有机机体，留给我们的升级道路似乎只有一条：由有机到无机，否则将会沦为被处理的信息。由此，我们不得不承认埃吕尔等人具有先见之明，如果人只是旁观技术的自我增长，单方面地让技术沿着它自己的路线前进，而不再谋求自身的升级，就会"降低到催化剂的层次"（reduced to the level of a catalyst）。②

机器人历史学家很可能不会被这样的事实所困扰：是人类组装了第一台发动机；因为人只不过是播撒花粉的蜜蜂，一旦机械之花盛开，就会不再依赖人类而自主演化。③ 这样的比喻并非危言耸听，如果人类只是实现使智能由有机走向无机的手段，技术确实没有必要将第一因回溯至人类。

也许正是因为看到了从人的意义出发虚设天赋的假定并不牢靠，埃吕尔才求助于他性保证的自由——上帝活了。芒福德、波兹曼和卡尔的"反古"思路的解决方案，为埃吕尔所批判：解决技术社会的问题，回顾过去没有用。在埃吕尔看来，任何过去的社会组织都无法比拟技术社会，甚至连芒福德十分讨厌的埃及的"巨机器"④ 也不能相提并论。在过去，人们

① 〔美〕布莱恩·阿瑟:《技术的本质：技术是什么，它是如何进化的》，曹东溟、王健译，浙江人民出版社，2014，第231页。

② Jacques Ellul, *The Technological Society*, trans. by J. Wilkinson, New York, NY: Vintage Books, 1964, p. 135.

③ Manuel DeLanda, *War in the Age of Intelligence*, New York, NY: Zone Books, 1991, p. 3.

④ 指修建金字塔时，成千上万的劳动力组成的机械化群体，这种"集体机器"（collective human machine）是现代技术体系（巨机器）的原型（archetype）。芒福德认为对劳动力进行机械控制的一个先决条件在于一类人登上了文明历史的舞台，他们极度自信、敢于冒险、不惜取人性命，扮演着旧石器时代狩猎头目（hunting chief）的角色，孟福称之为指挥者（commanding personage）。见 Lewis Mumford, *The Myth of the Machine: Technics and Human Development*, New York: Harcourt Brace Jovanovich, 1967, pp. 116 - 117。

或许还可以归园田居，逃避到没有技术体系侵扰的地方，可现在整个地球都笼罩在技术体系之下。如此看来，埃吕尔似乎不是芒福德、波兹曼和卡尔那样的"人本主义者"——试图把主体的先天能力确定为先在以解决技术控制造成的悖论。

埃吕尔没有像芒福德等那样强调人类"自救"的可能。埃吕尔似乎是彻底的悲观主义者，"放弃了改变人类境遇的尝试，原因仅仅是他完全相信堕落的后果"。"技术至上破坏了人的反躬自省和人生的品味。"[1] 那么："倘若宣传和技术一步一步地使社会堕落了，埃吕尔本人的著作又有什么希望呢？"[2]

埃吕尔其实也提出了拯救方案，只不过不是"自救"，而是"他救"——求助于上帝的他性。克里夫·克里斯汀兹（Clifford Christians）提醒我们，应当从神学的角度解读埃吕尔。根据克里斯汀兹的诠释，埃吕尔认为处于技术控制下的人类具有堕落的必然性（necessity），主流教会和技术专家无法把人从堕落中拯救出来，要改善状况，需要借助上帝的他性。他性的自由可以启动人的自由，使人战胜必然的堕落，所以，要想从技术魔鬼的手中重获自由，必须信仰神设定的超越性的目的：

> 目的不是我们活动的结果。它已经是一种秘密的力量，既利用又刺激我们的技术手段。我们必须服从这个目的，不是把它作为必须达到的目标，而是要把它作为既定的事实，业已存在的事实，而且是一种活跃的存在。[3]

相比于芒福德一脉人本主义的自救方案，埃吕尔的神学他救方案就显得呼应者寥寥，正如克里斯汀兹所说："他和当代文化的冲突很容易被搁置到学术的边缘。"[4] 不过，我们更应该看到埃吕尔的救世方案在技术人类

① 林文刚编《媒介环境学：思想沿革与多维视野》，第108页。
② 林文刚编《媒介环境学：思想沿革与多维视野》，第109页。
③ 埃吕尔语，转引自林文刚编《媒介环境学：思想沿革与多维视野》，第135页。
④ 林文刚编《媒介环境学：思想沿革与多维视野》，第137页。

学之外所打开的思的维度。

现代技术将技术实践的另一种可能性揭示出来——人是技术的延伸，技术社会是技术自主化的一个环节。现阶段，现代技术作为构筑并展现世界图像的人为构造，具有特定的结构强制（structural imperatives）的特质，已俨然形成一种几乎人人无以逃脱的环境，处处影响着人们的日常生活。以人类学视角思考技术，似乎无法更进一步告诉我们技术之结构强制到底意味着什么，我们是否能够进入更高的思的层次，让技术之本质向我们敞开？

技术与媒介之间画上等号在观念史上的意义是：将技术的本质规定为延伸了人的媒介，使技术与人不可分割地勾连在一起，从而试图摆脱将技术仅视为人的手段或工具的技术人类学视野。

这种以媒介规定技术的技术本体论（ontology）所探讨的"媒介"不仅包括广播、电视等大众传播媒介，还包括工具、机器乃至语言等技术或技艺；而"本体论"就是对这些中介着人类生存的媒介的本质进行界定。需要注意的是，不论教科书上对于媒介的定义，还是"媒介是人的延伸""媒介即讯息"等陈述性命题，都只构成本体论命题，并不构成本体论。按照传统的形而上学书写方式，本体论需要以一整套独创的语言体系支撑起最终的"本体论命题"。

因此，以媒介规定技术的技术本体论不应是把工具、机器、技术、符号和语言等归为媒介的归类学，不应是关于媒介是什么的一厢情愿的承诺，也不应用其他概念框架注释媒介，而应是对媒介在世界中的角色的逻辑论证，论证的结果呈现为"媒介化"的技术本体论命题。从这个意义上看，麦克卢汉本人的书写是否构成"技术本体论"有待商榷。仅从其"立体马赛克"式的书写风格上看，似乎更应将其归于后形而上学的学术脉络之下。当然，不管麦克卢汉原本的意义如何，笔者把他富有启发性的命题诠释为技术本体论，应当可以作为一种诠释方式。

"媒介化"的技术本体论在一定程度上挑战了以人为中心的主体哲学。但是，它并没有颠覆主体哲学的进路，因为在处理人类如何在技术的控制中保有自由的问题时，它回到了主体的先天能力上。尽管埃吕尔指出这条道路并不牢靠，从而提出了他救方案，但他也没能从根本上说明不牢靠的根源何在。

事实上，主体哲学的道路尽管可疑，却无法证伪。在当代，沿着康德—麦克卢汉的道路前进者大有人在。不过，笔者认为，以现象学的体验之真和后期海德格尔的存在论为路基的道路，也许能从另一种角度解决主体哲学通往真实的难题。这两条道路都认识到，主体的先天能力不牢靠的根源就在于，主体哲学的进路把主体的先天能力作为逻辑必然，忘掉了这个逻辑必然的基础是：人们首先必须对"逻辑必然"有所体验或领会，才能区分经验和先验。只有进入更为基础性的体验或领会的领域，才能进一步追问媒介/技术。

第五章

体验之真与存在之真

上一章讲到，媒介不再被理解为一种技术手段或工具，而是可以规定技术，这样，媒介概念就完成了对技术概念的包围，延伸论即实现包围的一种媒介理论：如果说技术是人类的创造，那么所有的技术都是延伸人的媒介。

本章要指出的是，延伸论毕竟还残留了主体哲学的因素，最终要仰赖主体的先天能力把握真理。比简单地让媒介概念取代技术概念、媒介哲学取代技术哲学更重要的是，进一步理解超越媒介之隔的观念史意义。对此，现象学的路线值得注意。

在真理自身运动的过程中，从源始意义上把握用来和万有打交道的媒介（本章主要指技术、技艺、用具），是通达真理的环节。即，首先需把媒介视作活生生的参与思想实践的过程性环节，而不是把它们把握为外在于真理运动的工具，由此才能够超越媒介，达至真的境域。这一思路在很大程度上导源于胡塞尔现象学的根本目标——回到事情本身。那么回到事情本身是什么意思？简言之，回到事情本身，就是回到源始意义上向我们呈现的事物。但这个教科书式的答案并没有什么意义，我们需要知道这个答案所处的脉络。

显然，回到事情本身的提法预设了，按照之前的方法无法从源始意义上把握事物的本质。所谓之前的方法，就是形而上学的方法。传统形而上学的方法把事物作为对象，比如教科书中的媒介定义，就是将媒介把握为一个死的、静止的框架，而不是将之在源始的意义上，首先把握为活的实践。对象化的理论、定义让生命实践之流静止，根本无法处理流变的事物。

黑格尔的扬弃的真理观已经对这种真理观多有批评，只不过他所谓的中介是观念论意义上的。现象学也强调，需要有一种新的方法回到生生不已的源始运动状态，这种源始的状态，在如今的学术书写中一般也被称为本质。

在媒介研究中，对媒介之本质的探问，有人称作媒介现象学，有人称作媒介本体论或媒介存在论。为了彰显差异，笔者把回到的是意识或体验本身的现象学路线称作媒介体验论，用媒介存在论指称着重于探讨媒介与存在之关系的学说（如海德格尔的技术哲学、基特勒的媒介存在论、彼得斯的基础设施媒介论）。

关于媒介与体验之关系的学说，我们暂且纳入"媒介体验论与体验之真"的标题之下，其中涉及学者所标举的"媒介本体论"，事实上就是现象学意义上的本质论，为了避免混乱，笔者都以"媒介体验论"代之；关于媒介与存在之关系的学说，则另立一小节，以"媒介存在论"名之。当然，我们还必须知道，体验之真与存在之真并不是两个截然有别的问题，二者都试图以现象学的方式回到本源，只不过，"体验之真"还富有人类中心主义色彩，存在论则强调，应当进一步从万有之间的关系出发通达真理。用通俗的语言来说，本章所关注的核心问题依然是，在通达真理的道路上，究竟如何超越媒介的阻隔？

第一节　媒介体验论与体验之真

媒介体验论思考的问题是，在媒介表面之下，是否还隐匿着其他东西。效果导向、内容导向和情境导向的研究预设是，媒介只是媒介表面而已，只是使效果、内容和情境得以展开的载具，是缺乏主体性的纯粹的手段。媒介体验论则让我们重视另一种可能性，在媒介承载之符号所营造的世俗空间之外，可能存在在本体上无法直接体验到的空间。

格罗伊斯（Boris Groys）认为这个暗中的空间乃是"潜在媒介空间"①

---

① 笔者以"潜在"翻译前缀"sub"，取其"在下面隐藏"之意，后面的引文将 Sub 与 jektivität 用连字符连接，既表示主体性之意，又提醒读者注意其"在下面投射"（throw under）的字面义。

（submedial space），从根本上看，这个空间是不可见的、永远被怀疑着的：

> 潜在媒介空间本质上是怀疑的空间。在这个意义上，它也是主体性的空间，因为主体性（在下面投射）既是纯粹的、偏执的，又同时不可避免地将怀疑投射出去：在可见的媒介表面之下，一定隐藏着不可见的空间。
>
> Submedial space is, in its essence, the space of suspicion. In this sense, however, it is also the space of subjectivity, because sub-jectivity [Sub-jektivität] is nothing else but the pure, paranoid, yet at the same time inevitable projection [Unter-stellung] of the suspicion that something invisible must be hidden behind the visible in the space beneath the medial surface. ①

格罗伊斯的这段话看起来只不过区分了媒介之可见部分（媒介表面）和媒介之不可见部分（潜在媒介空间）。事实上，这段话包含着一个哲学传统，暗含着哲学论证，因为其中的问题是：既然潜在的媒介空间不可见，我们如何说出这个概念？解答这个问题的关键就在于"怀疑"。

"我"虽然看不到潜在媒介空间，但可以怀疑或思辨（speculate，也有推测的意思）媒介表面之下是否还有别的什么东西存在，这别的什么东西，不是因其为可触可感的实体而存在，而是因我在怀疑之体验（experience）而存在，我在怀疑之体验，就是主体性。这样一来，格罗伊斯所谓的媒介本体论就通过现象学和主体哲学的结合确立起来：媒介不仅是媒介表面，还包括由主体之怀疑所确证的、表面之下的潜在媒介空间。

格罗伊斯知道，仅仅从主体性出发确证潜在媒介空间，必然面临后结构主义、解构主义等反主体哲学的挑战：符号无限而恒常地流动（flow），不受规定或控制，主体会在这符号之流中消磨殆尽。面对这一挑战，格罗伊斯反问道：主体真的能够被解构吗？符号之流难道不是主体隐匿自身的

---

① Boris Groys, *Under Suspicion: A Phenomenology of Media*, trans. by C. Strathausen, New York, NY: Columbia University Press, 2012, p. 19.

诡计吗？他进而批评后结构主义者把主体、他者规定为不可进一步被理解的符号、差异（differences）、拟仿物（simulacra）或编码（codes），他们没有看到，这些实际上都是由人们对隐藏着的主体的恐慌造成的。主体为何隐匿，唯因害怕在交往中不受注意，主体隐匿了自身，将自身分裂为无法定义的、不确定的东西，由此持续博人眼球（譬如日常中的"炒作"）。格罗伊斯由此批评道：由于没有看到主体的隐匿性，意在消解权威话语的反主体思潮，恰恰暗合了时下的市场策略和管理策略（up-to-date market and management strategy）：

> 如今，每位股东都深谙此道：在常规的市场行为中，会有一种于无主体、无限、朦胧的符号之海上漂流的感觉。由理论家所供养的观点市场，同样是分裂的、多元的、朦胧的和流动的。另外，对于任何一个来到此市场中的生产者或消费者来说，最要紧的莫过于宣誓他自己的知识主权。宣示主权的唯一方法就是不断上演符号分化的新剧目，也就总是把语言之流向前推进。
>
> Nowadays, the oceanic feeling of floating in the subjectless, infinite, obscure sea of signs belongs to normative market behavior—and, as such, is thoroughly familiar to every shareholder. Today's market of opinions, on which the theorist offers his writings, is equally split, pluralist, obscure, and flowing. At the same time, it is considered absolutely necessary these days for anybody who competes as a producer or a consumer in this market to demonstrate his own intellectual sovereignty. The only way to demonstrate such sovereignty is constantly to stage new games of sign differentiations that always push language anew to flow ever further. [1]

主体并未消解于无形，它只不过隐匿到了潜在媒介空间。那么要想理解主体与媒介，我们就必须超越停留在媒介表面之符号上的后结构主义，

---

[1] Boris Groys, *Under Suspicion: A Phenomenology of Media*, trans. by C. Strathausen, New York, NY: Columbia University Press, 2012, p. 27.

对这个潜在空间进行媒介本体探问（media-ontological question）。这里我们又遭遇了方法论上的难题，既然潜在媒介空间不可见，我们的探问从何着手？格罗伊斯采取媒介体验论的方法破解这个难题。首先，所谓不可见，是对科学而言的，也就是说我们通过身体感官或科学仪器，当然无法看到潜在媒介空间，科学所达到的本体，并不是现象学所达到的本体，现象学所达到的本体在于主体之内，而非客观对象；其次，媒介本体呈露的时刻，就是真诚性（sincerity）流露的时刻，真诚性并不是主体的主观感受，而是主体对媒介之内在性质（隐匿的他者）的"客观"确证，这一确证过程，是由主体和媒介共同达成的；最后，真诚性现象并不总是呈露出来，它的呈露需要特殊的条件：媒介表面之符号给予观察者陌生、突兀或奇怪（alien，unexpected，out-of-place）的印象，譬如电视没了信号，我们才去追问其媒介性（mediality）。

如此看来，格罗伊斯所谓的媒介本体，乃是主体从潜在媒介空间获致真诚性的刹那体验，我们平常所说的电视好看、画好看、人很好，等等，恰恰就在日常语言层面揭示出了"好""坏"等真诚性体验；真诚性体验并不是通过媒介表面之符号获致的，而是通过奇异的符号与潜在媒介空间产生连接时呈露出来的，在那一刹那，"好""坏"所对应的确实就是"电视""画""人"这些作为他者的媒介本身，而不是媒介的内容（画面或人的行为）。

格罗伊斯的媒介体验论规定，让我们在"媒介即讯息"等本体论命题下的媒介实践外，看到了另一种看待媒介实践的可能性。在麦克卢汉那里，媒介的本质直接被规定为实实在在的、可被直接诠释的讯息（媒介或冷或热），这一规定不需要特殊的条件（如制造奇异的符号）即能获致，可如此一来等于宣布了：制作内容时的策略无关紧要，艺术家、编导等的媒介实践对理解媒介毫无用处。但格罗伊斯让我们认识到，实际的情况正好相反，就拿绘画来说，正是艺术家奇异的绘画语言让我们体验到媒介真诚性，所谓"奇异"不仅指抽象画、立体派，也可以包括写实画：

实际上，作为绘画语言，写实与抽象之间既无贵贱高低，也谈不上先进与保守之分，真正"保守"的，是对于绘画语言的陈腐理解，真正落后的，是基于陈腐观念对绘画语言所作的陈腐处理。[①]

不论采取哪种形式的绘画语言，只要给人以奇异的印象，就能在媒介表面上打开一道缺口，使真诚性呈露，审美体验也就在这一瞬间达成。这样，格罗伊斯的媒介体验论探问，重新确证了媒介实践的神圣性，不论写作、绘画、摄影、导演乃至游戏设计，本质上都是艺术活动，都具有通达潜在媒介空间、达至真诚性的可能性。就拿电子游戏来说，一般认为游戏是用来娱乐的，这恰恰是停留于媒介表面（游戏的画面、道具、剧情）所得出的结论，一旦停留于游戏表面，获得的就只有感官刺激。

2018 年出了一款很火的游戏——"旅行青蛙"，正好可以说明看起来简单的游戏也具有达至真诚性的可能性。玩这款游戏的玩家只需要干两件事，一是收割三叶草，二是给蛙准备食物、道具。接下来的事情就不确定了——蛙什么时候出门？去了哪里？什么时候回家？这样的设计完全与通常的、强调玩家控制权的游戏设计理念不同，它试图将人的知觉焦点从游戏表面的符号，转移到对游戏本身的揣测和期待上，玩家与游戏的关系并不是控制者与被控制者的关系，而是揣测者和潜在游戏空间的关系。游戏表面的创意引发了玩家对游戏的本体进行揣测，从而确证了潜在游戏空间所呈露出的真诚性，游戏不再是虚拟的、缥缈的符号流，而是在本体上与现实人际关系对等起来。当然，这一真诚性的获致并不是对每个人都有效的、总在发生的客观现实，也不是主体的任意幻想，而是需由游戏设计提供可能性条件的、由主体的"偏执"所确证的、瞬间达成的体验。

格罗伊斯不再把媒介视为静止之物，而是视为一种可能性。借助这种可能性，主体不仅可以透过媒介物质性直接体会到实际生活和历史文化，而且可以获得真诚性体验。在一些内容创造者看来，要实现这一点，关键在于让人意识不到媒介的存在。根据博特与古辛（Jay David Bolter and Richard Grusin）的媒介理论，媒介在再现世界的过程中，存在无中介性

---

① 戴士和：《画布上的创造》，四川人民出版社，1986，第 124 页。

(immediacy) 的媒介逻辑[1]。所谓无中介性媒介逻辑乃是人类自文艺复兴以来的发明，是一种再现的技艺（technique），尤其体现在油画的再现上。他们援引美术史学家潘诺夫斯基的说法：中世纪末期、文艺复兴初期的画家丢勒（Albrecht Dürer）已经注意到，透视意即"看透"（perspective means a "seeing through"）。也就是说，透视法是一种抹除雕琢之痕的雕琢技艺（the technique that effaced itself as technique）。[2] 这项技艺所期望达到的效果是，让观者忘记媒介的存在，从而让观者完全沉浸在色彩的世界之中。之后的摄影、电影、电视、用户友好型的计算机操作界面、影像的 3D 化等发明，无不是要媒介抹除自身。这一思路，在虚拟现实技术中得到了登峰造极的展示，其目标就是让头戴显示器的人具有在场感（a sense of presence），将影像体验为真实世界。

然而无中介性不过是媒介演化的线索之一。按照博特和古辛的理论，客观再现世界其实只构成了从文艺复兴到现代主义之间的显性线索而已，其间隐伏着的多媒介性（hypermediacy）线索，同样是人类多彩文化的主动力，表现主义、抽象主义、立体主义等"不完全"的艺术形式，同样通往艺术真理之路。在数字时代的今天，多媒介性的实践显著地体现在风格各异的网页、主机界面、多媒体程序和影音游戏上。

多媒介性的技术实践总是提醒我们，在创造艺术品或产品的过程中，媒介总是实实在在地影响着创作过程，所谓透明的、无媒介性的实践不过是多媒介性实践的一种特殊形式、特殊体验。就是在宗教中，在克尔凯郭尔看来，不透明的血肉之躯也有可爱之处，对肉身视而不见乃是自欺欺人。在现代传媒的世界，人类更是清醒地知道自己不是天使，没有办法变成纯粹精神，必须借助媒介技术的中介作用进行跨时空沟通，于是媒介技术有了发展的动力——传输性媒介（media of transmission）征服距离，让

---

[1] "逻辑"（logic）这个说法的直接来源是 20 世纪 80 年代晚期的美国文化研究，这个说法主要受福柯启发，指的是在不同的话语体系和生命政治体系中，存在用词和概念上的连续。见 Richard Grusin, *Premediation: Affect and Mediality After 9/11*, New York, NY: Palgrave Macmillan, 2010, p. 5。

[2] Jay David Bolter, & Richard Grusin, *Remediation: Understanding New Media*, Cambridge, MA: MIT Press, 2000, p. 24.

我们跨越空间，记录性媒介（media of recording）征服死亡，让我们穿越时间。留声机、电话、电视等共同构成的现代传播技术体系将记录性和传输性结合在一起，同时征服了时间和空间，死者的声音和影像可以经久不衰，远方的生者可以展现于目前。现代媒介技术所具有的两种主导性企图于是凸显出来："创造生者，召唤死者。"（the creation of artificial life and the conjuring of the dead）①

然而，这些诗意的表述只是人的体验罢了。那么，借由现代媒介技术所体验到的生死爱欲，究竟是真实，还是虚幻？博特和古辛宣称，由于媒介本身是真实的（real），那么不管媒介的再现多么夸张，"所有的中介过程也都有具有真实性"（all mediations are themselves real）。② 这似乎是一种"独断论"，因为我们实际的经验是，媒介所创造的世界尽管必须以现世为依凭，但"新世界"与"旧世界"存在质的差异，凭什么说"新世界"是对"旧世界"之真实的延续（continue）呢？我们为什么不能把媒介的世界与现实的真实世界体验为两个不同的世界呢？博特和古辛似乎也多少看出了这一点，他们在书中写道，鲍德里亚（Jean Baudrillard）的拟仿（simulation）和拟仿物（simulacra）的概念就和他们的想法背道而驰。

在鲍德里亚看来，现代媒介创造的世界不是对真实（real）的再现，而是创造了全新的真实——超真实（hyperreal）。超真实"不是与真实藕断丝连的超现实，不把真实作为自己的效果。它的效果是把真实和再现之间的区分抹除。在某些情况下，抹除起始于：在另一种媒介中再生产'真实'，但随着再生产在媒介与媒介之间的持续进行，真实终由实体化为乌有。它成为梦幻和泡影"。③ 鲍德里亚并不否认媒介自身的真实性，但媒介的真实性不能保证它对真实的再生产也是"真实的"，媒介"再现"的世界与其所要再现的东西在性质上完全不同。这一点，也突出地表现在虚拟

① John D. Peters, *Speaking into the Air*: *A History of the Idea of Communication*, Chicago, IL: University of Chicago Press, 1999, p. 161.

② Jay David Bolter, & Richard Grusin, *Remediation*: *Understanding New Media*, Cambridge, MA: MIT Press, 2000, p. 55.

③ Michael Gane, *Baudrillard's Bestiary*: *Baudrillard and Culture*, London, UK: Routledge, 1991, p. 102.

实在（virtual reality）技术上，虚拟实在技术重建了人的整个经验世界，翟振明认为"虚拟实在技术在最根本的意义上不是制造工具的技术，而是制造整个经验世界的技术。……事实上，按照制造工具客体的方式无法造出整个经验世界。虚拟实在技术改变的是我们自己构建世界的感觉框架，而换了一个感觉框架得到的世界，是和自然世界在本体论上对等的"。①

博特、古辛与鲍德里亚、翟振明在观点上的冲突，最后的落脚点，还是如何体验媒介的问题。如果把媒介技术呈现的世界体验为现实世界的一部分，那么它就与现实世界同样真实；如果换一种体验方式，把媒介技术呈现的世界体验为全新的创造，那么媒介世界的真实性就与现实世界的真实性对等。这两种互相冲突的观点，实际上可以为从人的体验出发看技术的现象学所调和。在伊德（Don Ihde）② 那里，人究竟与技术构成何种关系，最终取决于人对技术的体验。人不仅可以和技术构成具身关系，还可以构成诠释、它异和不在场的关系。伊德指出，这四组关系的边界并不清晰。具身、诠释和它异关系作为在场的技术与人的关系，构成了一种连续统一（continuum）。在这个连续统一的一端是具身关系（技术接近准我），另一端是它异关系（技术接近准它者），处在两端之间的是诠释关系（技术作为中介）。而在具身的最极端，技术将作为不在场的背景③出现。

在伊德看来，具身关系是人与技术之间最基本的关系。在这种关系中，人类的经验被技术的居间调节作用所改变，人却很少注意到这种改变是由技术造成的。梅洛－庞蒂给我们提供了一个例子："盲人的手杖对盲人来说不再是一件物体，手杖不再为手杖本身而被感知，手杖的尖端已转变成有感觉能力的区域，增加了触觉活动的广度和范围，它成了视觉的同功器官。"④ 也就是说，手杖这一延伸触觉的媒介与盲人构成了具身关系，

---

① 翟振明：《虚拟实在与自然实在的本体论对等性》，《哲学研究》2001 年第 6 期。
② 以下对伊德理论的分析总结自〔美〕唐·伊德《技术与生活世界——从伊甸园到尘世》，韩连庆译，北京大学出版社，2012。另见本人论文于成、刘玲《从传统地图到数字地图——技术现象学视角下的媒介演化》，《自然辩证法通讯》2019 年第 2 期。
③ 从唯物的角度看，技术当然在场；这里所说的不在场是从知觉的角度看，技术在人的实践活动中往往并不处于知觉的焦点，就像写作时不会在意笔或空调的存在。
④ 〔法〕莫里斯·梅洛－庞蒂：《知觉现象学》，姜志辉译，商务印书馆，2001，第 190 页。

手杖自身的物质性被忘却，成了盲人知觉的一部分。再比如，戴近视眼镜的人很少注意到，眼镜其实是外在于人的物，却因与人对周围环境的经验融为一体而抽身而去（withdraw）。

当然，具身作为一种活动，最初也具有含混性，需要一定的"学习"才能克服含混性。比如，正如人第一次戴眼镜会感到眩晕，当人第一次观看地图时，也不会直接将地图与真实的地理环境对接起来，而必须通过读图行动将地图环境与真实环境相衔接。一旦克服了最初的含混性，具身关系就能更恰当地描述技术融入人的知觉经验这一现象，即一旦人类学会制图、读图，地图就可以具有抽身而去的透明性，"我"与"世界"通过透明的（transparent）技术结为一体。无论传统地图还是数字地图，都希望自身能够具有透明性而抽身而去，使观看者透过地图直接抵达目的地。不过，这种无中介性的媒介逻辑必须经由人的具身体验才能实现，除了具身体验之外，人与媒介还存在其他相互渗透的关系体验，笔者以地图为例继续讨论。①

当地图作为墙上的挂饰或桌上的摆饰，它与人构成背景关系。作为背景的地图对人经验世界的方式产生微妙的影响，如果把墙面上的地图摘掉，或换成一幅画，人们才能体会到由地图所构成的独特的媒介环境。

而在通常情况下，地图在场地与人发生关系，比如数字地图的在场性就体现在，它能够时刻提供抵达目的地的决策。伊德将这种人与人工智能的关系描述为它异关系，作为它者的技术，可以说完成了媒介环境学者所谓的对意识的模拟。当然，数字地图的它者性是一种准它者性（quasi-otherness），比在人那里找到的他者性要弱，无法与人构成共在。不过，随着人工智能的进步，准它者性可能转化为一种真正的它者性。对这种它者性的描绘可以从克拉克（Arthur Charles Clarke）的经典科幻小说《2001：太空漫游》中找到：智能计算机指引着人的太空旅行，甚至想取代人类独自完成探索任务。使用数字地图，实际上就是与准它者接触。人不再通过地图感知世界，而是感知数字地图本身。

---

① 有关地图的史实见〔英〕赛门·加菲尔《地图的历史：从石刻地图到 Google Maps，重新看待世界的方式》，郑郁欣译，台湾马可孛罗文化，2014；楚杰《地图的历史》，《飞碟探索》2011 年第 8 期；尹贡白《地图的历史》，《地图》1989 年第 3 期。

地图与人的诠释关系也很常见，这种关系往往难与具身关系相互分开。我们可以勾勒出诠释关系意义上地图的两种展开方式：一是展开人对于实际地理状况的理解，二是展开人对抽象的意义世界的理解。人们一般会认为，地图是人用来抵达目的地的工具。以此观点来看，地图的历史即地理科学的历史。然而事实上在很长时间里，地图并不完全是科学观察的产物。有如天文学之源于占星，化学之源于炼金术，地图其实源于非科学的宗教、神话、审美等领域。地图成为严格意义上的自然科学、成为可靠的实用工具的历史，只有几百年时间。而在那之前，地图并不仅仅是用来抵达目的地的工具，而是展开了人对周遭世界的理解。地图历史学家图利（R. V. Tooley）认为，托勒密（Ptolemy）之所以特出于他的前辈们，一方面是因为他自身卓越的数学才华，另一方面在于他对严谨科学作风的漠视：先前的地图学家愿意在地图上自己不晓得的地方留白，但托勒密却无法让自己不将这些空白填上假象与推理。虽然如此，托勒密地图代表了地图诠释学的显性传统：让自身变得透明，精确地再现世界。

然而，并不是所有的地图都以追求简洁精确为目的，制图史上隐性的中世纪传统，总是时不时地考验人从图中解读故事的能力。如果说以托勒密为代表的数学制图技术（坐标与网格系统、经度与纬度等细致的科学符号）促使人们走向未曾踏足之处，中世纪的地图则具有形而上学意义的崇高野心：为一个绝大多数民众文智未开的社会提供一个指引地图，导引他们走向基督教的生活。著名的赫里福德（Hereford）的中世纪世界地图（Mappa Mundi），就恣意融合了尘世的地理学与死后世界的意识形态：耶路撒冷位于其中心，天堂与炼狱分居极端，而传说中的生物及怪物则居于遥远的地点。

绝大多数地图同时展现了上述两种展开方式。中国的朱思本就像托勒密一样，一方面持有科学严谨的态度，另一方面展现自己所在的意义世界。一方面，他所绘的地图上有数以百计的小方块，每一小块正方形的任一边都代表了约三十里，因此非常精确；另一方面，这份地图也显示出对于外面世界刻意维持的无知。朱思本（当然也是当时官方的看法）认为："涨海之东南，沙漠之西北，诸番异域，虽朝贡时至，而辽绝罕稽，言之者既不能详，详又未必可信；故于斯类，姑用阙如。”也就是说，朱思本的地图虽然精确，但实际上更接近具有形而上学野心的中世纪地图，体现了一种闭塞保守的生存方式。

在西方近现代，托勒密式的展开方式构成了地图发展的显性线索，中世纪式的展开方式则为隐性线索。这一点，充分体现在西方地理大发现时期的地图的历史。这一时期令人畏惧的宗教世界观逐渐褪去，数世纪以来被认为与虔诚的基督教徒责任无关的地理探险，成为新的潮流。而对迪亚士（Dias）、达伽马（da Gama）、哥伦布等探索者来说，托勒密地图所含的内容，很快就显得非常局限了。地图需要让任何航海家都能迅速确定自己所在的位置，找到前往任何目的地的航线。

托勒密地图的局限体现在，自从世界被证明是个球体，有个难题一直困扰着制图师：按照以往的画法绘制的航海图，无法使航海者抵达本来的目的地。对于如何在平面上呈现地球的弧形表面这一难题，麦卡托（Mercator）提出了一项历久不衰的创举：正形投影（conformal projection）。当然麦卡托投影法也有失真等缺点，后来的制图师还提出了各种各样的投影法，但只有麦卡托投影法展开了今天人们对于世界轮廓的理解，也就是说，接受过地理教育的现代人类基本上都是以麦卡托投影为基础理解地球的地理样貌的。

然而，在科学的时代，以意义世界为导向的地图也并没有完全褪色。南极探险家薛瑞－葛拉德（Cherry-Garrard）在《世界最险恶之旅》（*The Worst Journey in the World*）中绘制了史考特南极探险队从南极返回安全营的地图。[①] 这幅图中，一条长长的虚线越过了山峰和冰河，看起来似乎制服了南极险恶的地形。但是如果我们仔细看，就能发现事实并非如此——地图描绘了一条送葬之路。我们在“BEARDMORE GLACIER”（比尔德·穆冰河）旁边看到“EVANS DEAD”（伊凡斯死亡）。再往前，出现了国际通用代表墓地或教堂的十字符号，说明的文字非常简单：“OATES”（奥兹）。沿着虚线往北出现另一个十字，标记的是史考特、威尔森以及鲍尔

① 参见 Apsley Cherry-Garrard, *The Worst Journey in the World*, 1922, http://www.ajhw.co.uk/books/book201/ii.html, 最后访问日期：2021 年 10 月 23 日。

最终的长眠之地。

这些例子告诉我们，读图是一种特殊的知觉活动，地图以一种非常特殊的方式与我们的身体发生着联系。在读图行为中，有时将诠释的焦点放在地图与真实地理世界的关系上，有时将焦点放在对意义的解读上。以薛瑞－葛拉德的地图来说，地图不仅促使我们将图中所画诠释为南极大陆的地理状况，而且促使人调用知识解读出故事。

诠释学关系虽然凸显了地图的多媒介性，但并不否认通过人的实践和体验，媒介可以达到透明的效果。熟练掌握读图技艺的人，既可以在实际的地理环境中辨明方向，畅通无阻；也可以迅速透过地图读出故事或抽象的意义。在某种程度上，人们对象形文字的熟练掌握类似于读图。比如"门"这个字，以汉语为母语的人既可以通过这个字直观地认识到供进出的门，若在言谈中提及"水门事件"等词组，也能够立即诠释出"门"的含义。质言之，熟练的诠释可以达到具身的境界。

在地图与人的诠释学关系中，如果地图的指示不明确，就意味着地图不仅不透明，而且阻隔了对真实的诠释，地图所指示的对象或指示的世界就不能够呈现——地图与世界构成了一个谜。这一点，举地图导航错误的例子再恰当不过。2010 年，瑞士一名小货车驾驶员根据卫星导航系统的指示，开上一条狭窄且路况不良的山路，结果无法掉头或倒退。卫星导航尽管能精确地告诉我们地理方位，但无法解开具体路况之谜。具体路况只有在司机真正开车时才能够呈现，当地图所指示的世界呈现时，谜才能解开。而不认真对待这个谜的后果是：必须出动直升机救援。

多媒介性的媒介逻辑和伊德的技术现象学让我们注意到，媒介在场还是不在场、阻隔还是无隔，媒介再现的世界是现实世界的连续还是独立自主的世界，不仅与媒介自身的物质性相关，更与人们的意识构造能力，即对媒介的体验、理解相关。在伊德的技术现象学中，人与技术的关系可最终归结为具身、诠释、背景和它异关系之间的相互渗透。

然而，仅仅讨论到体验之真这一层也难免自欺欺人的缺憾。无论宗教家笔下的肉身，还是先进的虚拟实在设备，事实上都无法真正地透明或抽身而去，人们的无隔体验也不过是现象学家为了精细描述体验差异而使用的修辞。媒介再现的真实世界和人们体验的真实关系，只是通达真实本身的形而上学之梦破灭后的剩余的真实罢了。以体验之真取代主体哲学的真实本身，虽然可以解决主体哲学中主体与真实永隔的问题，但还是一种人本主义，也许对人而言，很难摆脱自身的局限性，但我们不能就此放弃追问其他可能性的努力。除了通往体验之真的路径，是否还可以直接从万有之间的关系出发追问通往真理之路呢？

第二节　回到关系之网

房龙（Joost van Loon）在《媒介技术：批判的视角》（*Media Technology: Critical Perspectives*）中指出，虽然大多数媒介研究者都宣称要在效果导向、内容导向和情境导向的取径之间架起沟通的桥梁，但这三个取径所共有的问题是：将媒介仅仅化约为工具，并将媒介自身假定为一个"黑盒子"。而媒介研究恰恰应该把媒介本身拉回到媒介研究的中心，撬开"黑盒子"：

> 对媒介的现象学的探索开始自将中介视为形式。因此，在本书中我将尽力以现象学方法确证并探索媒介的本质，也就是它的本体。这样一来，政治问题（作为政治工具或操纵引擎的媒介）和效果问题（作为传递刺激或提供服务的媒介）就是次要的，这些问题的背后是更基本的中介之本体论问题。
>
> A phenomenological approach to media begins with an appreciation of mediation as form. In this book I will therefore largely follow the phenomenological line that seeks to identify and explore the nature of media, that is, their ontology. In doing so, questions of politics (media as political instruments or engines of manipulation) and effects (media as transmitting stimuli or offering services) are secondary, and will only be invoked through a more primary ontological analysis of what mediation entails. [1]

---

[1]　Joost van Loon, *Media Technologies: Critical Perspectives*, Maidenhead, UK: Open University Press, 2008, pp. 9 – 10.

显然，他的思路是，媒介首先是一个有待解蔽的现象，只有透过现象，才能看到媒介的本质。他接着指出，媒介环境学的偏倚概念有助于我们认识媒介的本质：偏倚有助于我们对媒介的本质突破特定的盲点，使权变（contingency，包括中介的权变和物质的权变）回到我们思考传播活动时的中心：

> 偏倚强调了媒介技术是由技术人工物（工具或更好的"物质""形式"）之间的相互作用、实际应用（使用）以及使其运作的必需知识和技能（实践之知）所构成的。这也是为何只从传播"物质"的角度解释伊尼斯的偏倚概念是错的；不能简单地认为，偏倚是媒介内在特性造成的后果，偏倚乃是物质、形式、应用和专业知识的相互勾连，其间媒介的使用方式会被配置、修改和转移。
>
> Bias highlights that media-technology is constituted by an interplay between the technological artefact (the tool or better "matter" and "form"), its practical applications (usage), as well as the knowledge and skills that are necessary to make it work (know-how). This is why it is wrong to interpret Innis' concept of bias solely from the perspective of the "matter" of communication; bias is not a simply consequence of the internal properties of a medium, but of the articulation between matter, form, binding-use, and know-how with which this use is deployed, modified and transferred. [1]

可见，房龙以偏倚规定媒介的本质，一方面，强调了媒介首先是使用中的媒介，而非静态的物质或媒介特性，要对媒介进行考察，首先映入眼帘的应当是动态的关系之网；另一方面，认为偏倚是关系之网中产生的偏倚，偏倚为媒介的使用提供条件。

可见，房龙对偏倚产生之原因的分析，已经注意到物质性实践对于人理解和使用媒介的限制性作用。他从物质因、形式因、动力因和目的因分

---

[1] Joost van Loon, *Media Technologies: Critical Perspectives*, Maidenhead, UK: Open University Press, 2008, p. 26.

析了媒介之偏倚如何可能。首先，偏倚涉及质料，质料透过纸张、报纸、电线、微处理器、键盘等锚定（anchor）着中介化，即使是完全数字化的传播，作为硬件的质料仍然重要。其次，偏倚涉及形式，形式是质料的订造和摆置，媒介形式的多样性受制于质料条件而偏倚。再次，使用是偏倚的动力，在使用中，媒介的应用锚定于社会实践，展现特定的样貌。最后，偏倚涉及中介的目的性，导向某种结果（房龙用诀窍/实践之知[know-how] 一词描述之）。由此，房龙推演出打开媒介"黑盒子"的四个维度，形式（媒介的质料和形式的辩证关系）、历史性（媒介与人的共同演化）、文化嵌入（文化如何融入媒介的形式和使用）以及具身（媒介最终如何与人的身体结合）。

由此，房龙的结论是，媒介是揭示方式。然而，仅由四因说得出这一结论未免仓促，它实出于海德格尔严格的论证。房龙通过频繁使用海德格尔在《技术的追问》（Die Frage nach der Technik）一文中所使用的集置（enframing）、订造（ordering）①、揭示/解蔽（revealing）等术语，表明了他对海德格尔的继承；他使用媒介技术（media technology）作为标题，似乎意在提醒读者他所说的媒介就是海德格尔所论述的现代技术之一（见表5-1）。

表5-1 海德格尔《技术的追问》的术语（斜体英文为房龙经常使用的术语）

汉译：孙周兴	术语的解释	英译：W. Lowitt	德语
解蔽	海德格尔考察了解蔽概念的原初含义 房龙用这个术语指代对媒介本质的现象学揭示	*revealing*	Entbergen
促逼	在海德格尔的文本中，摆置是守护性的技术，如古代农耕；订造和促逼表现的是现代技术对自然的加工制作 房龙使用订造一词表现媒介的结构强制作用	Challenging	Herausfordern：日常含义为挑战、挑衅、引起等
订造		*Ordering*	Bestellen
摆置		Setting-upon	Stellen

① 房龙对 enframing、ordering 的解释是：提供一种结构，控制特定行动。

续表

汉译：孙周兴	术语的解释	英译：W. Lowitt	德语
集置	海德格尔："技术的本质是集置，集置意味着那种摆置的聚集者，这种摆置摆置着人，也即促逼着人，使人以订造方式把现实当作持存物来解蔽。" 房龙对集置的解释是：提供一种结构，控制特定行动。与订造的含义基本相同，只是更突出了媒介的框架作用	*Enframing*	Ge-stell：注意集置与订造、摆置在字面上和意义上的联系

来源：马丁·海德格尔《演讲与论文集》，孙周兴译，三联书店，2005。英译文参考 Marting Heidegger, *The Question Concerning Technology and Other Essays*, trans. by W. Lowit, New York, NY: Harper & Row, 1997。

但是，他没有在海德格尔的存在论层次上使用它们，而是把原属存在论层次的思考模式，带到媒介研究的经验层次来，最终意在强调其打开媒介"黑盒子"的媒介研究取向。由此反推，既然房龙没有给出独创的论证，那么所谓媒介是一种有待解蔽的"黑盒子"的命题，更像是借用哲学概念对经验现象的概括。至少根据海德格尔的论证思路，海德格尔恐怕不会说技术的本质是一种有待解蔽的"黑盒子"。

海德格尔说，"技术乃是一种解蔽方式"。[1] 那么他是如何就这一命题给出论证的呢？不像房龙一上来就表明反对"工具论"的立场，并给出媒介是什么的命题，海德格尔首先指出，"按照古老的学说，某物的本质被看作某物所是的那个什么（was）"。[2] 如此看来，通行的以人的行为和合目的的手段这两点来规定技术之本质的技术人类学，无疑是正确的。但是，"单纯正确的东西还不是真实的东西"，[3] 这两点对技术的正确的工具性规定还无法揭示技术的本质。那么技术的本质是什么呢？在海德格尔看来，对这个问题的解答绝不可能一蹴而就，起码不能归结为主体体验的确证，其间需要经过多个层次的追问。第一个追问是：

为了获得技术之本质，或者至少是达到技术之本质的近处，我们

---

① 〔德〕马丁·海德格尔：《演讲与论文集》，孙周兴译，三联书店，2005，第10页。
② 〔德〕马丁·海德格尔：《演讲与论文集》，孙周兴译，第3—4页。
③ 〔德〕马丁·海德格尔：《演讲与论文集》，孙周兴译，第5页。

必须通过正确的东西来寻找真实的东西。我们必须追问：工具性的东西本身是什么？诸如手段和目的之类的东西又何所属？①

答曰，因果关系。就是说，技术被当作工具或达到目的的手段，是由质料因、形式因、目的因、效果因招致（Verschulden）的，譬如制作银盘时，银盘的制作材料、外观、作为祭器的目的以及银匠对这三者的通盘考虑所取得的效果，共同招致了银盘。但如此看来，这四种招致方式似乎在独立地起作用，而实际的情况是，它们虽相互区别，却又是共属一体的。也就是说，在四因成为四种因素之前，必有某种东西先行地把四因统一起来，于是海德格尔进入了第二层次的追问：

是什么东西先行把它们统一起来的呢？四种招致方式的配合在何处起作用呢？四个原因的统一性从何而来？从希腊思想的角度看，这种招致究竟是什么意思呢？②

对这种先行的东西的追问，并不是追寻原因的原因的无限倒退，而是重建"因果性的原初意义"。重建的方法，即海德格尔特有的探索思想之道路的方法——重返古希腊语词和思想，并"以古注今"。于是，招致方式（Verschulden）被诠释为引发（Ver-an-lassen）方式，每一种引发都是产出（Her-vor-bringen），使尚未在场的东西显突（Aufbruch），使无论自然中生长的东西还是手工业制作或艺术构成的东西一概达乎显露，简言之，产出贯通于四因，包含着把技术视作手段或工具的因素。

为了进一步突显房龙对海德格尔的继承只是表面上的，我们可简要对比房龙和海德格尔对亚里士多德四因说的借鉴。笔者认为，海德格尔把四因说当作推演出技术之本质的一个步骤，之所以要采取这一步骤，是因为四因与对技术的正确认识息息相关，一般被认为是技术之所以成为技术背后的真正原因；但顺着这个真正原因继续追问下去，就会发现这个真正原

---

① 〔德〕马丁·海德格尔：《演讲与论文集》，孙周兴译，第5页。
② 〔德〕马丁·海德格尔：《演讲与论文集》，孙周兴译，第8页。

因只不过是"正确"而已，它并不是最切近真实存在的东西，并不是关于技术的真理；关于技术的真理，需要从先行于、贯穿于四因的东西上探求，这个东西，就是所谓的产出。房龙采纳四因说在部分上与海德格尔的思路有重叠之处，他认为从四因出发可以"正确地"看到有待解蔽的媒介"黑盒子"由哪些侧面构成，进而指出贯穿于这些侧面的、本质性的因素是偏倚/权变，简言之，偏倚是贯穿四因的本质。

然而二者的根本差异在于，房龙虽然强调关系之网的重要性，但并没有把四因贯通起来，而只是得出打开媒介"黑盒子"的方法论框架。（这里不是要批评房龙在哲学上的"倒退"，这样的"倒退"论证了其方法论框架的合理性，是他的贡献，只是说海德格尔对四因说的采纳是其通达技术之本质的论证的必要步骤，而房龙对四因说的采纳则服务于其方法论框架。）

海德格尔通过引入四因说和贯穿于四因的"产出"，证明了"正确的"四因所追问到的东西已远远超出了工具论、人类学的领域，接下来的问题明显应该是，"产出"所在的那个真理之域如何使"产出"得以可能：

不论在自然中，还是在手工业和艺术中，这种产出是如何发生的呢？引发四重方式在其中起作用的这种产出是什么呢？[1]

答曰："惟因遮蔽者入于无蔽领域而到来，产出才发生。这种到来基于并且回荡于我们所谓的解蔽（das Entbergen）中。"这样我们终于能够清楚，"一切生产制作过程的可能性都基于解蔽之中"，古希腊源始意义上的"技术"乃是一种解蔽的方式，"这种解蔽首先把船和房子的外观、质料聚集到已完全被直观地完成了的物那里，并由之而来规定着制作之方式"。[2]也就是说，技术不是什么有待解蔽的东西，而是运动性的。解蔽不是描述技术之本质的形容词，而本身就是技术的本体/本质。解蔽先行规定着技术，使技术之所以成为技术的条件在发生学的意义上先行聚集起来。这个

---

① 〔德〕马丁·海德格尔：《演讲与论文集》，孙周兴译，第10页。
② 〔德〕马丁·海德格尔：《演讲与论文集》，孙周兴译，第10—11页。

思路与从体验出发的思路是完全不同的。

总之，按照我们如上的梳理，至少需要经过三个层次的本质之追问，才刚刚碰到无蔽/真理的领域。大体上看，海德格尔的论证思路是，从人们关于技术的通常的、正确的认识出发，推出通常的、正确的认识无法概括技术，进而从源始的（ursprünglich）意义上追问技术到底是什么意思，从而在工具论、人类学的技术领域之外，开显出技术的解蔽的真理之域。事实上，海德格尔的最重要贡献并不在于其技术本质论，要深刻理解海德格尔对技术本质的追问，需要与其后期对"存在历史"的探索联系起来。

第三节　媒介存在论

与上一节的写作思路一致，这一节也以一本专著为起点，展开媒介/技术存在论思想。

2014年出版的专书《海德格尔与媒介》（*Heidegger and the Media*）[①]主要从四个方面探讨了海德格尔学说与"媒介"的关系。该书的第一章以"我们需要谈谈媒介"（We need to talk about media）为标题，实际上探讨的是海德格尔的语言（language）哲学。作者的思路是，语言乃"第一"媒介（"first"media），探讨语言的本质（nature），在很大程度上就是在探讨媒介的本质；根据海德格尔的学说，语言赋予事物存在，超越语言或在语言之外只会是"无－物"（no-thing），故语言之外无物存在，把"语言"替换成"媒介"，就得到了该章的结论：媒介之外尤物存在（there is nothing outside media）。

第二章的标题名为"中介之真实"（mediated truth），讲的是海德格尔对符合论（correspondence）和再现/表象（representation）的真实观的批判。一般的媒介理论认为，不管被记录的事物是真实存在的还是虚幻的，记录的真实性（truthfulness）都来自再现过程中一物对另一物的符合，也

---

① David J. Gunkel, & Paul A. Taylor, *Heidegger and the Media*, Cambridge, UK: Polity Press, 2014.

就是说，真实就是对某物是真实的这一判断达成共识（agreement）。而这一章的主要思想是借用海德格尔的真理观反对上述符合论的认知框架：由于存在本身具有无蔽（aletheia；unconcealedness）① 的特性，对何谓真实的共识的达成，必然先行地居于（reside in）存在之无蔽状态中，简言之，无蔽使"符合"成为可能。这一结论的意义在于，让媒介研究者认识到，媒介研究中关于真实的问题并不只是"正确再现"（correctness of representation）的问题，更关乎"存在之解蔽"（revealing of being）。

第三章试图在海德格尔学说与媒介物（mediated things）概念之间建立联系。其中一对重要的范畴是用具（equipment）的手前状态（present-at-hand）和上手状态（ready-to-hand）。② 这对范畴之所以对研究媒介有重要意义，是因为我们可以"把上手状态的物定位并概念化为中间者或媒介"。③ 根据海德格尔，物的源始状态是在此在（Dasein）与用具打交道时呈现给此在的，简言之，物首先作为上手状态的物才成为物。由此推之，所有的物在存在论的意义上都是媒介。按照作者的行文顺序，语言应当也是用具，因此语言也是存在论意义上的媒介，于是这一章等于加深了第一章"媒介之外无物存在"这一结论，该结论的哲学意涵是：物的基本存在方式是媒介。

第四章主要的参考文献是《世界图像的时代》（Die Zeit des Weltbildes）和《技术的追问》。作者的重点落在了再现（representation）取代理解（apprehending）的后果上："在图像中存在取代了存在。"④ 作者认为这一点进一步加深了海德格尔前期有关上手之用具（媒介）的思想：由媒介所架设出的世界图像先在于世界的实际之所是。作者把这种状况称为"设在"（Dasign），设在帮助我们表达出这层意思：由设计和符号所塑造的此

---

① 对应的德文是 Unverborgenheit，又可译为"不蔽性""被揭示性""非隐蔽性"，详见后文诠释。
② 后文将讨论海德格尔语境中的 Zeug（具或用具）、Vorhandenheit（手前性或现成性）、Zuhandenheit（上手性）。
③ David J. Gunkel, & Paul A. Taylor, *Heidegger and the Media*, Cambridge, UK: Polity Press, 2014, pp. 103 – 104.
④ David J. Gunkel, & Paul A. Taylor, *Heidegger and the Media*, Cambridge, UK: Polity Press, 2014, p. 155.

在不仅仅是一种明确的身体性的客体。① 物的基本存在方式是媒介，这个论断意味着，我们的生存总是与媒介/技术水乳交融。（海德格尔所谓的technology，在这一章中被作者等同于媒介。）在书的结论部分，作者干脆把 There is Nothing Outside Technology 当作副标题，作为收束全篇的最主要论点。

总的来看，这本书没有按照海德格尔的思想进程（从《存在与时间》到后期对语言、技术本质之追问）安排章节，而是把海德格尔的著作打散并服务于作者自身的逻辑脉络，不能不说是给传播学和媒介研究提供新鲜血液的尝试。但是，书中的有些提法不无值得商榷之处。

一 上手性的运思层次

第一个问题：以上手性这一前期海德格尔思想中的概念串联全书是否足够深刻？要回答这一问题，首先我们需要还原这个概念在《存在与时间》中的位置。

《海德格尔与媒介》第三章所重点提及的用具概念，出自海德格尔前期重要著作《存在与时间》。我们知道，这本书的终极问题是存在问题。当然，这个问题在海德格尔之前不是没人提过，甚至可以说，柏拉图以来的西方哲学一直在问存在问题。海德格尔的存在问题之所以特出于其前辈，是因为他认为西方哲学的存在问题，事实上是把存在者当作存在来问了，其后果就是西方哲学从来就没有问过这个问题。这个结论几乎已成了哲学史常识，可简单的结论无助于我们理解海德格尔的思想与媒介的关联，得出结论的过程或许更重要。

在《存在与时间》导论第一章第一节，海德格尔首先要论证存在之意义问题的重要性。根据他的梳理，古代存在论对"存在"有三个看法。第一，存在是"最普遍"的概念。由于存在具有最高的"普遍性"，那么一方面不能用比存在低一级的存在者来定义它，另一方面也不能用比存在高一级的东西定义它。于是可推出第二个看法：存在是不可定义的；存在虽

---

① David J. Gunkel, & Paul A. Taylor, *Heidegger and the Media*, Cambridge, UK: Polity Press, 2014, p. 157.

不可定义，却谁都懂得。于是有第三个看法：存在是自明的概念。海德格尔却认为，这三个看法绝非看起来这么确凿不移，存在本身实际上晦暗不明。

对于第一个看法，海德格尔首先称赞古代哲学家看到了，不能用类和种属的"定义"思维来看存在的普遍性，存在与存在者的关系，并不是像猪马牛羊属于动物那样的关系，存在的普遍性不是类的普遍性，而是超乎一切族类之上的"普遍性"（正因如此海德格尔在书中要给存在的"普遍性"打上引号）。但是，海德格尔认为，亚里士多德及其后来者都没弄明白"普遍性"到底是什么意思。比如亚里士多德说"普遍性"体现为范畴，有多少范畴，就有多少种存在的意义，并且自己区分了十个范畴，可是亚里士多德"不曾澄明这些范畴之间的联系的晦暗处"，之后无论中世纪还是近代哲学，也都没有弄清这个问题。①

上面的分析也暗含了对第二个通常看法的反驳：传统逻辑的"定义方法"确实无法定义存在，只会使存在更加晦暗不明。但是，"存在的不可定义性并不取消存在的意义问题，它倒是要我们正视这个问题"。②

第三个看法似乎更不值得一驳，因为虽然我们或多或少都对存在有所领会，但这并不能证明，我们已经充分理解了存在。充分理解存在，正是思想的任务，绝不能诉诸自明性了事。

总之，我们首先要知道《存在与时间》的出发点是重提存在问题，目标是解开存在之谜。那么这一点又和传播学或媒介研究有什么关系呢？一言以蔽之，关系大矣。如果说要探讨海德格尔的"媒介哲学"，那么不知道海德格尔的问题和目标，可能在一开始就走错了路，因为这个问题和目标不仅仅贯穿于《存在与时间》始终，也贯穿于海德格尔的整体思想。比如后来海德格尔又从语源的角度论证了源始意义上的"存在"在哲学家那里变成了抽象而空洞的存在，进一步阐发了存在之意义问题的重要性。仅通过上述对存在之看法的三点反驳，我们也可以知道，海德格尔希望在

---

① 〔德〕马丁·海德格尔：《存在与时间》（修订译本），陈嘉映、王庆节译，三联书店，2012，第4页。

② 〔德〕马丁·海德格尔：《存在与时间》（修订译本），陈嘉映、王庆节译，第5页。

《存在与时间》最开始，就把这个问题牢不可破地确立起来。

存在是如此的晦暗不明，海德格尔又有什么把握能够通达存在呢？海德格尔在第二节提出，我们关于存在的"知识"，至少有一点是清楚的：

> 使存在者之被规定为存在者的就是这个存在；无论我们怎样讨论存在者，存在者总已经是在存在已先被领会的基础上才得到领会（verstehen）的。[①]

简言之，存在者总是能够对存在有某种领会，这也就保证了存在并不完全对存在者封闭。但需要注意的是，虽然存在与存在者总是联系在一起，但不能把存在和存在者理解为同一层面的东西。这也并不是海德格尔的创建，他援引柏拉图《智者篇》"不要讲故事"的典故说："不要靠把一个存在者引回到它所由来的另一存在者这种方式来规定存在者之为存在者，仿佛存在具有某种可能的存在者的性质似的。"[②]

然而问题也来了，存在者对存在模模糊糊的领会，并不能保证从存在者自身出发，一定能通达存在。对于这个问题，海德格尔建议，第一，选取一个特殊的存在者；第二，从这个特殊的存在者出发通达存在。这个特殊的存在者，就是此在，因为只有此在具有对存在进行发问的可能性（所以不能把此在简单地等同于人）。这样，研究存在，首先必须研究此在。可问题又来了：

> 这样做不是显然莽撞地堕入了一种循环吗？必须先就存在者的存在来规定存在者，然后却根据此在这种存在者才提出存在问题，这不是兜圈子又是什么？只有这个问题的答案才能够提供的东西不是在解答这个问题的时候就被"设为前提"了吗？[③]

---

① 〔德〕马丁·海德格尔：《存在与时间》（修订译本），陈嘉映、王庆节译，第8页。
② 〔德〕马丁·海德格尔：《存在与时间》（修订译本），陈嘉映、王庆节译，第8页。
③ 〔德〕马丁·海德格尔：《存在与时间》（修订译本），陈嘉映、王庆节译，第9页。着重号为原文所有。

其实这个问题在我们上面的论述中已有所解答，即此在总是能够对存在有所领会。展开来说，即存在规定了此在能够领会存在，也就是规定了此在能够向存在发问，也就是说通过此在来探索存在是一条可能的道路，因此其间并没有循环论证的问题。也就是说，海德格尔的这个问题是替以形式逻辑看存在问题的人问的，依照形式逻辑，人们很可能把存在与此在的关系理解为互为因果（前提），从而指责通过此在通达存在的思路是循环论证。可事实上，存在与此在的关系并不是前提与结论或整体与部分的关系，而是存在对此在的规定已经先行地寓于存在的关系。

唯一的问题是，这条可能的道路一定可能吗？通过对此在的分析一定能通达存在的原初意义吗？这是海德格尔在这本书中没有问的问题，因为根据这本书，回答显然是百分之百肯定的，否则也不会花这么大力气在分析此在上。不过后来他认识到了《存在与时间》的缺陷：存在本来就是向存在者敞开的，于是乎存在必然也向此在这个存在者敞开，那么根本没有必要通过在此在身上打开一道"缺口"来"窥视"存在。那么，这又和我们所质疑的"以上手性串联《海德格尔与媒介》全书是否足够深刻"有何关系呢？

我们知道，上手性概念是通过对此在的分析得出的，也就是说，这个概念的提出，是通过此在通达存在的一个环节。但是，如果此在这条道路无法通达存在之意义，则说明其中的一个环节也无法通达，换言之，通过"上手性"根本无法达到从存在论上运思的境界，无法克服用具与存在本身之隔的难题。正是因为发现对此在、上手性等概念的分析只能停留在存在者层次，海德格尔才会有后期的转向；实际上，笔者认为，在《存在与时间》中，海德格尔已经意识到了这个问题，有了把用具存在论化的苗头（见本书第六章），只不过由于整体框架的缺陷，海德格尔不得不另起炉灶。故而在后期海德格尔的讨论中，虽然此在、上手性等概念被抛弃，但用具、物等反而得到了更多的关注。总之，用"上手性"串接海德格尔的"媒介哲学"，恐怕不如用"用具"。

二 存在者层面的"上手性"及其对经验研究的意义

当然，在存在者层次上运思并不是没有意义，传播学需要在存在者层次上的讨论。不要忘了我们之前提到的一个问题：存在问题和上手状态的用具（媒介）有什么关系？现在这个问题变成了，人（在存在者的层次上就没有必要再使用"此在"概念）和媒介有什么关系？海德格尔对此亦有详细的分析。经过《存在与时间》导论第三节到第一篇第三章第十四节的铺展，海德格尔在第十五节正式提出了上手性概念，为了尽可能集中地呈现"上手性"和"手前性"对于认识人与媒介之关系的重要意义，我们将省掉存在论论证的环节，单单在存在者的层次上理解第十五节提出的观点。这样来看，海德格尔在存在论意义上生造的词语，如用具（Zeug）、关切（Besorge）、上手（zuhanden）、手前（vorhanden）、存在方式（Seins-verfassung）等，就可以在日常语言层面来理解。

海德格尔说，用具就是人在关切中"照面的存在者"。[①] 所谓关切活动，在存在者层面上就是实践活动，而要问人在日常实践活动中最常碰到的是什么？答案当然是物。那么这句话隐含的日常含义无非是：用具就是在实践活动中被使用的物。在这个意义上，用具或物总是上手的。但是，如果我们暂时用不到某个用具，或是要对这个用具进行科学研究，这时候用具就成了单纯的摆在某个地方的东西，用具的这种状态，就是所谓的手前状态（Vorhandenheit）。要问的问题是：用具首先是作为手前的物而存在，还是作为上手的物而存在？

根据科学的或唯物主义的看法，用具当然首先是一种自然的、不以人的意志为转移的客观存在物。但是更进一步讲，这个看法首先是作为一种"看法"而存在的，即，在我们首先对用具有所理解的前提下才被我们说出的。也就是说，只有在人的活生生的实践活动中，才能看到事物，脱离了实践活动的"物"可能依然"存在"，但这种"存在"对人没有任何意义。所以，要分析用具，必须回到人的存在方式，回到上手状态。这一层意思，在《海德格尔与媒介》中亦有清晰而完整的表述，在此不再展开。

可海德格尔又说，"严格地说，从没有一件用具这样的东西'存在'"。[②] 其中的关键点就在加了着重号的词"一件"上：

---

① 〔德〕马丁·海德格尔：《存在与时间》（修订译本），陈嘉映、王庆节译，第 80 页。
② 〔德〕马丁·海德格尔：《存在与时间》（修订译本），陈嘉映、王庆节译，第 80 页。

　　属于用具的存在的一向总是一个用具整体。只有在这个用具整体中那件用具才能够是它所是的东西。……"家具"是从房间方面显现出来的，"家具"中才显现出各个"零星"用具。用具的整体性一向先于个别用具就被揭示了。①

　　这就是说，把用具先理解为"上手的"还不够，用具首先还是"整体的"，因为意义并不是孤立的，它只有在意义整体中才有意义。这一点看似平常，实则关系重大。一方面，它针对的是包括胡塞尔在内的"传统哲学"——认为事物总是先单独呈现，而后由主体凭借某种能力将它们综合在一起；另一方面，它颠覆了本质主义的存在论——认为事物在所有人眼里都应该是一样的。无论"传统哲学"还是"本质主义"，在如今的媒介研究中还都存在。比如在量化研究中，会把人对媒介的感知分成几个"模块"，仿佛这些模块总是能被组合起来似的；在探讨大众媒介对人的影响时，总会认为某种内容对某个群体中的所有人产生了几乎相同的影响。前者的问题在于无法解释我们为什么总是能一眼认出某种东西是什么（尽管可能认错），而不是从这个东西的材料、外观等入手认出这个东西；后者的问题在于，无法解释个案之间总是存在的差异。

　　媒介总是使用中的媒介，"使用中"首先是整体性的，是在与使用相关联的人和物的相互作用中涌现出来的实践状态，其次才是局部性的，即体现为具体的、可被科学命名的这个人或那个物。整体的、实践的观点，对包括媒介研究在内的社会科学方法论颇具启发性：

　　社会实在的实际发生的历程必须被视为一个**选择的序列**。每一个个别行动或表述都按照在起作用的规则在每一个序列的位置上连接了其后的个别行动或表述。这形成了一条行动序列之链。它不容许我们使用任何理论暴力予以强制割裂。而每一个下决定的关键都变成选择历程的环节。这些选择之环节构成了行动序列链，产生出事物具体的

---

① 〔德〕马丁·海德格尔：《存在与时间》（修订译本），陈嘉映、王庆节译，第80—81页。着重号为原文所有。

结构。这些行动序列链正是我们的生活实践（Lebenspraxis），它既是社会学的研究对象，也是研究者本身被作用的来源。①

当然，以前的思想家并不是没有重视实践的思想。亚里士多德就区分了理论智慧和实践智慧，理论智慧是关于宇宙真理的理性推理，实践智慧是理智思考的能力，既包括知识，又包括共同价值观。另外亚里士多德还区分了理论活动（theoria）、创制活动（poiesis）和实践活动（praxis）。简单来说，理论活动目标为真理，创制活动目标为产出，实践活动目标为行动。

然而近代哲学的世俗化过程，将知识从人的生命实践中割裂出来，知识成了哲学的首要问题，整体性实践则几乎退出了哲学家的视野；更严重的是，创制/生产与实践的区别在市民社会中不仅不见了，甚至可以说"生产"偷换了"实践"概念。② 这样看来，马克思、海德格尔、维特根斯坦对实践的重视乃至社会科学中兴起的实践理论，并不是完全的理论创新，而是"重提"和"恢复"，比如《存在与时间》中的"关切"（Besorgen，陈嘉映译为操劳）这个概念，就差不多是 praxis 的译名。③

总之，在当代社会科学中，与用具、关切、上手等类似的"做中学"、诀窍（knowing-how，Gilbert Ryle 提出）和默会知识（tacit knowledge，Michael Polanyi 提出）等概念，都致力于恢复实践之知的重要性。质言之，在这些概念的启发下，传播学乃至当代社会科学中的关键词"实践"，可被用来理解一系列"说和做"的行动序列链。可见，仅仅在存在者的层次上探讨用具、关切、上手等概念，亦能见到这些概念在学术史上的重要价值。

可海德格尔毕竟不是在经验层面谈上手性的，他在《存在与时间》第十五节的最后提醒我们：

---

① 黄圣哲：《结构诠释学》，台湾唐山出版社，2018，第 16—17 页。黑体字为原作者所加。
② 张汝伦：《作为第一哲学的实践哲学及其实践概念》，《复旦学报》（社会科学版）2005 年第 5 期。
③ 陈嘉映：《实践/操劳与理论》，《同济大学学报》（社会科学版）2014 年第 1 期。

不可把上手仅仅领会为具有某种看法的性质，好像我们把这样一种"看问题的角度"加在当下照面的"存在者"头上，好像一种当下就其本身而言是现成在手的世界材料以这种方式"涂上了主观色彩"。这样的诠释忽略了：若依上面的说法，存在者就必须首先被领会和揭示为纯粹现成在手的东西，在揭示着、占有着同"世界"打交道的过程中，这种首先作为纯粹现成在手事物的存在者也就必须具有优先地位和领导地位。①

对于这段话，我们就必须回到海德格尔原本的思路上，即在存在论意义上理解。简言之，所谓在手状态（即上手状态）的优先性，并不是由此在主观选取的看问题的角度，并不是说此在既可以把物理解为手前摆在那里的物，也可以把物理解为在手使用的物；而是说，这个优先性是此在与物相遇时的原初状态，手前状态是建立在上手状态之上的，是上手状态的派生状态。

按照《存在与时间》的思路，用具总是与此在的存在意义相关的用具，总是首先作为上手的用具与此在相遇。可是，由于后期海德格尔抛弃了从此在通达存在的思路（所谓抛弃也并不是说此路完全不通，只是说海德格尔发现并不一定非要从此在出发通达存在，于是有了后来的转向。事实上，《存在与时间》为后期海德格尔划定了基本方向，对此在进行分析的部分在后来亦有发展），关于上手状态之优先性的提法也必然经历转变。其实我们也不难看到，对上手状态的优先性的强调，很容易滑向海德格尔所批判的人本主义哲学，即从人的意义出发来规定人与用具的关系，把用具视作横亘在人与存在本身之间，可以借之通达存在本身的东西。可这样一来，一方面，用具就成了存在本身之外的东西，造成既要通过它、又要忘记它（得意忘象）式的矛盾；另一方面，用人的使用抹杀了用具自身的特殊性。用具难道不是有其独立自主的一面吗？就算是理论上某个用具在不同人那里都有不同的用处，对不同人都有不同的意义，难道不是不能否

---

① 〔德〕马丁·海德格尔：《存在与时间》（修订译本），陈嘉映、王庆节译，第84页。

认这个用具就是这个，它的用处就是加在这个用具上，而不是加在其他别的什么东西上吗？后期海德格尔认识到，自然物、艺术作品这些存在者自有其独立的一面，我们并不总是把它们首先视为普遍意义上的用具，以海德格尔前期的上手性规定"用具"难以顺利地过渡到海德格尔后期存在论思想。要超越用具之隔，需要把用具理解为存在论化的用具，这一点，在《存在与时间》中其实已有表达（见本书第六章）。

三 从存在论上论现代技术的本质

关于《海德格尔与媒介》这本书，还有第二个问题。这本书的第四章把媒介与技术画上等号，似乎没有注意技术的本质和现代技术的本质之间的区别，没有强调现代技术的独特性。所谓"技术之外，无物存在"，倒是和1983年出版的一本通俗作品不谋而合，这本书的书名叫作《媒介：第二个上帝》（*Media：The Second God*）。该书中描述道，在"媒介上帝"大显神威之后，"我永远不会孤单，因为上帝与我同在"的时代一去不返，"广播与电视与我同在"。①

我们当然不能在通俗作品的意义上理解海德格尔，上文论述过海德格尔关于技术之本质的探问思路，其实那只是《技术的追问》一文的前三分之一。中间的三分之一延续前三分之一，继续探讨的是现代技术的本质。由于这篇文章总被引用，也总是有被研究者"断章取义"的嫌疑，我们认为有义务把中间和后面共三分之二的思路也呈现出来。

需要特别注意的是，《技术的追问》中所谓的"一种解蔽方式"乃是广义上的技术（包括前现代技术和现代技术）之本质，绝不能把该义中的"技术"和"现代技术"混同起来。与前现代的技术不同的是，现代技术之解蔽表现出了全新的特点——促逼（Herausfordern，或挑战）。

> 在现代技术中起支配作用的解蔽乃是一种促逼，此种促逼向自然提出蛮横的要求，要求自然提供本身能够被开采和贮藏的能量。②

---

① Tony Schwartz, *Media：the Second God*, New York, NY: Anchor Books, 1983, pp. 1-2.
② 〔德〕马丁·海德格尔：《演讲与论文集》，孙周兴译，第12—13页。着重号为原文所有。

这段话包含了促逼的两层意思。一层是我们如今经常说的，技术破坏了自然的生态平衡。前现代的技术虽然也向自然提出要求，但在提出要求的同时，也有守护自然的一面，比如耕地时要轮耕休耕；现代技术却完全没有守护性的一面，它对自然的摆布是没有限度的，如果粮食不够多，就发明新品种，如果土壤肥力下降，就发明化肥，总之任何看似保护性的措施，最终目的不过是"增产增收"。

另一层意思是，现代技术不会像一般人那样把自然视为人类生活的空间，更不会像艺术家那样把自然视为审美对象，而是首先把自然视为能够被开采和贮藏的能量。在现代技术"眼中"，煤炭、石油乃至太阳、水、空气都是可被转换为动力、电能的东西；而在前现代，人类对自然力能借用多少，基本要看自然的脸色，即自然首先是自在的，而不是被开采和贮藏的对象。总之，现代技术的促逼，从经验层面看，就表现在对自然的开发、改变、贮藏、分配和转换等环节上，"被开发的东西被改变，被改变的东西被贮藏，被贮藏的东西又被分配，被分配的东西又重新被转换"。[①]

这个过程体现出现代技术的一个主要特征——控制。尽管现代技术有着各种各样的环节，可并没有因此而陷入混乱，反而比前现代的技术更为井然有序。这个井然有序的过程的结果，我们一般称之为商品、产品或制品，在与解蔽相关联的意义上，海德格尔称之为持存或持存物（Bestand，或译为指令物）。"它所标识的，无非是为促逼着的解蔽所涉及的一切东西的在场方式。"[②] 也就是说，现代技术的结果不仅是订造的完成，其本身也是"可订造之物"，具有订造/指令其他东西的可能性，譬如现代技术体系中的飞机的根本存在方式，并不是制造厂生产出来的会飞的玩意儿，而是具有运输其他制品的可能性的持存物。所以海德格尔说，现代技术所促逼和订造出的"可订造之物"，必须从这个可订造之物的订造上来理解。这一点可谓与从"用具整体"上理解用具之为用具的看法一脉相承，只不过其存在论根据不再是通过此在通达存在的可能性，而是存在的无蔽状态。

海德格尔接下来就提到，人之所以能把所谓的现实解蔽为持存，并不

---

① 〔德〕马丁·海德格尔：《演讲与论文集》，孙周兴译，第14页。
② 〔德〕马丁·海德格尔：《演讲与论文集》，孙周兴译，第15页。

是人发挥主观能动性的结果，而是人回应了无蔽状态，这是"人所不能支配的"。[①] 无蔽（Unverborgen）是海德格尔对希腊词αλήθεια（aletheia）的翻译，这个翻译贯穿着后期海德格尔对原初意义上的"存在"的追问。为了彻底摆脱哲学/形而上学意义的存在，海德格尔还用本有（Ereignis）[②]、存有（Seyn）等概念提示出一种在后哲学/后形而上学层次上运思的可能性。在《技术的追问》中重述这个思想，不仅是为了说明人对自然的促逼、人将制品解蔽为持存的"能力"都是由无蔽规定的，而且要指出，在现代技术中，人尽管也是持存物（比如作为人力资源），却不像人的制品那样是一种"纯粹的持存物"，因为"人比自然能量更原始地受到了促逼"。"更原始地"，按照海德格尔的边注，指的是"更本真地归于本有"。[③] 也就是说，人比自然能量更本真地归于本有，意味着虽然人和自然同为无蔽所支配，但现阶段只有人具有对人或自然进行解蔽的"能力"，而且这种解蔽能力总是占用着人。

所以，现代技术对自然的促逼，从根本上看并不是人对自然的促逼，而是作为一种解蔽方式的现代技术本身对自然的促逼。当然，这种解蔽方式必须通过人来实现，但人只是其中的一个可能性条件。人对自然的促逼，首先取决于现代技术对人的"促逼"；持存物的解蔽，从根本上看是现代技术对自身的解蔽，而不是人对现代技术的解蔽。用海德格尔的话来说，现代技术的促逼就是集置（das Ge-Stell，或译为"框架""座架""指构"），就是"把人聚集起来、使之去订造作为持存物的自行解蔽者的要求"。[④] 接下来，海德格尔对"集置"进行了进一步的论述。

首先，集置在现代技术之本质中起支配作用，但它并不是技术因素，

---

① 〔德〕马丁·海德格尔：《演讲与论文集》，孙周兴译，第16页。
② Ereignis是德文常用词，意为事件，海德格尔将之拆为Er-eignis，字面上可翻译为"将……变为属己"，或"属己性"。不同学者为了显示这个词的丰富含义，提出了各种各样的译法，除了笔者所引孙周兴译本中的"大道"或"本有"，还有"归属事件"（项退结）、"共现"（沈清松）、"缘构发生"（张祥龙）、"本成"（倪梁康）、"统化"（张汝伦）、"成己"（邓晓芒），陈嘉映则通常在行文中直接保持德文原文，他们的理由在此就不一一阐述了。本书为保持与引文一致，采用本有的译法。
③ 〔德〕马丁·海德格尔：《演讲与论文集》，孙周兴译，第17页。
④ 〔德〕马丁·海德格尔：《演讲与论文集》，孙周兴译，第18页。

与传动杆、零配件、技术工作等并不是一个层面的东西。原因如前所述，技术工作等只是存在者层面的对集置之促逼的回应，集置中发生着的无蔽状态则是本有，是存在意义上的，"现代技术的工作依此无蔽状态而把现实事物揭示为持存物"。① 所以，《技术的追问》开头提到的两种对技术的"正确"的看法（人类的行为；合目的的手段）并不能规定技术的本质。

其次，现代物理学的自然理论是集置的开路先锋。虽然从时间上看，现代自然科学理论的出现要早于现代技术，但集置早已在物理学中起支配作用了。这是因为无蔽的二重性——作为"澄明"的"无蔽"并不是毫无掩盖，它意味着解蔽，也意味着遮蔽（Verbergen）——"一切本质性的东西，不光是现代技术的本质性的东西，到处都最长久地保持着遮蔽"。② 遮蔽和解蔽是二重性关系，而不是矛盾对立的关系，现代技术的遮蔽性在于，集置成了唯一一种解蔽方式，从而封闭了其他解蔽方式的可能性，这样一来，自然科学也像人一样，臣服于集置的支配之下。

以上，可以说是完成了对现代技术之本质的规定，但这还只是整篇文章的前三分之二部分，海德格尔的追问还没有停止。在一般人看来，这似乎有些不可思议，既然得出了技术和现代技术的本质，岂不是已经回答完了文章开始提出的问题？海德格尔却说：

> 我们追问技术，是为了揭示我们与技术之本质的关系。现代技术之本质显示于我们称之为集置的东西中。可是，仅仅指明这一点，还绝不是对技术之问题的回答——如果回答意味着：回应、应合于我们所追问的东西的本质。③

"应合于我们所追问的东西的本质"，就是应合于集置，那么应合于集置又是什么意思呢？首先，通过前三分之二的追问，我们已经得出了，我

① 〔德〕马丁·海德格尔：《演讲与论文集》，孙周兴译，第 20 页。
② 〔德〕马丁·海德格尔：《演讲与论文集》，孙周兴译，第 21 页。关于无蔽之二重性，参见孙周兴《非推论的思想还能叫哲学吗？——海德格尔与后哲学的思想前景》，《社会科学战线》2010 年第 9 期。
③ 〔德〕马丁·海德格尔：《演讲与论文集》，孙周兴译，第 23 页。

们总是处于技术的本质——解蔽之中，因此集置这个本质，并不是通过人对技术的认识而得到的新的知识，而是这个"知识"本来就在集置之中，这样看来，仿佛一切都已经在技术的掌握之中了，技术对人的控制成了时代的命运，一些（或许是大多数）社会学或传播学者也正是在这个意义上理解海德格尔的技术观（如叶启政认为集置意味着科技的结构强制特质①）。

但是海德格尔在最后部分明确指出，集置归属于解蔽之命运，这个命运并不是流俗意义上的"时代命运"，指的并不是"某个无可更改的事件的不可回避性"。②之所以把海德格尔误解为悲观主义、宿命论、技术决定论等，按照海德格尔的思路，恰恰是因为人们只想着追问到技术的本质就可以万事大吉了，而没有深思集置之为集置本身是什么，没有这进一步的深思，对技术的追问也就不够彻底。正是因为集置对技术的概括还不够彻底，海德格尔指出，我们得出的这个"本质"（Wesen）还不够深刻。因为这个"本质"和《技术的追问》开头所提到的、人类学意义上的"本质"是一个意思，我们顺着"本质"追问到的，最终只是流俗意义上的"本质"，即形而上学意义上的某物所是的那个什么。我们在这个"本质"中，只看到技术对人和自然的促逼，而看不到其他可能性。可实际上，我们必然是在技术所在的那个无蔽的、真理的领域向我们敞开的条件下，才能看到这个"本质"，也就是说，技术不可能让人看不到其他可能性。

那么为什么说集置并不意味着对人乃至其他一切存在者的宰制呢？这是因为现代技术只是一种解蔽方式而已，是属于无蔽领域的一种可能性而已，尽管它压抑了其他可能性而仿佛无所不能，但在存在论意义上，现代技术绝无可能完全压抑其他可能性。

尽管集置特有的"促逼"特征已使其他解蔽方式的展露变得极其困难，但正是这微小的可能性，意味着救赎（retten）的可能。这层意思，海德格尔以"命运"（Geschick）统摄之。命运这个说法颇具神秘色彩，也

---

① 叶启政：《现代人的天命——科技、消费与文化的搓揉摩荡》，台湾群学出版有限公司，2005。

② 〔德〕马丁·海德格尔：《演讲与论文集》，孙周兴译，第25页。

不妨说是神秘主义，但需要注意的是，这并不是什么文学式的想象，而是一种包括了现实关怀在内的终极关怀。他给出的救赎之道立基于存在的可能性，而不是像人本主义哲学那样最后求救于绝对精神或先验能力。我们接下来就看一看，海德格尔如何从命运中看到了救赎的可能性，这种可能性究竟是什么。

命运意味着"存在者的无蔽状态总是走上一条解蔽的道路"，而包括技术在内的解蔽又都有遮蔽或"危险"（Gefahr）的一面。[①] 更简单地说，解蔽—遮蔽，危险—救赎是存在本身的固有属性，即二重性，不能从字面上望文生义。以现代技术来说，危险在存在者层面就体现在：人要么认为自己是技术的掌控者，技术的危害只不过是使用技术不当造成的；要么认为技术支配了人类，从而陷入悲观。这两种对技术的误解，都是由于人忘记了自己本来就在无蔽领域之中，本来就是"自由"（Freiheit）的。海德格尔所谓的自由，并不是心理学或自由意志意义上的自由：

> 自由乃是澄明着遮蔽起来的东西，在这种东西的澄明（Lichtung）中，才有那种面纱的飘动，此面纱掩蔽着一切真理的本质现身之物，并且让面纱作为掩蔽着的面纱而显现出来。自由乃是那种一向给一种解蔽指点其道路的命运之领域。[②]

这段话初看起来颇有故弄玄虚的意味，何谓"澄明着遮蔽"（lichtend Verbergende）？何谓"面纱"（Schleier）？很难以常理测度。事实上这句话正体现了贯穿于后期海德格尔的无蔽之二重性思想，早在《论真理的本质》[③] 一文中，海德格尔就对无蔽之二重性与自由的关系有过阐述。在这段话中，自由首先是应和着澄明着的无蔽意义上的自由，也恰恰是这个自由，对无蔽来说又意味着局限性：存在者无法把握整体性的敞开，总是必

---

① 〔德〕马丁·海德格尔：《演讲与论文集》，孙周兴译，第24页。
② 〔德〕马丁·海德格尔：《演讲与论文集》，孙周兴译，第25页。
③ 作于1930年，收录于《路标》。中译本见〔德〕海德格尔《路标》，孙周兴译，商务印书馆，2000。

须从一个侧面片面地揭示事物，所以无蔽也意味着对存在者整体的遮蔽。简言之，自由既是澄明的，又是遮蔽的。那么"面纱"，一方面指的是存在者无法从整体上把握无蔽，真理的本质必然始终被一层"面纱"掩蔽着；另一方面，正因为存在者无法从整体上把握无蔽，所以存在者的存在方式就是解蔽，必须始终透过"面纱"看世界。将这两个层面合而观之，就是海德格尔意义上的"面纱""自由"。

对于现代技术，作为命运之领域的自由，一方面，保证了我们能看到现代技术的本质乃是集置，且集置是所有解蔽方式中最危险的一种——"不再让集置作为一种解蔽显露出来"。① 另一方面，也让我们看到："但哪里有危险，哪里也生救渡。"② 救赎就植根并发育于集置之中，我们必须再度追问集置才能使救赎显露出来。如果说"本质"真有什么本质的话，那么它的本质乃是不断追问，因为解蔽的命运属于自由的开放领域，也正是在不断追问中，"进入救渡的道路便愈明亮得开始闪烁"。③

通过海德格尔特有的词源学考察，他进一步说明，集置中生长的救赎之可能升起，乃是本有的允诺（Gewähren）。不过救赎是否真的能够升起，一方面必然和人的参与相关，另一方面并不单纯地由人所控。当然，人毕竟在这开放的命运之域中占有特殊地位，因为人能够向命运发问：是不是有一种比技术"更原初地被允诺的解蔽"，能生救赎？④

海德格尔发现，"技术"源于古希腊的 τέχνη（技艺），是"把真带入美之中的产出"。⑤ 虽然我们无法得知这是否是命运从一开始给我们许下的救赎之允诺，但至少是一条可能的道路。不过，任何可能的道路都不能取代"追问之态"，实际上也根本无法取代，因为命运/本有的允诺需要"思之虔诚"（即追问，追问是对思想本身的顺从）才能显现。

---

① 〔德〕马丁·海德格尔：《演讲与论文集》，孙周兴译，第27页。
② 海德格尔引用荷尔德林的诗句，该句诗的德文为：Wo Aber Gefahr ist, wächst das Rettende auch. 救渡也可译为救赎、拯救、解救。见〔德〕马丁·海德格尔《演讲与论文集》，孙周兴译，第28页。
③ 〔德〕马丁·海德格尔：《演讲与论文集》，孙周兴译，第37页。
④ 〔德〕马丁·海德格尔：《演讲与论文集》，孙周兴译，第35页。
⑤ 〔德〕马丁·海德格尔：《演讲与论文集》，孙周兴译，第35页。

通过以上梳理我们不难发现，如果真的想要在存在论的意义上谈媒介、技术乃至现代技术的本质，必须格外注意这些概念之间的层次和差异，不能像《海德格尔与媒介》一样，将这些概念无条件地混用。尤其不能把媒介这一概念看作语言、艺术、技术、技艺等概念的简单相加，这样一来，就忽视了它们在真理运动过程中的特殊性，如果要把它们说成媒介的话，那么每种媒介都有特殊的存在论意义；通过不同的存在论化的媒介，可以开显出不同的超越阻隔、通达本有的过程。

通观全篇，我们可以知道，海德格尔把救赎寄希望于技艺和追问，并不是一种意见或建议。它的现实意义恰恰在于，在存在论上论证了，用思想和技艺矫现代技术之弊不仅不是一种主观的浪漫想象，反而是有根据的、合理的现实——最可能开显出通达存在本身的过程。海德格尔的终极关怀在于，无论我们如何看待技术、媒介或是什么别的东西，都不能从人本身或技术本身出发，而是要从万物与本有的关系出发洞察万物的存在方式。当然不可否认的是，这种"洞察"颇有只可意会不可言传的意味，但这并不是不思或不说的理由。庄子以"谬悠之说，荒唐之言，无端崖之辞"所表达的思想，极大地渗透了后世的日常，或许足以说明道说的力量。

以上从对《海德格尔与媒介》的两点疑问出发，带出了海德格尔的技术存在论思想。总之，我们先要承认，把海德格尔的一些概念提炼出来作为分析工具的解读方式，对于经验研究颇有帮助。但是，我们也必须指出，不顾海德格尔前后期思想之连贯性，也会在某种程度上过滤掉他思想的精华。我们不难注意到，《海德格尔与媒介》其实是把语言、用具、技术等概念统归于"媒介"，并对这些个别的"媒介"进行解读，说这些个别的东西可以用"在中间起调节作用的媒介"归纳。这样不仅不会增加新的知识，而且无助于深入分析这些个别的东西在存在论上的特性。

再以《海德格尔与媒介》第一章所讨论的语言为例，海德格尔对语言的探讨，始终与对人通达存在之可能性的探讨联系在一起，探讨语言诚然像《海德格尔与媒介》第一章所认识到的那样：并不能把语言当作一个外在于我们的对象来把握，而应该把它当作中介着我们的生存的媒介。然而海德格尔显然不是仅仅把语言当作诸多媒介中的一种，而是强调它在人通达存在过程中的特殊地位——只要把我们"带到语言之本质的位置那里",就是"聚集入大道（Ereignis）之中"。① 海德格尔改写诗句道：语言破碎处，无物存在。为何只有语言同存在有这般关系？语言能否用其他可以名之为媒介的东西替换？这些才是值得更深入地探讨的话题。

体验之真不仅指把媒介体验为透明之物从而获得具身体验，更在于在多媒介性中体验到真诚性，从而超越媒介之隔。前者在许多生活场景中都有表现，后者更多在电影艺术、游戏艺术中获得。但是，体验之真也许并不能完全等于存在之真。

在游戏中，通过手、眼睛、耳朵等感觉器官与键盘、屏幕和音效的连接，"我"得以进入游戏世界。电子游戏世界首先在空间方面展现出轮廓，"我"在游戏空间中的行动，通过手在鼠标或键盘上的行动呈现给"我"的视觉和听觉。电子媒介似乎切断了"我"的身体与周围空间的联系，并通过手、眼、耳等感觉器官与媒介物的互动，与另一个世界建立了联系；"我"的整个身体静止不动，而电子游戏赛博空间中的自我却在自由驰骋。但是，物质世界虽然首先呈现为空间，它在作为生成体验的源始可能性条件时，却是时间性的。"我"的游戏体验不仅涉及现在的游戏空间，还涉及"我"在过去所处的空间，甚至涉及"我"在将来所处的空间。所有这些空间共同构成了唯一的时间波浪，"我"的意识之流随着这条时间波浪不断穿梭于各个空间，体现为"我"当下此刻的体验。② 即使"我"没有想到过去，也没有想到将来，"我"实际上已处于过去和将来之中，因为时间性乃是"我"的身体存在的境域，"我"的身体带有过去的记忆，同时带有向未来展开的可能性。

"我"在游戏时的视觉、听觉、触觉乃至身体的整个运动，不只是由客观的电子游戏赛博空间所促成的。客观空间只不过是体验的外壳，身体所真正存在的空间，乃是叠加了诸多空间的源始空间。经验研究发现，游戏者在报告时，往往把游戏内容、现实生活乃至自身期待混沌地交织在一

① 〔德〕海德格尔：《在通向语言的途中》，孙周兴译，第2页。
② 〔法〕莫里斯·梅洛－庞蒂：《知觉现象学》，2001，第418页。

起，而这正是由于身体展开于源始空间，展开于身体所存在的时间性。

　　总之，游戏者的体验不仅联系于鼠标、键盘、屏幕、游戏规则、共同游戏者，也联系于房间、家庭、社会规范乃至宇宙万有。"我"的知觉中呈现的绝不可能仅仅是游戏本身，当"我"在游戏时，游戏时刻被"我"内在地重新把握，被"我"的身体重新体验，因为"我"存在于万有关系中的世界（用海德格尔的术语来讲就是在世存在），而游戏体验的世界只不过是这关系世界的一部分。①

　　坚持对存在本身进行追问，也许能够超越体验之真的局限，打开更多的可能性。海德格尔以诗意的方式开显各种特殊媒介（语言、壶、现代技术等）对于通达本有的特殊存在意义，基特勒沿着这条道路，提示我们文化技艺、技术性媒介和计算机中的物理学、数学、信息学，亦是通往本有不可忽视的方面。

　　存在论层面的探讨，有助于我们理解，人们的存在方式始终与媒介的演进相连；如何表达和推演思想，实际上与媒介提供的可能性条件密切相关。这便是下一章的主题。

---

① 刘玲、于成、孙希洋：《电子游戏中的自我——基于 ESM 方法的个案分析》，《自然辩证法通讯》2020 年第 1 期。

| 第六章 |

存在论化的媒介与思想的关系

笔者在第二章第一节提到，基特勒认为，巴门尼德、亚里士多德等古希腊思想家的存在论中没有媒介（中间状态）的位置，媒介的观念基本上仅在科学猜想的认识论层面有所展现。通过对存在历史（Seinsgeschichte）的考察，基特勒断定，媒介在存在论中的消隐从亚里士多德一直延续到海德格尔，之所以如此，是因为哲学（形而上学）的"缺陷"。除了亚里士多德以外，他还在《走向媒介存在论》（Towards an Ontology of Media）中简要讨论了托马斯·阿奎那、笛卡尔、费希特和黑格尔等对媒介的忽略，以佐证"媒介消隐"的判断。正像基特勒所标明的那样，媒介在哲学中的消隐，与海德格尔所谓的存在历史的图景有关。

第一节　存在论化的媒介

基特勒的诠释者在论及基特勒的媒介史书写时，似乎把"存在历史"当作不用再加以说明的概念在用。当然，这也许和基特勒本身没有对这个概念进行过多解释有关。而正因为没有过多解释，所以可以假设他是在海德格尔的意义上使用这个概念，至少在《走向媒介存在论》一文中，基特勒就使用了"按照海德格尔的术语"（in Heidegger's term）、"接续海德格尔"（following Heidegger）等字眼。可见，基特勒没有展开的这个概念其实大有文章，他也许是把海德格尔关于存在历史的思想当作定论在用。如果是这样的话，不知道海德格尔的存在历史课题的重要意义，就无法领会其媒介史"怪论"背后的存在论层次的思考。

在后期海德格尔看来，哲学、形而上学、本体论等的历史都是柏拉图主义的历史，是思想"堕落"之后的思想的历史，马克思、尼采等人对此已有所认识，并对哲学的终结做出了贡献。到了海德格尔的时代，哲学已然完成了它的历史使命，它的终结"显示为一个科学技术世界以及相应于这个世界的社会秩序的可控制的设置的胜利"。①

哲学虽然终结，但思想并没有终结，哲学之终结又"意味着植根于西方—欧洲思维的世界文明之开端"。所谓"植根于西方"，指的是植根于前形而上学的早期希腊思想，所谓"开端"，指的是开启了后形而上学的当代思想。前哲学、哲学和后哲学的思想史，就是海德格尔所谓的存在历史。②

这个分期，并不是简单的历史学（Historie）意义上的分期，而是超越了仅仅在存在者层面运思的形而上学、思考存在本身的结果。要思考存在本身，不能靠形而上学，更不能靠主观臆断，那么剩下的方法就只有"重演"（wieder-holen）前形而上学存在之思的经验。巴门尼德和赫拉克利特，就是前形而上学思想家的代表。需要注意的是，"重演"固然需要考证思想家对存在意义问题的思考，更重要的是，在古希腊思想家的基础上超越古希腊，进而通达未曾被早期思想家道说（Sage）出的本有：

> 所谓"更开端性地"（anfänglicher）、"更源始地"（ursprünglicher）或"更具有思之特质地"（denkender）思想，并不是标榜他对早期思想作了更好的解释。海氏的本意是要揭示早期思想家"未曾道说出来的东西"（Ungesagetes），而不是局限于思想家"已经说出的东西"，对之作一番考证、注解。"未曾道说出来的东西"只可能在思想历史中发生，而不是在解经学或语文学或历史学中。③

----

① 〔德〕海德格尔：《面向思的事情》，陈小文、孙周兴译，商务印书馆，1996，第61页。
② 孙周兴：《说不可说之神秘——海德格尔后期思想研究》，上海三联书店，1994，第78页。
③ 孙周兴：《说不可说之神秘——海德格尔后期思想研究》，第80页。

这个"未曾道说出来的东西",就蕴含着另一个"开端"(后形而上学)的可能性。开启另一个开端的任务,就"隐而不显地留给了思想"。[①]海德格尔对存在的意义问题的追问、对存在历史的考察,甚至可以说海德格尔的所有思考,都是在尝试这个思的任务。

这个思的任务,为通常被冠以后结构主义、后现代等名号的思想家继承下来,所以也影响(甚至可以说划定)了基特勒媒介研究的视界。彼得斯的媒介理论著作《奇云》[②]显然也受此影响或划定。在他的笔下,不仅一切与技术相关的思想都可以纳入媒介学的范围,而且非人类创造的东西也被纳入,所谓元素型媒介、后勤保障媒介等就是其中代表。从观念史上看,这样的概念扩张也许并非媒介学者的一厢情愿,而是媒介存在论化的必然结果。

那么媒介与这个任务有何关联?海德格尔说得很明白,对"思之任务有所洞见的尝试,都不免依赖于对整个哲学史的回溯;不待如此,这种尝试甚至必得去思那种赋哲学以一个可能历史的东西的历史性"。[③]在基特勒笔下,对媒介与哲学关系的历史回溯,探讨的正是媒介对哲学家之思的可能的影响,媒介正是"赋哲学以一个可能历史的东西",联系上文海德格尔对存在历史课题之重要性的论证,这个东西的历史性的重要性就不言而喻了。如果说海德格尔从人对语言、艺术、技术等与存在密切关联的事物之本质的追问入手,来通达存在的源始意义,那么基特勒则顺着这个思路,从各种媒介(尤其是其数学和物理的一面)着手走向存在论。从这个意义上看,基特勒的媒介概念显然不是把海德格尔意义上的语言、技术等概念纳入媒介概念之下,而是兼顾媒介的个性和它们之间的关联性。那么,基特勒的媒介观[④]有什么独到之处,是海德格尔没有论及的吗?

首先需指出,在我们试图从根本上对基特勒进行定位时,我们很难达

---

① 〔德〕海德格尔:《面向思的事情》,陈小文、孙周兴译,第 62 页。
② John D. Peters, *The Marvelous Clouds*: *Toward a Philosophy of Elemental Media*, Chicago, IL: University of Chicago Press, 2015.
③ 〔德〕海德格尔:《面向思的事情》,陈小文、孙周兴译,第 62 页。
④ 本节有关基特勒的讨论另见本人的论文《看指不看月——〈留声机、电影、打字机〉方法论线索》,《传播研究与实践》2019 年第 2 期。

成共识。对基特勒的诠释，有难以调和的左派和右派之别，左派以席格特（Bernhard Siegert）、魏斯曼（Cornelia Vismann）和克拉耶夫斯基（Markus Krajewski）为代表，将基特勒极端的反诠释学立场改造为相对温和的后诠释学①取径，将实践和有限的人类能动性拉回德国媒介理论的视野中，这种对基特勒的激进式解读恐怕是基特勒无法认同的；右派以恩斯特为代表，主张基特勒根本不在乎人的元素（human element），一些学者认为这更符合基特勒的本意。② 笔者认为，左派右派之分，应当是合理的，但说右派比左派更符合基特勒的本意，恐怕并不尽然。一方面，基特勒的文本为后人的诠释留下了巨大的回旋空间，左派与右派的对立其实是左派学者建构出来的，任何一个诠释者恐怕都难以做到完全客观。另一方面，基特勒难道真的没有为人留下余地吗？媒介的作用，难道不是在技术实践中生成的吗？

本书的立场更倾向于左派基特勒的诠释。笔者认为，基特勒对媒介的基本规定一直延续其"话语系统"概念："使得特定文化得以选择、储存和处理相关资料的技术与制度的网络。"③ 这个规定看起来没有什么稀奇，很像是他所看重的信息论传播模式的翻版。但他显然不是在信息科学的意义上使用"网络"的概念，而更类似海德格尔所谓的处于相关性中的用具（Zeug）——体现为在用具整体中被使用的某种用具，譬如电视只有在与客厅、灯光、闭路线等用具共处于观看目的的相关系统（Verweisung）中而彼此相关时，才成为用具。用具概念与基特勒媒介概念的相关性，可以从《走向媒介存在论》中寻得蛛丝马迹。基特勒在这篇文章中断言，哲学界直到海德格尔才在存在论中"再发现"了被忽视已久的媒介，他提出的第一理由是：《存在与时间》已经将眼睛、电话等日常媒介的不引人注目

---

① 后诠释批评与基特勒媒介研究的关系，参见徐生权《意义之外：后诠释批评与基特勒媒介研究的奠基》，《新闻界》2020 年第 9 期。

② Geoffrey Winthrop-Young, "Cultural Techniques: Preliminary Remarks," *Theory, Culture & Society*, Vol. 30, No. 6 (2013).

③ Friedrich A. Kittler, *Aufschreibesysteme 1800/1900*, München: Wilhelm Fink Verlag, 1985, p. 501.

性主题化了。[①]

"不引人注目性"出自《存在与时间》第十六节提出的"引人注目性"概念，在这一节中，海德格尔分析了三种有缺陷的实践样式：引人注目性（Auffälligkeit；conspicuousness）、急迫性（Aufdringlichkeit；obtrusiveness）和碍事性（Aufsässigkeit；obstinacy）。不合用的东西会引人注目，缺乏的东西会突显需要这个东西的急迫性，能用但一时用不上的东西有时会很碍事。在这三个有缺陷的实践样式中，用具或是没有上到手头，或是以一种别扭的形式上到手头，总之是以现成之物（das Vorhandene）的状态存在。

海德格尔认为，用具之上手性（Zuhandenheit des Zeugs）相比于其现成性，更具有存在论上的优先性，现成性只是在手性的一种特殊的存在方式。这个论断所要强调的是，并不能只是从负面的意义上理解现成性的缺陷，它的积极意义在于，让我们对用具之为用具的相关系统有更透彻的把握。譬如电视不显示图像了，我们不会直接认定是电视坏了，而会去看是不是停电了、闭路线有没有插好等。这些日常生活中的缺陷让我们理解到，用具并不总是在手之物，当用具不在手时，我们也就不再能从实践上直观地把握用具，要把握它，必须理论地、抽象地把握它。这时候，用具就从其相关系统中割裂出来，成为认识的对象。所以，基特勒提醒我们注意"媒介的不引人注目性"，应当指的是：媒介首先是一种由相关系统组建起来的不引人注目的用具，其次才是可予以理论认识的对象。但是，正如本书第五章所述，以上手性规定用具，其实还是在存在者层面讨论用具的普遍特性，上手性似乎构成了由存在者到存在论的普遍跳板，这就忽略了个别用具特殊的存在论意义；事实上，利用用具的上手性来弥合存在者与存在论之间的断裂是不合适的，因为存在者本身就是存在论化的存在者，根本没有必要在二者之间架设一个桥梁式的普通特性。海德格尔其实在《存在与时间》中已经意识到了这一点。

---

① Friedrich A. Kittler, "Towards an Ontology of Media," *Theory*, *Culture & Society*, Vol. 15, No. 2‑3（2009）.

在《存在与时间》第十七节，海德格尔进一步讨论了相关系统和标记（Zeichen）①。我们之所以也要讨论到这一步，一方面是因为海德格尔区分相关系统和标记，有反对符号学将标记或符号看作事物的基本存在方式的意涵，而基特勒采纳海德格尔的"用具观"，很可能也有这方面的考虑。另一方面，也更重要的是，在这段讨论中，海德格尔意识到了符号这一用具的特殊性，揭示了它特殊的存在论意义。

符号学的一个基本观点是，能指和所指之间的关系是任意的、约定俗成的，意义的获致，有赖于我们对能指与所指的关系达成共识。可是在海德格尔看来，约定俗成或达成共识并不是毫无根基的任意为之，而是由相关系统去规定或构成。海德格尔以当时机动车上的红色指向标说明这一点：

> 新近在机动车上安装了一种可旋转的红色指向标，它的位置每次都（例如在十字路口）显示车要往哪条路上开。指向目标位置是由司机来调整的。这种标志是一种用具，它不仅仅在司机的操劳活动（驾驶）中是上手的。并不同车的人，而且恰恰是这些人，利用着这种用具，其方式就是闪避到相应的一边，或者站住不动。这个标志在交通工具和交通管理用具的联络整体中都是世内上手的。作为一种用具，这一显示用具是通过相关系统组建起来的。它具有"为了作"的性质，具有确定的效用。它的存在就是为了进行显示。我们可以把标志的这种显示把握为"相关系统"。但这时需得注意：作为"显示"的这个"相关系统"并不标明这种用具的存在论结构。②

很明显，作为"显示"的"相关系统"就是我们通常所说的符号。它是一种特殊的用具，因为它能把用具的用处显示出来，比如"电视"就显

---

① 陈嘉映、王庆节译为"指引"和"标志"，这里采纳张汝伦的翻译。参见张汝伦《〈存在与时间〉释义》，上海人民出版社，2014。

② 〔德〕马丁·海德格尔：《存在与时间》（修订译本），陈嘉映、王庆节译，第91—92页。原译文中的"指引"替换为"相关系统"。

示为一个由电驱动的能看的东西。把用处显示出来，也就把这个东西同与这个东西有关的东西关联起来，比如电、电缆、发电厂、电视制造厂、电视台，等等。从这个意义上说，符号乃是意义的"相关系统"，符号学就是从这个层面来理解符号对人之为人的规定的——人必须在符号所显示的"相关系统"中才成为人。

然而，海德格尔在这段话中显然有意区分了带引号的"相关系统"和不带引号的相关系统。为什么如此呢？海德格尔说得也很明白，相关系统表明用具的存在论结构，是存在论层次上的概念，"相关系统"则是存在者层次上的概念。之所以这么讲，是因为符号虽然是一种特殊的用具，但毕竟还是用具，它的存在必须由相关系统提供可能性，而不只是由主体规定。在海德格尔的例子中，红色指向标之所以起作用，并不是因为人们首先把意义赋在指向标上，然后人们通过这个共同承认的意义行事；而是因为，人们首先处于相关系统所提供的意义之中，才能够发现作为在手之物的红色指向标。可见，相关系统虽然不像符号所显示的"相关系统"那样，可以被直接道出（比如罗兰·巴特所道出的两个层次的符号系统），却反而比"相关系统"更切近我们的存在，因为符号只显示存在者之间的关系，而相关系统则是有待在存在者层次展开的存在论结构。

有些人可能会举出人类学中的反例加以反驳：在原始人那里，对某物的命名难道不是随意的吗？从存在者层次看，确实如此。但从存在论上看，"标志不仅在替代的意义上能够代表所指的东西。而且标志本身其实始终就是所指的东西"。[①] 也就是说，原始人对某物的命名不仅不是任意的，而且是始终处于由人与其所打交道的物之间的关系所规定的可能性的范围内。甚至可以猜想，原始人对每个东西的初次命名都是经过充分考虑的，因为需要用它来揭示这个东西的用处；一旦"命名失误"，就无法顺利地上手。当然海德格尔的重点不在于用存在论解决人类学问题，他所强调的无非是，即使没有赋予某个东西符号，也不妨碍人对这个东西在某种程度上的领会，人之为人的先决条件是对事物之存在的领会、对相关系统

---

① 〔德〕马丁·海德格尔：《存在与时间》（修订译本），陈嘉映、王庆节译，第96页。着重号为原译文所有，下同。

的把握，而不是对符号的共识。

延续海德格尔，笔者把基特勒的媒介诠释为存在论化的特定技术关联体，之所以强调技术关联体而不强调符号，就是因为特定技术关联体是比符号更一般、更具基础地位的用具，它直接对应的是不带引号的相关系统，对应的是人与万物打交道过程中对存在的先行领会。这种先行领会（将用具领会为存在论化的技术关联体）是如此的理所当然、不费吹灰之力，乃至后来人完全忽略了技术关联体在存在论结构中的重要性。接下来我们就来探讨，技术关联体的基础性地位到底体现在哪里。

用技术关联体诠释基特勒的媒介观，可以说明基特勒的媒介概念与麦克卢汉式的媒介定义完全不同。基特勒的媒介概念完全不涉及"作为媒介的身体（body）"和人类的感知（perception）。[①] 之所以不涉及身体，是因为技术和人是两种不同的东西，人是能够对存在问题发问的存在者，在存在论上具有优先地位，而技术是人与之打交道的存在者。之所以不涉及感知，是因为，基特勒关注的是技术关联体在存在历史中隐而不彰的影响，或者说无意识层面的影响，这种影响更为基础而且不易被察觉。

媒介环境学者对这种无意识层面的影响亦有关注。最著名的就是探讨口语和文字对人类思维的作用，比如他们提出文字、印刷术与人的线性思维相关联，无意中对人类文明的进程产生了重大影响。这个思路，基特勒应该也是认同的。不过，基特勒的重要贡献在于，从信息处理（储存、处理、传递信息）的角度看待特定时期技术关联体的影响，认识到技术关联体本是存在历史自身运动过程之中的基础性部分。比如，文字（特指字母文字）之所以是特定时期技术关联体中的关键技艺，是因为它是一种将时间空间化的注记系统（notation systems），能关联到口语，并把口语作为一种声音数据记录（transcribe）下来；另外，它还能作为音乐符号和数学符号来使用。总之，它是所谓技术性媒介（technical media，如留声机、电影、打字机）出现之前最强大的、终极的数据储存、处理和传递系统，能把在时间序列中转瞬即逝的声音，空间化为可随意排列的数据。从这个技

---

① Sybille Krämer, "The Cultural Techniques of Time Axis Manipulation: On Friedrich Kittler's Conception of Media," *Theory, Culture & Society*, Vol. 23, No. 7 – 8 (2006).

术关联和信息处理的角度展开媒介史叙述，不仅能够看到不同时期技术关联体之间的重大断裂与差异，而且能够在相当程度上揭示，技术关联体在存在历史中起到的基础性作用：提供领会存在、表达话语和思想的可能性框架。

在《话语系统 1800/1900》[①] 中，技术关联体对人对存在的领会的作用体现在：特定技术关联体生成特定"话语系统"。在 1800 年前后，读写技艺的系统性变化，为人们将世界把握为"精神"（Geist，尤其体现在黑格尔哲学）提供了可能性，从而塑造了话语系统 1800（详见附录文章《读写教学法的变革与德语区话语系统 1800 的生成》）；在 1900 年前后，出现了能从声、光等各个角度再现世界的技术性媒介，人们不再需要把口语加工成文字，也不再需要对万物进行哲学上的分门别类并用某个范畴统一起来，世界破碎了，单一的神圣真理瓦解了。总之，技术关联体的变动与存在历史密切相关，这一点为以往大部分思想家所忽略。

《留声机、电影、打字机》[②] 虽然没有过于张扬以技术关联体重新理解存在历史的企图，不过基特勒已然通过大量可互相参证的文献揭示了：技术细节上的任何变动，都可能伴随着新的存在方式的产生。

在全书第一部分"留声机"中，基特勒为我们还原了爱迪生发明留声机的最初细节。首先是可以叫"妈妈""爸爸"的玩偶的发明；其次是威利斯（Willis），他将橡胶舌与齿轮安装在一起，发明了随着齿轮转速变化而发出高低不同声音的机器；再次是韦伯（Wilhelm Weber）发明音叉（tuning fork），他把一根猪鬃系在橡胶舌上，使猪鬃能够把频率曲线刻在烟熏的玻璃上；最后是斯科特（Edouard Leon Scott）的声谱描记法（phonautograph），先用一个喇叭口将进来的声音放大，把它们传送到薄膜上，再利用猪鬃将它们转换到涂满灰尘的圆筒上。看起来留声机的发明是如此简单，"一根钢针、一片锡箔纸或者任何相似的东西，再加上一个铜质圆

---

① Friedrich A. Kittler, *Aufschreibesysteme 1800/1900*, München: Wilhelm Fink Verlag, 1985.
② 见中译本〔德〕基特勒《留声机、电影、打字机》，邢春丽译，复旦大学出版社，2017。

筒，就可以将天堂和人间的所有声音装满储存室"。① 基特勒自己也评论道，作为录音产业的始祖，爱迪生只需将这些发明组合在一起。然而，基特勒最终要提醒我们注意的是，虽然留声机简单到根本无需用任何科学方法合成任何原材料，但它背后的科学因素并不是那么容易就获取的。在亚里士多德、欧几里得和阿基米德那个时代的话语系统中，谁也不可能写下："灵魂是记录声音的笔记本。"② 只有在灵魂转换成神经系统的时代，19 世纪的这个声明才不是痴人说梦。

在全书第二部分"电影"（亦可译为胶卷）中，基特勒首先强调的就是科学因素——作为电影之物质基础的胶卷以及剪辑与拼接的技术过程。基特勒提醒我们，电影制造的连续运动的幻象，实际上是建立在非连续的一个又一个的独立画格的拼接组合之上的。③ 可要追寻连续运动之影像的具体起源，又根本无从下手：

> 哪项发明标志着它的开始呢？是首台将动作引入图片中或屏幕上的设备吗？还是记录物体运动的各个阶段的首次拍摄？或者是在首次将一连串图片快速放映、以营造出运动的效果时，它就已经开始了？再或者，当实验者初次成功地将如此快速闪过的图片投映在墙上，由此诞生一门新艺术时，电影也就同时诞生了？④

以上的种种描述，无外乎是要揭示出：电影的本质其实是对连续运动或线性时间的切割，连续只是幻象。基特勒竟由此引发了对 20 世纪学术史的一番宏论：不仅福柯强调断裂与差异的史学方法论由电影技术先验规定，甚至自弗洛伊德、本雅明及阿多诺以后，理论本身就一直在尝试着乔

---

① 维里耶（Villiers de l'Isle-Adam）语，见〔德〕基特勒《留声机、电影、打字机》，邢春丽译，第 29 页。

② 德尔波夫（Joseph Delboeuf）语，见〔德〕基特勒《留声机、电影、打字机》，邢春丽译，第 30 页。

③ 参见车致新《"想象界"的物质基础——基特勒论电影媒介的幻觉性》，《电影艺术》2018 年第 4 期。

④ 明斯特伯格（Hugo Münsterberg）语，见〔德〕基特勒《留声机、电影、打字机》，邢春丽译，第 135 页。

装后进入电影之中。

在全书最后的"打字机"部分，基特勒继续演绎着将技术细节与宏大叙事相结合的写作风格。他引述海德格尔在《巴门尼德》（*Parmenides*）中的说法：打字机改变了存在与人的关系。我们不禁要问，小小打字机真的具有这么大的威力吗？

第二节　尼采与打字机①

在基特勒看来，手写和打印可视为两种截然不同的技术操作实践，他还经常引用尼采的一句话——"我们的书写工具作用于我们的思想"。这句话很容易被断章取义地理解为技术决定论。事实上，在论及打字机与尼采的关系之前，基特勒直接成段引用了海德格尔在《巴门尼德》中关于手写与打字的论述。鉴于基特勒对海德格尔的论述一字未改，说基特勒把海氏的论述当作分析尼采的思想指导，也许并不过分。

海德格尔认为，本来手与人之为人的标志——词语紧密联系在一起。并不能把动物的爪子当作手的起源。动物根本没有手，因为爪子不会从事解蔽和遮蔽活动。人的手也不会变成爪子，即使是最像爪子的时刻——绝望的手，也不会像爪子一样"乱抓"，因为人通过词语知道抓的意义。

手写保藏着手与词语的本质关联，即解蔽着词语的意义，又把意义遮蔽在笔迹当中。而打字机将书写从词语中撕扯出来。词语不再通过得心应手而来去自如，而是成了"被打出"的东西。在打字机刚进入生活世界不久，人们还能意识到机器打出的东西"斯文扫地"。今天，人们对之习以为常，反而认为手写影响速度。于是，"机器写剥夺了手在被书写的词语领域的地位，将词语降格为一种联络工具。另外，机打稿提供了这样的优势：它将手稿以及性格遮蔽起来。在机打稿中，所有人看起来都

---

① 除直接引自他人的文字外，本节引自本人文章（于成：《打字机、女秘书、计算机与思想的生成》，《读书》2019 年第 2 期；于成：《为德古拉开启的情报网络》，《读书》2021 年第 7 期）的文字，不再一一加注。

是一样"。①

对海德格尔来说，词语与手写的分离，意味着存在与人的关系发生转变。这种转变和究竟多少人使用、是否有人不用打字机毫无关系，事实上，这种转变在人们开始用机器大规模处理词语的最初阶段——印刷革命时就已发生。这时，笔触开始消失不见，词语成了铅字。铅字乃是"被印""被压"。"印""压"的机制一旦侵入词语的领域，机器的胜利就不远了。最终，打字机让人看不到：手写与词语才是最亲密的关联体。

海德格尔把打字机形容为"一朵无征兆的乌云"。② 这个形容与前文分析的面纱意象有异曲同工之妙。乌云意味着遮蔽、阴暗、对无蔽领域的遗忘。无征兆意味着遗忘的突然袭来，使人措手不及地被从无蔽之域拉拽出来。但对于沉思之思来说，要捕捉的恰恰是遮蔽到来的突然性，之所以能捕捉到，是因为"一切变阴暗的活动总是还留下一道光明"。③ 因此，不能完全从负面意义上理解打字机对手写、词语关系的"破坏"，恰恰是这种突然的破坏，使人开始追溯破坏发生的过程，从而思考回到存在、词语、阅读、手和书写的共属一体状态，并对打字机发明以来越发机械化、技术化的世界保持警醒。

尼采的时代，正是海德格尔所谓打字机统治书写的初期阶段。与海德格尔一样，基特勒并不是在强调打字机本身对人类思想之表达的决定作用，而是说打字与写字是两种不同的信息处理方式，是针对语词的不同技艺（解蔽方式）。也正是在这个整体的、系统的意义上，才能说打字机改变了人与存在的关系。所谓改变，并不是时间意义上的、历史学意义上的改变，而是存在论意义上的、由无蔽的二重性所生成的改变。

作为一种早期的现代技术，打字机还比较原始，甚至不如一些古代机械来得复杂，但它作为一种现代解蔽方式，已有某种程度的促逼意味——促逼着人将其作为持存的"中间物"来解蔽。所以海德格尔说在它出现之后，即使我们不用它，它还会对我们的存在方式产生影响（比如要求我们

---

① 〔德〕海德格尔：《巴门尼德》，朱清华译，商务印书馆，2018，第118—119页。
② 〔德〕海德格尔：《巴门尼德》，朱清华译，第125页。
③ 〔德〕海德格尔：《巴门尼德》，朱清华译，第120页。

将它视为可抛弃的和可远离的东西）。尼采就遭遇了这种情况，他的打字机坏掉了。

要细致地揭示打字机坏掉对尼采思想表达的影响，得先从尼采的坏眼神儿说起。根据尼采本人在书信中的描述，他35岁左右的时候，已经到了半盲的地步，以至于想要订购一台专门为盲人设计的打字机，帮助他继续写作。为此，他与哥本哈根的打字机制造者汉森（Malling-Hansen）先生一直保持着联络。1881年，尼采收到了他的第一台打字机。仅仅一年之后，尼采就在信中写道：我们的书写工具作用于我们的思想。

我们设身处地地想一想，尼采在因眼疾不得不放弃写作之际，得以借助打字机重新进行思想的表达，定是十分欣喜的。因此，尼采这句在私人信件中写下的话，恐怕不仅仅是一种理论上的假设，更是使用打字机写作后的真实体验：体验到一种新的书写技术会使自己的思想萌发新生。读者也确实能发现，使用打字机后的尼采，无论在文体风格还是思想表达上，都与之前有明显差异。

当然，小小打字机是否真的改变了大思想家尼采的思想，怕是没人能说得清。不过有一点是肯定的，打字机的普及与人类存在方式的改变是同步的。当我们周遭的机械正常运转的时候，我们可能根本体会不到海德格尔的这个论断；可一旦机器出现问题，我们或多或少会觉察到，我们已经深深地嵌入有机器参与的生存境域当中。在基特勒看来，机器坏掉不仅不意味着打字机之影响的结束，反而引起了自己对尼采及其时代状况的一番宏论。

机器坏掉使得尼采急需寻找打字机的替代品——一个知识水平足以协助他的年轻人。尼采的朋友保尔·李（Paul Rée）便推荐了莎乐美（Salomé）女士，于是有了一段著名的"爱情故事"。基特勒在《留声机、电影、打字机》中不无嘲讽地评论道："文学史上最著名的三角恋（ménage à trois）取代了一个坏掉的打字机。对于心理学家来说，尼采教授、李博士和莎乐美小姐是否、在什么时候、以什么方式上床可能是有趣的问题。我们要优先考虑的问题是，尼采时代的年轻女性为什么能取代尼采的打字机乃至尼采本人认为卓尔不群的几个学生。"①

对于这个问题，按照社会学的一般说法，是因为虽然新技术为女性创造了更多的工作机会，但父权社会对女性的工作类别有着诸多限制。女性必须从事打字员、电报员、女秘书等"技术性工作"，而无法从事所谓的"创造性工作"。也就是说，尼采启用女秘书，并不是尼采自身的癖好，而是恰好赶上了社会转型的风潮——女性大量出现在家庭场所之外并从事工作。总之，在尼采之后的一段时期内，"男作家—女秘书—打字机"构成了一种专门从事思想表达或文学创作的"赛博格"。到这里，我们又遭遇了之前的问题：书写工具能否作用于我们的思想？"男作家—女秘书—打字机"这种新的思想表达机制，究竟能不能，或者说在何种意义上构成了对思想的影响？

关于男性作者、打字机和女秘书之间的关系，文学家亨利·詹姆斯的女秘书鲍桑葵（Theodora Bosanquet）在追忆詹姆斯的书《工作中的詹姆斯》（*Henry James at Work*）中写道，她认为自己所从事的工作是使人心神扰乱（alarming）和神魂颠倒（fascinating）的；她并不认为自己只是负责敲打键盘的工具，而是将自己描述为会紧张甚至迷狂的媒介。她好似古代的灵媒，在打字机上"施展法力"，将口语世界中的声音符号转化为文字世界中视觉符号。②

从思想表达的整个环节上看，无论替代了打字机的莎乐美，还是在打字机上施展魔法的鲍桑葵，都不仅仅是思想形诸文字时可有可无的环节，她们与打字机一道，都是整条思想生成链上必不可少的关键节点。她们并不是思想的传声筒，而是海德格尔所谓的"中间"物（"intermediate" thing），共同参与到思想之生成这套"思想处理系统"之中。据鲍桑葵记载，詹姆斯在创作时，必须听到她敲打雷明顿打字机键盘的声音，还一度因雷明顿打字机送修换成奥利弗打字机而感到十分不自在。在受到海德格

---

① Friedrich A. Kittler, *Gramophone*, *Film*, *Typewriter*, trans. by G. Winthrop-Young, & M. Wutz, Standford, CA: Stanford University Press, 1999, p. 208.

② 苏秋华：《人型书写自动机：从十九世纪魔术和招魂术讨论机器书写之鬼魅性》，《中山人文学报》2017 年第 43 期。

尔很大影响的基特勒看来，由"男作家—女秘书—打字机"构成的新系统，对被手写系统垄断千年之久的西方思想界来说，无疑具有颠覆性的影响。

自古希腊以来，手写字母一直处于技术关联体的中心，是最强大的、终极的信息处理系统，无论听觉、视觉还是触觉信息，都必须首先经过手写，才能得到长久储存并远距离传递。可到了19世纪末，打字机、留声机和胶卷等新的信息处理技术组成新的技术关联体，打破了手写对于信息之记录、处理和传递的垄断；由手写写就的"大书"，不再是思想的唯一记录者。人们不再需要用章节、目录等对写就的内容进行分门别类、总结归纳，世界于是破碎，单一的神圣真理于是瓦解。

打字机、女秘书等存在历史自身中的中间环节的存在，或许让人类第一次认识到，思想的生成并非"我手写我心"这么简单；我们所发明的媒介，确实在作用于我们的思想，只是身在其中的人们还固执地认为：自己才是思想的主宰。在《话语系统1800/1900》中，基特勒已经从技术关联体角度论证了：以打字机为中心的技术关联体介入语言书写过程之后，必然使话语系统产生重大转变。他的理由是，打字机的真正革新之处，并不在于书写速度的提升，而在于符号在空间上的离散排布；打字机让手指在符号与间隔（intervals）之间游走，书写不再是手写，不再是从自然到文化的连续转换，而是成了对空间化的（spatialized）有限符号（就西方文字来说，有限符号指的是每个字母）之选择。"空间化"（spatiality）不仅决定了符号与符号之间的位置关系，而且决定了符号与白纸的关系。如果说手写诉诸眼睛，需要以眼睛测度笔画与笔画之间的距离，那么打字者则都是"盲人"，最终需要用触觉决定白纸上会出现什么痕迹。这样，书写就从观念的表达，变成了表面的铭刻（inscription）。如果说以上用学术术语构织的表述稍显抽象的话，小说《德古拉》（Dracula）则形象地呈现了以打字机为枢纽的技术关联体。

1897年，斯托克（Bram Stoker）出版了自己的第三部小说《德古拉》，其中塑造的吸血鬼德古拉伯爵和以范海辛（Van Helsing）为首的猎杀小组，对后来的文艺创作产生了深远影响。基特勒以反精神分析、身份认同、意识形态等文学批评中的常态解读，认为正义之士对留声机记录、日记、书信、剪报等文字记录的处理和分析，才是故事建构过程中的关键环节：不仅起到了逐渐揭开吸血鬼神秘面纱的作用，而且维系着正义联盟的身份认同。质言之，将个人秘密和相关信息统一转化成文字，并加以整理和流通，构成了猎杀吸血鬼的基础情报。进一步来讲，信息的记录、整合和流通，根本上有赖于媒介之间界限的打破——将各种媒介形式整合为统一的信息记录、处理、传播系统。

小说以当事者的记录呈现整个故事，其中日志（journal）、日记（diary）和书信占了绝大部分，穿插有留声机记录和电报记录。在小说前半部分，这些记录只是生活的散漫记录，但在追踪吸血鬼的过程中，这些零散的记录被收集起来，构成了解吸血鬼的重要情报。也正是在米娜致力于整合记录的时刻，打字机首次在小说中出现了。在看过哈克关于吸血鬼的日志后，米娜意识到直面吸血鬼是她无法逃避的责任，"我应做好准备。就是现在，我应拿起打字机开始誊录（transcribe）"。[①] 也就在此时，打字机成为技术关联体的枢纽，成了各种媒介资料的通用处理器，无论日记、信件中的手写文字，还是报纸上的印刷字，抑或留声机中的声音，都被打字机重新梳理为追踪吸血鬼的情报资料。

为了应对未知的他者，需要建立资料共享的情报网络，把私人记录转化为公共信息。在 19 世纪，日记和日志是私人记录的常见形式。相比之下，书信似乎不那么具有私人性，但从西方媒介史上看，书信一直是进行自我袒露的重要方式。福柯在《自我技术》（Technologies of the Self）一文中指出，自希腊化时代起，书信逐渐取代苏格拉底式的对话，成为主要的修身（self-cultivation）技艺或自我检视（self-examination）技艺。再到后来，书信中自我检讨（self-scrutiny）的成分越来越重，几乎如同向神父忏悔。在小说中，露西与米娜之间的通信可谓巨细靡遗，不仅相互分享隐私，而且进行自我批评。如露西在给米娜的一封信中，不仅披露了自己一天内被三个人求婚的细节，还对自己不得不拒绝两个求婚者感到深深的遗憾和内疚。

---

① Bram Stoker, *Dracula*, San Diego, CA: ICON Group International, 2005, p. 203.

　　除了日记和书信，另一种私人记录方式是对着留声机讲话。普通读者也许不会注意这一细节：西沃德医生在给疯子恩菲尔德看过病之后，往往通过留声机记下自己的思路；在对吸血鬼的调查中，西沃德也喜欢事后用留声机记录发生过的事情。对于当时的人来说，留声机无疑是一种新媒介（爱迪生于 1877 年发明留声机），米娜在搜集情报时在西沃德的书房见到了一台，她在随后的日志中写道："我从未见过这种东西，我对它很感兴趣。"① 值得注意的是，当时的人们似乎并没有意识到直接记录声音的重要意义，只是将记录声音视为记日记，称声音记录为"留声日记"（phonograph diary）。既然是日记，显然也属私人范畴。当米娜提出要听一听记录时，西沃德婉拒道，"我只是用它来记日记，因为它完全、几乎完全是关于我的情况的，所以可能会很尴尬"。然而，当米娜告诉西沃德留声机很可能记录了关于露西之死的关键信息后，留声机记录的私人日记属性就被打破了。面对"我们"之外的他者，西沃德最终公开了自己的"留声日记"，将它们交给了米娜。"留声日记"与其他日记、日志一道，从私人领域进入正义联盟的公共领域；而电报、电话、摄影术、便携式打字机等新技术性媒介，则强化了信息在正义联盟中加工和传递的速度。

　　在"技术性媒介融合"的过程中，媒介的形态已不再重要，重要的是信息本身。《德古拉》无意中呈现了一个类似计算机的信息处理方式：将各种信息转化为统一的表达方式，并以光速传递出去。当然，在《德古拉》中这种统一的表达方式还不可能是 0 和 1，而是打字机处理后的文字；以电报、火车等为物质基础的信息传播网也能力有限。虽然如此，这种以打字机为枢纽的技术关联体，还是为调查和追踪德古拉伯爵提供了足够的可能性。"最终打败德古拉的是被完全动员起来的媒介体系，包括几台留声机、一台柯达照相机以及电话在现代文学中的首次客串出演，对英国邮政系统的大量使用、几个送信的男孩以及一个发端于克里米亚战争的跨大洲电报系统。……吸血鬼在与机械复制的力量对抗时毫无胜算。"② 在远离现代文明的德古拉城堡旁，正义联盟最终成功地猎杀了德古拉伯爵。

---

① Bram Stoker, *Dracula*, San Diego, CA: ICON Group International, 2005, p. 205.
② 〔加〕杰弗里·温斯洛普 - 扬：《基特勒论媒介》，张昱辰译，第 82 页。

总之，海德格尔和基特勒没有仅仅从技术功能的角度理解打字机，而是把打字机存在论化，看到打字机这一特殊用具在技术关联体以及存在历史中发挥的基础性作用，揭示出技术与技术、技术与人的关联性本来就在存在论层面上存在。也就是说，在通往存在之真的路上，恰恰不能通过忽略媒介而超越阻隔，而是需要在充分理解技术关联体的存在意义的基础上超越阻隔。当然，海德格尔更重视技艺的诗性意义，而基特勒更重视技术自身的逻辑。技术逻辑和诗性本是一体之两面，好比莫比乌斯带上的"正面"和"反面"，实际上并无正反之分。

第三节　技术性媒介的终结与哲学的终结

尽管尼采已经在一定程度上捕捉到了书写工具对于思想的影响，但并没有有意识地从存在论层面理解媒介。在海德格尔看来，西方形而上学是遗忘存在的历史，尼采是最后一个形而上学家；在基特勒看来，西方形而上学在遗忘存在的同时也遗忘了媒介，海德格尔是第一个思考媒介与存在之关系的思想家。海德格尔让我们迈出"返回步伐"（der Schritt zurück），在存在历史中重访存在，并开启新的思之视界；基特勒让我们追随海德格尔的步伐，重新发现媒介在存在历史中扮演的重要角色，启发着从媒介通达后形而上学思之视界的思想流派。海德格尔说，后形而上学的任务就是思未曾思的东西；基特勒说，当海德格尔把哲学转换成"思"后，人们开始逐渐有意识地思考技术性媒介（technical media）。以递归性自动机、计算机为代表的新科学的出现，意味着哲学必须转换成思，意味着哲学的终结：

> 在第二次世界大战后，海德格尔将计算机的出现视为哲学终结的事实依据。根据海德格尔的存在历史观，哲学的终结让我们提出这个问题：由亚里士多德发明的哲学逻辑为什么最终导致了其自身的机械化（由图灵、香农等人完成）。
>
> After the Second World War he conceptualized the beginning of com-

puters as the factical end of philosophy itself. This end, however, following Heidegger, makes it all the more necessary to pose (in terms of Seinsge-schichte, history of being) the question of why philosophic logic as invented by Aristotle finally led to its mechanization by Turing, Shannon, and oth-ers. ①

在海德格尔看来，科学本在由哲学开启出来的视界内发展，"科学之发展同时即科学从哲学那里分离出来和科学的独立性的建立"。② 科学的独立性，体现为近现代以来纷纷成立的各种科学学科。诸科学之间越来越显著地相互沟通起来，这就是"哲学的合法的完成"。哲学和科学的关系，好比马克思笔下的资本主义和无产阶级的关系，孕生自资本主义的无产阶级最终是资本主义的掘墓人，而孕生自哲学的科学最终是哲学的终结者。对哲学完成最后一击的科学，在海德格尔看来，就是控制论，因为它可以把所有学科"沟通起来"："自我确立的诸科学将很快被控制论这样一门新的基础科学所规定和操纵。我们并不需要什么先知先觉就能认识到这一点。"③ 哲学逻辑最终成了自动机之递归性逻辑的一部分。哲学虽然终结，但并没有死亡，它不再是科学的科学，而成了科学的附属品。

如果把海德格尔的哲学终结论与基特勒的技术性媒介终结论联系起来，就会更清晰地看到，技术性媒介的终结如何为哲学的终结提供了条件。在基特勒的媒介史中，图灵机及其后的计算机扮演了技术性媒介终结者的角色，渗透在生活各个角落的计算机系统成了一切媒介的媒介（medi-um of all media）。④ 这个唯一的媒介不是留声机、打字机等所有技术性媒介的相加，它本质上已不是技术性媒介，而是一种全新的信息组织方式/技术关联体。在《留声机、电影、打字机》中，基特勒明确提出了媒介史的

① Friedrich A. Kittler, "Towards an Ontology of Media," *Theory, Culture & Society*, Vol. 15, No. 2 - 3 (2009).

② 〔德〕海德格尔：《面向思的事情》，陈小文、孙周兴译，第 60 页。

③ 〔德〕海德格尔：《面向思的事情》，陈小文、孙周兴译，第 60 页。

④ Friedrich A. Kittler, *Optical Media: Berlin lectures 1999*, trans. by A. Enns, Cambridge, UK: Polity Press, 2002, p. 225.

1-3-1 模式。胶卷、留声机和打字机在 1880 年前后打破了书写技术的垄断，使光学（optics）、声学（acoustics）、书写（writing）得以分流（differentiation），之后图灵机又将各种媒介重新汇流为一。

在这个媒介史进程中，我们看到的不仅是老媒介成了新媒介的内容，更看到了信息组织方式的升级，最终计算机终结了媒介的演化，就像口语成了文字的资料一样，一切媒介也成了计算机的资料。当然，要充分理解基特勒的媒介史图示与思想文化变迁之间的关系，还得从古希腊字母表说起（见本书第七章）。这里只是要指出，正像在书写面前口说成了被储存和处理的资料，在比特之洪流的席卷下，无论书写还是声学、光学媒介，都被收编为二进制大军的一部分。如果说文字是二维的，电视、电影是三维的，现实是四维的（加上时间），那么计算机则是无维的。它促逼着人将一切化为比特之流，然后借助软件遮蔽起无维的本质——最初的操作系统是一维的，需要键入指令；苹果的 Mac 率先进入二维图像操作系统时代，一切操作皆可由鼠标的纵横移动完成；虚拟现实、增强现实、混合现实技术更是展现出三维乃至四维的景象，仿佛可以创造新世界。人们似乎已经忘记，计算机"生来就是无维的（dimensionless）"，[1]"无中生有"是技术的促逼，而非由人完全掌控的技术进步。

在亚里士多德的时代，人们将存在领会为形式和质料；在计算机时代，人们将存在领会为指令、地址和数据资料。人与存在的关系和硅固态物理学（silicon solid-state physics）、冯诺依曼体系错综复杂地交织在一起，构成了如今的媒介存在学（ontology of media）；在未来，量子计算机或许还会重塑人与存在的关系。[2] 在这个过程中，人把算法、数据供奉为新的神明，不仅有遗忘存在的危险，更有遗忘对存在之意义的追问的危险，因为思维为数字所占有，正像电子摇滚乐占据了人的大脑。平克·弗洛伊德（Pink Floyd）的音乐尤其能说明问题：

---

[1] Friedrich A. Kittler, *Optical Media: Berlin lectures 1999*, trans. by A. Enns, Cambridge, UK: Polity Press, 2002, p. 228.

[2] Friedrich A. Kittler, "Towards an Ontology of Media," *Theory, Culture & Society*, Vol. 15, No. 2-3 (2009).

当又老又胖的太阳从天空中落下，When that old fat sun in the sky is falling,

夏日傍晚的鸟儿在呼唤。Summer evening birds are calling.

夏日的假期和又一个年头，Summer's Sunday and a year,

我耳中的音乐之声。The sound of music in my ears.

遥远的铃声，Distant bells,

新割下的青草的味道很甜。New mown grass smells so sweet.

在河边手拉着手，By the river holding hands,

把我卷起，让我躺下。Roll me up and lay me down.

如果你看到，不要发声。And if you see, don't make a sound.

从地上起来。Pick your feet up off the ground.

如果你在温暖的夜幕降临时听到 And if you hear as the warm night falls

从某个时间而来的非常奇怪的银色之声，The silver sound from a time so strange,

对我歌唱，对我歌唱。Sing to me, sing to me. ①

当我们听这首歌时，我们也会跟着不发声、从地上起来并倾听夜幕降临的声响，这个未曾听到的声响，就发生在信息技术和脑生理反应的重叠之处。没有人知道哪里发出了银色之声，或许是《又老又胖的太阳》这首歌的歌唱者，或许是歌词中提到的声音，抑或沉默的听者。歌声促逼着人歌唱木曾听到的声响，仿佛是来自大脑深处的呼唤，声学技术和自我意识、传送者和接收者不可思议地结合在一起，一时间没有人能逃脱歌中的请求——"对我歌唱，对我歌唱"。②

在计算机终结了技术性媒介的时代，人脑之思是否也要让位于递归性

---

① 转引自 Friedrich A. Kittler, *Gramophone*, *Film*, *Typewriter*, trans. by G. Winthrop-Young and M. Wutz, Standford, CA: Stanford University Press, 1999, p. 36。原书所引歌词有误，根据唱片歌词修正。

② Friedrich A. Kittler, *Gramophone*, *Film*, *Typewriter*, trans. by G. Winthrop-Young, & M. Wutz, Standford, CA: Stanford University Press, 1999, pp. 36 – 37.

的计算之思？在《银河系漫游指南》(*The Hitchhiker's Guide to the Galaxy*)中，外星人造了一台超级计算机"深思"(Deep Thought)，并问它"生命、宇宙和一切的答案是什么"(the Ultimate Question of Life, the Universe and Everything)？① 计算机用了很长很长的时间给出了答案："42。"于是，对42的追问代替了对生命意义的追问。但是"深思"无法对42给出进一步解释，它说，"只有知道这个终极问题问的到底是什么，才能知道42是什么意思"(once you do know what the question actually is, you'll know what the answer means)②。而要知道这个问题问的到底是什么，就要造一台更厉害的计算机，这个计算机的名字就叫作地球。

对海德格尔来说，这个所谓的终极问题其实就是存在的意义问题，正像理解生命的终极意义必须重演生命的生成——创世，对存在意义的追问最终还是要回到生命本身。"唯当存在之领会这样的东西存在，对存在的意义的追问才是可能的。"③ 也就是说，只有能够领会存在的生命存在，追问才是可能的；至少现阶段只有人有这个能力，人工智能还无法问、更无法解答存在的意义问题。作为能理解存在的生命，我们要警惕的，是计算机对"思"的算法化封闭了"思"。

如今现实中的"深思"就是搜索引擎和推荐系统（过滤技术）。人们一般会认为，过滤技术与绝大多数工具一样，是外在于人的、客体性的技术。人们在搜索产品时，过滤技术只不过担任了供人喝水的杯子一样的角色，作为一种信息的载体而存在。简言之，过滤技术是实现无尽选择这一目的的工具性手段。然而我们也应该认识到，这一载体与书本等实物载体不同，它是会"思维"的载体，能够对人输入的信息进行智能化处理。我们可以将通过过滤技术获得信息视作一种算法，这一算法只需要我们提供部分原始数据，就能够帮助我们实现所需，而传统的需求满足则需要我们

---

① Douglas Adams, *The Hitchhiker's Guide to the Galaxy*, New York, NY: Pocket Books, 1979, pp. 172 - 173.

② Douglas Adams, *The Hitchhiker's Guide to the Galaxy*, New York, NY: Pocket Books, 1979, p. 181.

③ 〔德〕马丁·海德格尔：《存在与时间》（修订译本），陈嘉映、王庆节译，第231页。着重号为原译文所有。

提供全部的需求预期。由此可见，传统的需求观无形当中被过滤技术消解掉了，由技术建立的需求不再完全受人的思维的控制。

从传统的检索方式发展到网络时代的过滤技术，表面上仍是信息交换效率的增加——信息的交互性更强、信息的传递更有目的性。我们更应该看到，过滤技术不再是单纯的获取信息的手段，而是具有生成信息的能力，[1] 它促逼着人将其视为思维中不可或缺的一部分，乃至把与思维有关的一切信息聚集起来而重塑了思维。在过滤技术的"帮助"下，我们不仅能找到想得到的，也能找到想不到的。过滤技术好像古代的先知，一切问题的答案仿佛都可以通过搜索找到，计算机的存在论效果，通过过滤技术涌现出来：存在的意义不再是哲学问题，而成了可由信息科学解决的问题；生命不再是命运的儿女，而成了可计算的算法。计算机不仅终结了哲学，也大有取"思"而代之的势头，构成一种"宗教媒介"（religious medium）。[2]

计算机的这个特征，海德格尔也早有预见，这个特征就隐含在更为一般性的"计算性思维"中。"计算首先把一切存在者当作可计数的东西来使用，并且为计数消耗着被计数的东西。"[3] 所谓被计数的东西，就是一切存在者。但是这个消耗的过程反而被人理解为生产、创造、进步等，这乃是"因为数字是可以无止境地增多的，而且这种增多按大小方向来看是无差异的，所以，计算的消耗性本质能够在它的产品背后隐藏起来，并且给予计算性思维以生产性之假象……"[4]

把计算机促逼、消耗性的一面揭示出来，并不是像一些媒介环境学者

---

① 波斯特（Mark Poster）认为，就信息技术而言，信息内部交换"效率"的增加能够提高工作领域和消费新领域的生产率。但是，在这个技术无所不在的时代，目的—手段关系已无法概括技术和人之间的关系。事实上，技术不但会对现有社会格局造成影响，而且会引发新的事物，让人们以另一种眼光来看待此前根深蒂固的一些观念。因此，技术革新中最关键的并不是信息交换效率的增加，而是身份的构建方式以及文化中更广泛而全面的变化。见〔美〕马克·波斯特《第二媒介时代》，范静哗译，南京大学出版社，2000，第34—35页。

② John D. Peters, *The Marvelous Clouds: Toward a Philosophy of Elemental Media*, Chicago, IL: University of Chicago Press, 2015, p. 333.

③ 〔德〕海德格尔：《形而上学导论》，熊伟、王庆节译，商务印书馆，1996，第360页。

④ 〔德〕海德格尔：《形而上学导论》，熊伟、王庆节译，第360页。

那样呼吁人本主义，也不是像一些技术批判者那样敌视所有现代技术，而
是要在看到信息量、控制论这些前所未有的新科学的力量的同时，开显出
无蔽本身还有守护存在的一面，这个守护性的一面，由人的向死存在性体
现出来。在海德格尔看来，科学在终结形而上学的同时，也一道终结了人
本主义（Humanismus，按照古希腊的说法就是人类学）；人本主义的世界
是以人为中心的主客二分的世界，人虽然具有存在论上的优先地位，但人
并不是其他存在者的主宰。① 在《物》中，海德格尔把人规定为"终有一
死者"。海德格尔所谓的死亡，并非生理学意义上的死亡，而是存在论意
义上的向死存在。向死存在应合着无蔽之真理运动，是人最本己的存在可
能性，使人在被存在规定的同时（遮蔽）能够打开理解存在之境域（解
蔽）（详见《存在与时间》第四十六节到第五十三节对死亡的讨论）。

　　终有一死者与大地、天空、诸神共属一体，"它们先于一切在场者出
现"。② 当我们提及这四者之一，我们就出于这"四重整体"（Geviert）的纯
一性而想到其他三方。将人与天、地、神联系起来，当然富有神秘主义色
彩，但并不能简单地理解成对物的浪漫化。海德格尔无非要提醒人们，形
而上学把人表象为有理性的动物，只是在存在者层面对人的认识；从这个
层面认识人，必然导致人对周围世界加以对象化、科学化的把握，从而使
物之物性被遗忘：

　　　　早在原子弹爆炸之前，科学知识就已经把物之为物消灭掉了。原
　　子弹的爆炸，只不过是对早已发生的物之消灭过程的所有粗暴证实中
　　最粗暴的证实：它证实了这样一回事情，即物之为物始终是虚无的。③

　　从存在论上通达人的存在，则把人领会为存在的守护者。因为"只有
人赴死。动物只是消亡而已"。"死亡乃无之圣殿（der Schrein des Nichts）；

① 参见宋祖良《"哲学的终结"——海德格尔晚期思想的大旨》，《中国社会科学》1991年第4期。
② 〔德〕马丁·海德格尔：《演讲与论文集》，孙周兴译，第181页。
③ 〔德〕马丁·海德格尔：《演讲与论文集》，孙周兴译，第177页。

无在所有角度看都不是某种单纯的存在者，但它依然现身出场，甚至作为存在本身之神秘（Geheimnis）而现身出场。作为无之圣殿，死亡庇护存在之本质现身于自身之内。作为无之圣殿，死亡乃是存在之庇所（das Gebirg des Seins）。"① 死亡所对应的"无"并不是日常所说的存在的对立面的无，事实上，当我们说无的时候，无已经存在了；"无"不是生理学意义上的死，更不是强调让人活在当下，而是一种特殊的存在，是存在论意义上的赴死的过程，是剥离了一切日常性的敞开状态。在存在者层面，人们以日常的操劳回避谈及死亡，但在存在论上，终将一死的人始终在奔向"无"之圣殿的道路上，终究会在"无"中重新保有存在。在东方，老子用"无物""惚恍"（《老子》第十四章）形容源始的存在状态，② 但不能将二者简单地比附。海德格尔在承认现代技术的力量的情况下，强调直接思入本有、对技术物"泰然任之"的可能性；老子则主张抛弃技术，复返自然的存在状态，重在"过去"。

形而上学的理性之思局限于哲学、科学，无和终有一死则揭示出，人作为真理运动中的人，可以超越哲学和科学的阻隔，通达大道/本有。这种把握恰恰不是消灭中介物，而是看到中介物本身就有守护存在的一面。海德格尔的演讲《物》就以壶为范例演示了："思想如何以'泰然任之'的姿态、以非对象性和非技术化的态度直接思入物之存在。"③ 被科学进步消灭的物，在对物的"返回步伐"中重新生动起来。不过，海德格尔更重视源始的语言和艺术，而基特勒认为尽管现代科技造成了灾难性后果，但不能忽略通过数学（mathematics）和物理学（physics）通达本有的可能性："作为技艺的媒介，一般而言，只不过是月亮的正面，它的背面是数学和物理学。"④ 以数学和物理学为基础构造的技术物，也可以彰显物之

① 〔德〕马丁·海德格尔：《演讲与论文集》，孙周兴译，第 187 页。
② 牟宗三借用明朝赵大洲的打油诗"一声牧歌何处来，万户千门从此开。……世间哪得有安排"阐发这种共通的精神。见牟宗三《老子〈道德经〉讲演录》（三），《鹅湖月刊》2003 年第 6 期。
③ 孙周兴：《非推论的思想还能叫哲学吗？——海德格尔与后哲学的思想前景》，《社会科学战线》2010 年第 9 期。
④ Friedrich A. Kittler, "Towards an Ontology of Media," Theory, Culture & Society, Vol. 15, No. 2 - 3 (2009).

物性:

> 作为麻省理工学院的一名年轻学生,香农建造一个据说是所有数
> 字计算机中最简单、最优雅和最无用的机器。它以只有一个"ON/
> OFF"而自豪。每当香农的朋友来访,它就处于"OFF"状态。在他
> 们心情愉快时,有时访客将开关切换为"ON"。这时机器的盖子打
> 开,出现一只手,摸索着又把开关关掉,然后消失于正在关闭的盖子
> 下面……①

当然,在海德格尔的思想语境中,更多的是对物之物性的消隐的隐
忧。在对技术的存在历史进行一番考察后,基特勒同样得出了本有在现代
隐而不彰的结论:对古希腊人来说,本有是以闪电显现的宙斯,人们只能
瞥见电光火石,却无缘得见神的真容;在现代早期,印刷术、大炮等新的
传播科技、战争科技让本有成了人力的结果;在现代,本有进一步臣服于
机器,无法掌控的闪电被驯服为可控的电流,促逼着人向大地、天空不断
索取。② 人们开始日益信奉新的科技之神,可古老的自然之神并没有退位,
二者的战争被改编自尼尔·盖曼(Neil Gaiman)巅峰之作的电视剧《美国
众神》(*American Gods*)形象地呈现出来,新的科技之神想要控制世界,
却难以把旧神纳入计算之中。

事实上,"计算"尽管能"作用于我们的思想",甚至可能取人类之思
而代之,但它终究只是生成思想的链条上的一个节点,无法宣称自己就是
思的主宰。集置的"危险"恰恰就是"救赎"的可能。现代技术已经让人
类认识到,人并非创造思想的主体,而只是思想生成过程中重要的存在
者;同样,计算机尽管能计算一切存在者,却无法计算"自由之思"。无
论技艺、现代技术还是数学、物理学,都进行着解蔽—遮蔽之二重性运

---

① Friedrich A. Kittler, "Thinking Colours and/or Machines," *Theory*, *Culture & Society*, Vol. 23, No. 7 – 8 (2006).

② Friedrich A. Kittler, "Lightning and Series-Event and Thunder," *Theory*, *Culture & Society*, Vol. 23, No. 7 – 8 (2006).

动，都保有通达本有的可能性；无论人类还是未来的人工智能，都只是思想自身运动中的思想者。

本章把基特勒视作延续海德格尔路线的代表。基特勒在许多作品中都明确指出了西方思想传统对他的启发，但人们还是容易把他的媒介观理解为对信息论的套用，或是一种以现代媒介的视角观察万物的理论，而忽略其背后自古希腊以来的西方思想底蕴，以及对海德格尔存在论思想的继承。

媒介存在论不再把媒介看作起中间调节作用的东西，而是把它们视作使万有之关联聚集起来的存在者。人、语言、技术、日常用具乃至山川河流，都可以以自己的方式聚集万有之关联，都具有各自特殊的存在论意义，这样说来，与其把媒介作为总体性概念，不如将其落实到更具体的概念上。

笔者希望读者看到，媒介概念的无限扩张虽然有存在论上的历史必然性，但现存的未必是合理的，它有可能对学术书写造成不良影响；与其把××作为媒介来研究，不如直接研究××。恩斯特甚至提倡，将"媒介"这一术语严格限定在现代电子技术的含义上，以为媒介正名。笔者认为，这样的规定看起来只是偶然的个人规定，但放在媒介概念泛化的大背景下，未尝不是一种拨乱反正。至少在使用媒介术语时，要先想一想，是不是不用这个术语，也完全能把问题讲清楚。

延续基特勒的 1－3－1 模式，笔者提出一种从物质性角度研究媒介的框架，按照技术逻辑的断裂，区分出文化技艺、技术性媒介和计算机三个发展阶段。在之后的两章中，笔者将从无限延展的存在论化媒介聚焦到更具体的文化技艺、技术性媒介和计算机上，从物质性的角度解析其对人类存在方式的重要影响。第七章论述文化技艺与技术性媒介之间的断裂，第八章论述计算机对文化技艺和技术性媒介的"终结"。

| 第七章 |

从文化技艺到技术性媒介 *

为避免在研究前现代时使用"媒介"术语引起偏差，一些学者引入了"文化技艺"术语，用来特指前现代的"媒介"。鉴于某种文化技艺实践，无论在逻辑上还是在时序上，都必定先在于相应的定型观念，比如绘画实践先在于美术，印刷实践先在于大众传播观念，那么，采用"文化技艺"术语，可以有效避免直接使用后发的"媒介"术语带来的论述上的麻烦。

第一节 何谓文化技艺

本书所谓文化技艺主要借鉴自德国媒介理论（German media theory）。德国媒介理论兴起于 20 世纪 80 年代，逐渐在欧美学界掀起热潮，形成了学术研究共同体。近年来，德国媒介理论重新发掘了德语中的老概念——"文化技艺"（德语：Kulturtechniken，英语：cultural techniques），以分析早期的字母表、门、望远镜、地图等特定物件如何在人类的实践活动中扮演重要角色，使人类文明不断生成新的存在方式。

"文化技艺"在 19 世纪成为农业工程领域常用的德语词语。从词源学

---

* 本章主要出自于成《媒介技术改变声音记录形式》，《中国社会科学报》2020 年 8 月 11 日，第 4 版；于成《"文化技艺"带来媒介考古学新发展》，《中国社会科学报》2020 年 4 月 1 日，第 7 版；于成、徐生权《德国媒介理论中的文化技艺概念》，《中国社会科学报》2019 年 5 月 28 日，第 6 版；于成《塞壬之歌的多重阐释》，《读书》2018 年第 8 期。笔者只做了少量增补和改写，为不影响阅读体验，不再一一加注。

上看，德语中的 Kultur 与英语中 culture 都可以追溯至拉丁语词 colere，意谓照料、养护、培养、耕作等。只不过有别于英语中与智力、教养乃至文明等相关的 culture，当时德语中的 Kultur 依然保留了拉丁语词的原始含义，一般用来形容菌种培养、人造林、河流的疏浚沟通、土地的开垦等农业或者畜牧技术，也可用来指运用地图、测量等手段区别可耕地与不可耕地、人工区域与自然区域的学问。总之，在 19 世纪的德国，文化技艺主要是指改造自然的"文化工程"。

在 20 世纪 70 年代的德国媒介研究中，文化技艺概念被赋予了新的内涵。此时，这一概念通常指的是阅读、写作、运算等基本技能。从 20 世纪 80 年代开始，看电视、用电脑等信息技术技能也被称为"文化技艺"。也就是说，七八十年代的文化技艺比较接近如今所说的"媒介素养"。盖根（Bernard Dionysius Geoghegan）认为，此时的文化技艺概念与农业工程领域的原本含义已关系不大，因为赋予该概念以新的含义主要是出于国家教育的需要，即面对蓬勃发展的信息技术，德国人需要被教化以适应社会发展。

早期的德国媒介理论（20 世纪 80 年代开始）则在上述内涵的基础上，又重新赋予文化技艺新的内涵。在农业工程实践中，人们需要建立一套耕种的秩序，这套秩序，在德国媒介理论家看来，是一套将自然"文化化"的技术实践机制，其中起决定性作用的绝不仅仅是人本身，而是人与技术工具、社会制度的相互配合。20 世纪 70 年代开始将阅读等视为文化技艺，实际上也是在强调阅读不仅是主体内在的成长过程，而且是一套让孩子们选择、处理和再生产知识的实践机制。也就是说，德国媒介理论试图通过文化技艺概念把握动态的实践过程，从而超越停留在静态对象或文本内容上的研究方式。

进入 21 世纪，德国媒介理论界尝试对文化技艺进行更深入的诠释。其中一个重要观念是把文化技艺作为先验（a priori）——文化技艺实践先在于文化技艺的概念化。比如，马乔（Thomas Macho）指出，我们并非从数字的概念中发展出计算实践，而是从早期的计算实践中获得了对于数字的概念。人类学的第一手资料表明，许多原始人会计算，却没有数字的概念。绘画亦如此，先有绘画实践的操作，才会有后来我们所谓的"绘画"这一概念。再比如，威兹曼指出，没有犁地行为（文化技艺），地主这一主体身份也不会产生，所有权的概念生成自占有土地的实践。换而言之，行动先于主体，主体在行动中被产生。那些在执行操作的人，看起来是掌握一切的所谓的主体，实际上最初不过是技术链条上的操作者。

当然，这一观念并非德国媒介理论界的独创，海德格尔曾用"操劳"等概念揭示了生存活动在存在论意义上的优先性，只不过德国媒介理论家在经验层面贯彻了将技术活动整体观之的思想。在文化技艺这一取径之下，人并非工具的主人，而是一个被工具所铭刻的界面。我们身体的技术实践，包括走路的姿势，总是复刻着特定的文化协议（cultural protocols）。

那么，是不是人的所有行为都是文化技艺？在这一点上，德国媒介理论家发生了一些争执。柏林洪堡大学的文化理论家卡松（Christian Kassung）、克莱默尔和马乔等，认为文化技艺是严格的、形式化的符号系统，如读、写、数学、音乐以及意象等；温斯洛普－扬也认为"文化技艺"概念聚焦在基本的身体、心智技巧上，最突出的就是读、写、算的技巧。马乔把这些能够自我指涉的技艺称为二阶操作，并认为只有二阶操作才是文化技艺，而诸如烹饪、犁地、生火等一阶操作则并非文化技艺。

来自德国魏玛（Weimar）、锡根（Siegen）以及吕内堡（Lüneberg）的研究者则从广义上定义文化技艺，认为一切可形式化的文化实践都可以纳入文化技艺的范围，比如默会知识、仪礼以及法律等。席格特也指出，将"文化技艺"划分为一阶、二阶是不适当的，更应该去看的是：在文化技艺的操作程序中是否产生了新的存在方式。在他的眼中，烹饪显然是一种文化技艺，因为烹饪在受制于文化结构的同时也在产生新的文化结构，就连门的使用都曾是一种重要的文化技艺，因为正是门的应用，使我们的祖先同其他动物分隔开来。

文化技艺方法论的预设是，技艺操作过程本身才是最基本的单位。每一次操作所输出的结果，都会成为下一次输入的初始值，文化技艺的操作过程，就在这一次次输入输出中不断嬗变。人类亦随着这条操作链的往复更迭而不断嬗变，我们不是这条操作之链的主宰者，而是与工具、符号等处在对称地位的、悬挂于操作之链上的存在者。

在媒介与文化之关系的历史书写中，文化技艺概念颇适用于揭示那些被忽视的、文本外的工具、器物、符号，如何成为文本的可能性条件，并用来分析文化技艺实践与现代电子技术之间的断裂与差异。大体来说，研究者需要摆脱以文本作为分析起点的方法，把以物质性为基础的过程（操作过程、中介过程）作为先验，从初期的技术细节着手展开文化史或者技术史的论述。

重视技艺实践的媒介考古学者对该方法颇为看重，他们认为，文化技艺颇适用于研究初期的、未臻成熟的，乃至籍籍无名的技艺。这些形形色色的文化技艺实践未必构成历史事件，甚至未必定型或常规化，却可能无意中开启了现代媒介技术之门。这些被媒介正史遗忘的文化技艺，正是有待媒介考古学开掘的宝藏。我们或许可以从中建构出一种另类的媒介史，一条充满中断与跳跃的文化技艺演进之路。引入"文化技艺"术语对前现代进行媒介考古学研究，可以让我们更清晰地看到：如今异彩纷呈的媒介技术如何生发于历史中的另类实践。

试举一例。1453 年，为更好解释神秘的神学，库萨的尼古拉在《论上帝之像》（De visione Dei）的前言中提出了一个实验：第一步，将一个圣像（religious icon）挂在墙上，三个僧侣从前方和侧面对其进行观看；第二步，让他们一边盯着圣像的眼睛，一边绕半圆走动；第三步，让他们讨论这次实验的体验。这套新的观画方式只是历史上的短暂一页，没能成为后世的模范或常规实践，也未能获得固定的概念称谓，我们暂且称其为"尼古拉实验"。显然，同样是看圣像的实践，尼古拉实验与站在最佳视角观看的观画实践不同。占据最佳视角的观画实践是一种常规实践，其预设是，如果站在不佳的视角，就无法准确领略画的内容。即，最佳视角式观画实践的焦点在于画上的内容。而尼古拉实验并不关心圣像上画了什么，他让僧侣在绕半圆走动的过程中盯着圣像的眼睛，很可能是认识到占据最佳视角的观画实践很容易让观者仅停留在画的表面，而难以"超越"画面进入"上帝"之域。换一套观画方式，即施展一种新的文化技艺，这种新的实践方式让僧侣们时刻凝视圣像之眼，同时也为圣像之眼所凝视，从而使观看者与"上帝"间构成了相互凝视的关系。如此一来，尼古拉实验成为"超越"画面的实践。

在当时，尼古拉实验是一种非常规的观画方式：圣像还是同一个圣像，可不再是最佳视角的焦点，而是融入独特的集体观看实践；从历史来看，这样的实践也从未成为常规的宗教活动。然而，正是非定型、非常规乃至失败的技艺实践，刺激着技艺的变体乃至生成新的实践方式，从而使那些青史留名的技艺得以可能。"尼古拉实验"等被湮没的尝试，恰可被称为媒介考古学意义上的"文化技艺"。

除了另类的文化实践，文明史研究者也许更重视史上留名的关键技艺。以文化技艺方法论为视角，可以从技艺自身的运作逻辑出发，揭示其对人类存在方式的影响。下面一小节，笔者尝试以声学技艺为例，展示以字母表为核心的声音处理技艺与留声机等技术性媒介之间的文化断裂。

第二节　从文化技艺到技术性媒介

思想行诸文字的过程，必须首先被看作由人和技术构成的整体的技术之链（人也可以被看作身体技术）；这条技术之链中节点的增加或减少，定会极大地影响思想的孕育与表达。在西方，这条技术之链的最初节点，是希腊字母表的发明。

一　字母表

字母表是古代记录声音的技艺。在一些古典学者看来，古希腊人发明希腊字母表，首先并不是出于经贸和律法的需要，而是与再现声音直接相关。在公元前 800 年前后，据说一个在优比亚宫廷工作的无名希腊人在北叙利亚辅音字母表中加入了五个元音，发明了希腊字母表，目的是记录口头传唱的《伊利亚特》（*Iliad*）和《奥德赛》。基特勒总结道："我们找不到古希腊人关于贸易、政府和律法的记载，而只能在他们那里找到美酒、女人和歌唱——就像在《奥德赛》里那样。"①

姑且不论上述说法是否可信,字母表作为当时通用的声音处理技术,无疑对西方文化产生了深远影响:其不仅可以记录口说的声音,而且被应用为独特的数学—音乐注记系统。在字母表发明几百年后,古希腊人开始用 α 指代数词 1,β 指代数词 2……形成了独立的数学系统。希斯(Thomas Heath)在《古希腊数学史》(*A History of Greek Mathematics*)中评价道,用字母指代数词,是希腊人的原创。古希腊数学家菲勒劳斯(Philolaus)将数词用作节拍符号,使音乐成为数学的魔法。这样看来,古希腊人将字母表用作精确刻画声音的媒介——正如一切数都可以用数词来表达,声音也在字母表的网罗之中。

然而,有一种声音却是漏网之鱼——塞壬的歌声,在听过此歌声的凡人中,只有奥德修斯自称逃过一劫,至于唱了什么,荷马也只能用"美妙"来形容。

奥德修斯用计逃脱塞壬们的诱惑,是《荷马史诗》中的经典段落。有趣的是,这则故事被现当代的人们赋予了各色各样的意义。作家卡夫卡、哲学家霍克海默和阿多诺、社会学家厄曼(Ulrich Oevermann),以及基特勒等都对这个故事做过极富想象力的诠释。他们的诠释不但各有侧重,有的甚至相互冲突以至到了水火不容的地步。比较他们之间的差异,可以凸显文化技艺分析的独特之处。根据《荷马史诗·奥德赛》原诗,整段故事是由奥德修斯自述的。塞壬的可怕,是他从女神基尔克(Circe)那里获悉的:

> 你首先将会见到塞壬们,她们迷惑
> 所有来到她们那里的过往行人。
> 要是有人冒昧地靠近她们,聆听
> 塞壬们的优美歌声,他便永远不可能
> 返回家园,欣悦妻子和年幼的孩子们;

---

① Friedrich A. Kittler, "Number and Numeral," *Theory, Culture & Society*, Vol. 23, No. 7 – 8 (2006).

> 塞壬们会用嘹亮的歌声把他迷惑，
>
> 她们坐在绿茵间，周围是腐烂的尸体的
>
> 大堆骨骸，还有风干萎缩的人皮。

女神紧接着告诉了他们逃过此劫的方法：

> 你可以从那里航过，但需把蜂蜡揉软，
>
> 塞住同伴们的耳朵，不让他们任何人
>
> 听见歌声；你自己如果想听歌唱，
>
> 可以叫同伴们让你站立，把手脚绑在
>
> 快船桅杆的支架上，用绳索牢牢绑紧，
>
> 这样你便可聆听欣赏塞壬们的歌声。
>
> 如果你恳求、命令他们为你解绳索，
>
> 他们要更牢固地用绳索把你绑紧。①

　　奥德修斯与同伴们后来在经过塞壬们的居地时，没有丝毫掉以轻心。正是严格遵从了女神的建议，他们才得以逃过此劫。德拉波（Herbert James Draper）的名画《奥德修斯与塞壬们》（*Odysseus and the Sirens*），就形象地表现出奥德修斯与水手们在遭遇塞壬时的紧张与惊恐。可是，在霍克海默和阿多诺的笔下，奥德修斯与塞壬的紧张关系却并非表面上的惊恐那么简单。

　　在霍克海默和阿多诺的《启蒙辩证法》中，奥德修斯与塞壬的对立，构成了启蒙与巫魅之对立的原型。他们认为奥德修斯与塞壬之间的遭遇是"一场既成功又不成功的遭遇"。说"成功"，表面上指的是奥德修斯的成功，按照两位作者的诠释，则是启蒙者的成功。奥德修斯通过"有理性形式的抗拒"，祛除了笼罩在塞壬之歌上的"巫魅"；启蒙完成了对自然、对远古至高无上之权力的胜利。同样，所谓"不成功"，指的是塞壬及其代

---

① 《荷马史诗·奥德赛》，王焕生译，人民文学出版社，1997，第221—222页。

表的原始自然力的失败。

在霍克海默和阿多诺看来，更加意味深长的是，这场遭遇一方面固然意味着塞壬、巫魅的失败，却也在某种程度上意味着启蒙自身的失败：

> 自从奥德修斯与塞壬之间发生了一场既成功又不成功的遭遇以后，所有的歌声便都在劫难逃了，在这样的文明中，在这些充斥着矛盾的歌声中，整个西方音乐都遭受了劫难——不过这歌声也表露出了一切音乐艺术中的动人力量。①

所谓"动人力量"，乃是原始的天人合一的和谐境界；"歌声的劫难"，说的是歌声动人的力量被启蒙拉下神坛。这是启蒙的胜利，也是启蒙的代价。资本主义的工具理性取得了至高的地位；美妙的歌声则在与理性的遭遇中被中和了，不再具有穿透一切的力量。

更进一步讲，水中女妖等可能带来灾难的形象，乃是自然灾难的拟人化，也就是"神话"。奥德修斯的神话，讲的是人类如何用理性的诡计克服所有的困难，所以，这个神话，乃是自我的启蒙。甚至可以说，在古希腊，神话对人类社会而言本身就是一种启蒙方式，因为古希腊人开始透过神话系统获得知识，开始用神话系统看清世界的样子。《启蒙辩证法》特别提醒我们注意的是，在后来的所谓"启蒙时代"，这些原本作为启蒙的神话通通变成了应当被清理的蒙昧的神话，由神话所生成的启蒙最终摧毁了神话。

同属法兰克福学派脉络下的哈贝马斯的学生厄曼，则在德国《水星》杂志上提出了完全不同的见解。他认为奥德修斯执意要听歌声，并非理性的诡计，而是为了美学。即，人就算面临死亡，也要争取美学经验。对于奥德修斯来说，美学相对于理性，应当更具有优先性。

基特勒则对上述解读方式嗤之以鼻。他批评霍克海默和阿多诺这两位"业余哲学家"弃历史性于不顾，看不到《奥德赛》这个由一套复杂的书

---

① 〔德〕马克斯·霍克海默、〔德〕西奥多·阿道尔诺：《启蒙辩证法：哲学断片》，渠敬东、曹卫东译，上海人民出版社，2006，第49页。

写系统再生产出来的故事，其实疑点重重。基特勒甚而讥讽道，It's all Greek to them（他们对此一窍不通）；把塞壬之歌诠释为原始之巫魅，无异于"文本的意淫"。基特勒的这个批评，与文化史学家达恩顿对心理分析学家弗洛姆的批判可谓如出一辙。他批评弗洛姆所采用的童话版本（如格林兄弟的《小红帽》）中的许多细节，在 17 世纪和 18 世纪的农民所知道的版本里根本不存在。所以，仰赖可疑文本所做的诠释，必然十分"离谱"。

其实在基特勒之前，古典学学者就考察过《奥德赛》的书写系统。古典学家彼得·普奇（Pietro Pucci）发现，塞壬之歌中的许多术语、绰号和短语更接近更古老的《伊利亚特》的用法，而并没有在《奥德赛》的其他地方出现；普奇进而推论到，这则故事的深层含义是，塞壬们用过去的语言诱使奥德修斯在魅惑之歌中沉迷于昔日的荣光。

相比于普奇，基特勒对文本的怀疑更为彻底。他首先就问，鉴于奥德修斯以狡诈著称，我们为什么要相信他的描述？既然奥德修斯采取的措施只能让他本人听到塞壬之歌，他为什么会说：待他们（按：奥德修斯的同伴）驶过塞壬们的居地，再也听不到，塞壬们发出的动人声音和美妙的歌唱？（见古希腊文第 197 行 αὐτὰρ ἐπεὶ δὴ τάς γε παρήλασαν, οὐδ' ἔτ' ἔπειτα。奥德修斯的同伴按理根本听不到塞壬之歌。）当他描述他的船离海岛而去时，他为什么会使用"离开"这个词，而不用"经过"？（王焕生的翻译是："待我们离开了那座海岛，我很快望见［按：古希腊文第 201 行 ἀλλ' ὅτε δὴ τὴν νῆσον ἐλείπομεν, αὐτίκ' ἔπειτα］迷漫的烟雾和汹涌的波涛，耳闻撞击声。"）

除了这些文本上的疑点，基特勒还提出，奥德修斯和他的水手们不可能在地中海的烈焰下从埃阿亚岛（Aeaea，基尔克的家）驶过利加利群岛（Li Galli，塞壬所在地）而不补给淡水。他甚至在 2004 年到利加利群岛做实验，证明不管船距离岸边有多近，他都只能听到岸上传来声音，而无法听清歌词；而且，从船上根本看不到基尔克所说的绿茵，要想看到，必须上岸。总而言之，种种迹象表明，奥德修斯在说谎，他其实上了岛。

细心的读者可能会问，基特勒这一番费尽心机的考证，究竟有多少历史学或学术上的意义呢，塞壬难道不是根本就不存在吗？有趣的是，在二战期间，还真有人声称听到了塞壬之歌。

在 HMS Exmoor 号上服役期间，英国历史学家布拉德福德（Ernle Brad-ford）记载了听到塞壬之歌的情景：

> 我无法准确地描述她们的歌声，只闻到低沉而渺远的声音，可以说是一种让人忆起波涛和海风的自然之声。但这声音绝非无生命的，它有一种人性的挑逗与撩拨。……
>
> 我眼前浮现出一幅图景：海岸边的小小的庙宇，阳光下白色的海岸，波涛卷入陆地。①

可基特勒等对声音的技术分析显示，布拉德福德所听到的声音其实是自然的产物。源自 Gallo Lungo 岛的声音，撞击到 Castelluccio 和 La Rotonda 岩上，于是声音开始在两个岩石之间来回跳动，结果就是布拉德福德所听到的魅惑之声。这个结论，等于也宣布了女妖之歌确实根本不存在，神话被还原成了历史、科学。

那么基特勒到底用意何在呢？

笔者认为，基特勒的主要兴趣并不在于为神话祛魅，他所在意的是"声音能被记载"这个事实对古希腊人到底意味着什么。

在毕达哥拉斯学派的传统中，由数学和音乐表现出的完美和谐，被看作两个塞壬的歌唱。也就是说，记载下来的塞壬之歌代表的是古希腊的书写系统，其魔力不仅在于刻画各种声音，更在于能够记载数学和音乐；比如字母 α 既能代表数字 1，又能代表一个音乐音符。塞壬对奥德修斯的诱惑，乃是文字对古希腊人的诱惑。

基特勒证明奥德修斯上了岛，是在暗示奥德修斯实际上接受了女妖（文字）的性爱邀请，嘴上却死不承认。这一过程恰恰反映了古希腊人对文字的暧昧态度，一方面领受着文字所带来的实际好处，另一方面又贬低文字，褒扬口语。柏拉图《斐德罗篇》的一则故事对此展现得淋漓尽致：

---

① Ernle Bradford, *Ulysses Found*, London, UK: Hodder and stoughton, 1963, p.130.

塞乌斯说："大王，这种学问（按：文字）可以使埃及人更加聪明，能改善他们的记忆力。我的这个发明可以作为一种治疗，使他们博闻强记。"但是那位国王回答说："……如果有人学了这种技艺，就会在他们的灵魂中播下遗忘，因为他们这样一来就会依赖写下来的东西，不再去努力记忆。他们不再用心回忆，而是借助外在的符号来回想。……"①

尽管字母表和文字等新文化技艺在刚出现时遭到埃及国王这类人的抵制，但其强大的信息处理能力使它们不仅存活下来，而且成为技术性媒介出现前技艺关联体中的核心枢纽：字母表不仅仅是一种再现声音的发明、一种誊写口语的工具，更是一种文化资料的通用处理器，是能够储存和处理声音、数字和音符的"元媒介"。

二　技术性媒介的声音处理

塞壬之歌，到电磁媒介时代得以进一步被理解。基特勒那一番对通常被认为是神话的故事的"考证"看似荒诞，实则揭示出现代声音处理装置的独特意义：任何声音都无法逃避电子媒介技术的"凝视"。声音不再是人耳听到的东西，而是物理意义上的真实信号；塞壬之歌并不是无法记录的神秘之声，其频率必然可被声音测量装置捕捉和刻画。

电磁流—信号替代了人声—字母，意味着一个新的声学领域——信号领域的开启。古代记谱法遵循档案的顺序（archival order），作为信号的声音却是无序的（anarchive），需要技术装置的解码，才能成为对人类有意义的声音。对广播等技术性媒介的文化考察，不能忽略其作为技术装置的一面（详见附录文章《摄影：装置社会的模型》）。技术自身的物质性与信号处理能力，使其与字母表技艺根本地区别开来。

用字母表、记谱法来指代声音注定徒劳，因为象征性的注记无法完全再现物理信号。只有当注记变为技术性的而非象征性的，变为对声音信号

---

① 《柏拉图全集》（第二卷），王晓朝译，人民出版社，2003，第197页。

的直接模拟，变为对震动和音波的记录，才能真正地指代声音。

如果说古希腊字母表垄断了声学技术领域达千年之久的话，那么第一个打破垄断的媒介装置是留声机。作为能够记录和解析信号的装置，其把声波转化成金属针震动的能量，并以凹凸不平的沟壑再现声音信号，呈现出声音之图表（diagrams）。声音之图表本质上不同于字母表时代的注记档案，它首次尝试记录物理之真实在场的声音，但在记录人声的同时也记录下了噪声。留声机再现真实之声的能力虽然有限，但足以担负起解码秘密之声的使命。爱迪生预见到，自己发明的留声机在法庭上可作为无懈可击的"证人"。在斯托克的小说《德古拉》中，西沃德医生使用留声机，不仅记录下自己对事件的分析，而且记录下精神病人的胡言乱语和蝙蝠飞行的沙沙声，为猎杀"吸血鬼"提供了重要的技术保障。

后来出现的广播，就是让所记录的真实之声搭乘无线电，实现声音即时、非定向的撒播。留声机的记录、播放功能，被分解为广播电台的编码与收音机的解码。从技术自身的演进逻辑来看，我们不妨把留声机、电话、无线电广播等称作声学技术性媒介，以区别于作为象征性媒介的字母表。从这个角度看，广播的意义并不仅限于大众媒体及其社会功能，更在于与其他声学技术装置一起构成了特定时期的"技术关联体"，打破了字母表对于声音处理领域的垄断。自此，声音开始在技术装置的"黑盒子"中得到处理，不再是只能通过人类视觉处理的符号。

对声音的媒介考古学考察使我们认识到，媒介史不仅是大众媒体的历史，媒介在成为大众媒体前，是一种文化技艺或实验装置。人文学者不能仅关注由耳朵所定义的声音（sonic），也要注意到由物理学和技艺/技术定义的声学（acoustic）。尤其是在声学技术时代，大众媒体并不仅为声学装置的一种存在方式，更为基础的是其自身的技术组构。

对于习惯以大众媒体来理解媒介的现代人来说，媒介的技术性往往处于背景之中不被注意，处于前景的是媒介内容。事实上，在媒介技术走入寻常百姓家前，技术性才是处于前景的。比如，爱迪生将留声机形容为"会说话的机器"，至于说了什么则是次要的；本雅明认为电影与传统戏剧的本质区别在于技术本身对人的影响：电影剪辑技术的间歇作用可以阻断幻觉，使观众的移情能力瘫痪。商业广播出现后，有评论者将广播节目类比为"像无线电与电报、印刷相结合来播报新闻和天气预报一样"，可事实上当时最常见的广播内容是唱片（新闻和天气预报是 19 世纪以来报纸的常见内容，需要电报进行传递），评论者显然更重视"无线电传播声音"这一技术形式上的变化。

当然，内容并不是完全不重要，只是说，只有当作为实验装置或战争技术的媒介被用作大众传播媒介后，内容才走到前台。根据基特勒挖掘的史料，早在 20 世纪最初几年，柏林技术大学的教授就开发了为帝国君主服务的"广播"，让男高音歌唱家卡鲁索（Enrico Caruso）的歌声从留声机的钟形口发出，再通过高频无线电波"穿过喧嚣的大都市传到我们耳中"。一战过后，由于有了保证军队无线电不受干扰的技术，德国的民用广播才逐渐发展起来。

在当前的数字技术时代，声音的存在方式又有了新的变化，即融入由计算机处理的数据流之中。相比于模拟技术时代，数字技术的信息处理能力可以说又提高了一个数量级，不仅可以把过去所有形式的档案处理为统一的数据流，甚至可以对过去的媒介进行考古学研究，恢复模拟技术时代无法恢复的记录。如恩斯特指出："今天，对早期爱迪生圆柱唱片的光学数字阅读（optodigital reading），使我们能够再次听到以前听不到的声音；将声音作为图像进行光学数字细读，可以将任何有意义的单元分解成离散的块，这些离散的块，只有通过可操作的技术数学图表（technomathematical diagrams）才能为人类所分析。"

计算机对于今人的意义，相当于字母表对于古希腊人的意义——可以处理一切信息的通用处理器。由现代技术装置所打破的单一媒介（字母表）的垄断，又重新由数字媒介确立起来。由此，文化技艺—技术性媒介—计算机构成了一种递归式的演进（旧媒介成为新媒介的内容成为新新媒介的内容……）。下面一章，笔者以游戏为例，解析计算机如何把文化技艺和技术性媒介带入递归性的计算之中。

第八章

文化技艺的"终结"

本章把线下桌游《三国杀》视作一种文化技艺，试图从技艺自身的运作逻辑着手，分析其与在线《三国杀》在信息组织方式上的差异，从而揭示出线上游戏何以构成了对线下游戏的终结，而非延续。笔者并不关注游戏纸牌中的文本或游戏过程中的乐趣，关键的操作过程会在对操作链的刻画中带出，因此并不需要读者详细了解游戏的玩法，不过为了方便理解，简要介绍游戏流程如下。

1. 四大身份

【主公】

获胜条件：消灭所有反贼和内奸。

技巧：以自己生存为首要目标，分散反贼注意力。配合忠臣、内奸剿灭反贼并判断谁是忠臣谁是内奸。

【忠臣】

获胜条件：在保护主公存活的前提下消灭所有反贼和内奸。

技巧：忠臣是主公的屏障，是威慑反贼和内奸的天平。

【反贼】

获胜条件：消灭主公即可获胜。

技巧：反贼作为数量最多的身份，需要集中火力猛攻敌人弱点。正确的思路是获胜的关键。

【内奸】

获胜条件：先消灭反贼和忠臣，最后与主公单挑成为最后唯一生还者。

技巧：正确的战术＋冷静的头脑＋运气。

2. 游戏流程

开局随机分配四大身份。除主公外，其他忠臣、反贼和内奸身份暗置，靠玩家表现来体现身份。隐藏自己，寻找同伴都需要经验累积。（例如一心想消灭主公和忠臣的反贼，保护主公的忠臣，想消灭所有人的内奸。）

《三国杀》中一个武将的每一个回合都分 6 个阶段：回合开始阶段，判定阶段，摸牌阶段，出牌阶段，弃牌阶段，回合结束阶段。开局每人四张手牌，从主公开始按递时针顺序出牌，每个人在摸牌阶段可以从牌堆摸 2 张手牌。（参见 http://www.sanguosha.com/detail/20140415_1948_1720.html。）

第一节 "线上"对"线下"的终结：操作链分析

我们可以在完全不考虑意义的情况下刻画"线下"游戏的操作过程，刻画的方式即先对牌的类别、不同类别的牌所放置的区域以及操作进行编码，然后由这些编码组构成操作链（见表 8 - 1）。为方便理解，文中不会全用编码指代，仍会用主公、忠臣等称呼。

表 8 - 1　牌区、牌类编码

区域	区域内可出现的牌类
身份区 A	身份牌 1
武将区 B	武将牌 2
血牌区 C	血牌 3
牌堆区 D	基本牌 4、锦囊牌 5、装备牌 6
装备区 E	装备牌 6
判定区 F	锦囊牌 5

区域	区域内可出现的牌类
手牌区 G	基本牌 4、锦囊牌 5、装备牌 6
弃牌区 H	基本牌 4、锦囊牌 5、装备牌 6

　　身份牌、武将牌、血牌需要在游戏开始之前（准备阶段）确定下来，这三类牌与身份区、武将区和血牌区一一对应，不可移动到其他区域。身份牌有四类：主公、忠臣、反贼、内奸。主公只有一位，需亮明，其他角色自知即可，不可亮明，数量根据游戏人数调整。武将牌有国别和技能两大类性质，国别分为魏、蜀、吴、群四小类，每个武将的技能均不同，所以技能类别数与武将牌的总数相同。选择武将时要考虑主公的国别和武将自身的技能，所选武将牌决定初始血数。总之，在游戏准备阶段，身份牌影响选择武将牌的操作，武将牌决定选择血牌的操作，我们把这个操作过程标记为游戏的第一个操作链 A1—B2C3（简写为 α），该操作链会影响游戏开始阶段的操作链（见表 8 - 2）。

表 8 - 2　操作编码

操作名称	具体操作	编码
摸牌	从 D 区顶按顺序一次摸两张	I1
	从 D 区获得周瑜技能	I2
	从 D 区获得许褚等技能	I3
	从 D 区获得诸葛亮技能	I4
	从 D 区获得甄姬技能	I5
	从 G 区获得张辽等技能	I6
	跳过或不摸	I7
	从 H 区获得曹操等技能	I8
出牌	从 G 区随意顺序一次出一张	J1
	从 G 区随意顺序一次出两张	J2
	置入 E 区	J3
	置入 F 区	J4
	跳过或不出	J5
弃牌	零至多张置入 H 区	K

操作名称	具体操作	编码
判定	D 区翻开一张牌看花色	L1
	D 区翻开一张牌看花色和数字	L2
掉血补血	一次掉一颗	M1
	一次掉两颗	M2
	一次掉三颗	M3
	一次补一颗	M4

游戏开始，每人从牌堆获得初始手牌 4 张。从主公开始第一回合，逆时针方向进行。在每个角色的回合内，都必须经历摸牌、出牌、弃牌三个操作，可能经历掉血补血操作；在每个角色的回合外，角色可能经历摸牌、出牌和掉血补血操作。也就是说，在游戏过程中，所进行的操作之一是不同类型的牌（4、5、6）在不同牌区（D、E、F、G、H）移动，其中牌类 4 不能进入牌区 E、F；操作之二是掉血补血。我们把前一个操作链标记为 β，把掉血补血标记为 θ。

β 可单独决定 θ，也可通过 α 的影响决定 θ。β 之所以能单独决定 θ，是因为牌局可以在不考虑武将牌的国别和技能的情况下进行。如果是这样，决定胜负的因素就在于手牌的"好""坏"，不需要考虑手牌与国别、技能的配合，操作链也就相对简单。以杀—闪—血的操作链为例，角色 1 对角色 2 出一张杀（操作 J1），角色 2 不摸牌出牌（操作 I7），角色 2 掉一颗血（操作 M1）；复杂的情况是，角色 1 拥有装备青龙偃月刀，角色 2 拥有装备八卦阵，角色 1 先对角色 2 使用一张杀（操作 J1），角色 2 进行判定（操作 L1），结果为红桃（或方片），角色 2 无须摸牌出闪（操作 I7），角色 1 使用酒杀追杀（操作 J2），角色 2 进行判定（操作 L1），结果为黑桃（或草花），角色 2 不出（操作 J5），掉两颗血（操作 M2）。无论简单情况还是复杂情况，都可以标记为 βθ。

如果牵涉到 α 对 β 的影响，就构成操作链（α—β）θ。举一个简单的例子，主公（角色 1）是曹操，角色 2 是张飞（假设是反贼），角色 3 是夏侯惇（假设是忠臣）。张飞对曹操使用一张杀（操作 J1），夏侯惇为主公打出了一张闪（操作 J1），张飞又对曹操使用一张杀（操作 J1），夏侯惇不摸牌出牌（操作 I7），曹操不摸牌出牌（操作 I7），曹操获得这张杀（操作 I8）并掉一颗血（操作 M1）。这一轮的操作涉三者的身份、曹夏的国别以及曹张的技能，因此属于操作链（α—β）θ；当然曹夏张可以选择不利用国别和技能，仅靠 βθ 完成操作，所以说 α 对 β 是影响性的，而非决定性的。

编程人员很容易看出来，以上操作链的刻画实际上运用的是编程思维，即不考虑牌的意义，使用一套非日常语言使整个游戏程序运行起来。与专业的游戏程序相比，本章对操作链的刻画其实简陋不堪，不过我们的目的不在于和专业编程媲美，而在于凸显作为文化技艺的《三国杀》与在线《三国杀》之间的差异。

对操作链的刻画把线下《三国杀》还原为出牌、摸牌等一系列对于不同性质的牌的操作，是对具体的抽象、形式化；程序员对《三国杀》游戏的编程则是把这些操作数字化、软件化，是对抽象的"抽象"、对形式的"形式化"。

线下《三国杀》中的牌是关键物，所有的操作都要以不同类型的牌为中介才能进行；在软件中，荧幕上所呈现的"牌"似乎和线下的实体牌没什么两样，但荧幕上的"牌"的信息组织方式与实体牌完全不同。实体牌由构成牌的物质（纸或塑胶等）和牌上的符号（文字、图片等）构成，而计算机上的"牌"根本不是牌，而是数字体（digital object）。我们看到的不过是计算机内部的外显，计算机内部只有数字在运转，而并没有图文声像。计算机唯一无法数字化的只有构成它的硬件，构成硬件的物质或元素被认为是基础设施。通常情况下，基础设施隐而不彰，必须借由在其之上的运作物才能揭示出来，比如船将海洋揭示为基础设施。[1] 作为基础设施的硬件由软件揭示出来，为数字化提供着后勤保障。

人类无法像计算机那样，直接用数字处理信息，于是需要借助软件进行操作，基特勒就此认为，实际上根本没有软件，软件上的图文声像只不过是计算机对于我们的让步，它们最终都可以被还原为数字。计算机能将

---

[1] John D. Peters, *The Marvelous Clouds：Toward a Philosophy of Elemental Media*, Chicago, IL：University of Chicago Press, 2015, p. 104.

文化技艺和技术性媒介转化为数字，从而掌握了所有媒介，也消灭了所有媒介，我们今天之所以认为计算机是一种媒介，乃是我们发明的软件制造的幻象。①

于是，在游戏过程中，表面上看，虽然操控鼠标与实际打牌的动作不同，可玩的还是同一个游戏；但实际上这是两种性质不同的操作，线下游戏是文化技艺，而在线游戏只是用户在软件引领下的操控鼠标的行动。在文化技艺的操作链中，人是保持牌在不同牌区间运转的操作者（operator），但人无法保证总是按规则运转，因为人的每一次操作都会受到自身及外部环境的影响，也就是说人的每一次操作都是施展技艺的实践。在对计算机进行操作时，人只是形式上的操作者，一个不会玩的游戏者参与游戏，完全不会影响游戏的正常运行（只不过有可能被其他玩家骂），因为计算机的运行不会受到自身及外部环境的影响（除非硬件损坏）。计算机游戏的实际操作者乃是计算机程序本身，人的点鼠标行动并不是外在于计算机程序的主体性行动，而是早就被计算机程序算计在内了，或者说，人在游戏中的所有创意（文化技艺）都被写进了程序，从而被"终结"，唯一没有被终结的技艺，是对程序本身的操作（编写或更改程序）。

文化技艺操作链类比的是"杀""闪"等身体技术，或者说是对身体技术的抽象化、形式化（formalize）；在线游戏没有类比什么，它是对技艺操作链的数字化，技艺本身成了资料。曼诺维奇（Lev Manovich）认为，数字媒介（digital media）改变了媒介逻辑（logic of media），小说、电影的"叙述"形式（"narrative" form）变成了"数据库"形式（"database" form）。② 严格来讲，并没有什么数字媒介，只有数字化，不仅以往的文化技艺可以被数字化，逻辑也可以被数字化；所谓对抽象的"抽象"、对形式的"形式化"，并不是对抽象与形式的同义反复，数字化乃是与类比性的抽象、形式化性质完全不同的信息组织方式；如果说抽象与形式化是对

---

① Geoffrey Winthrop-Young, *Kittler and the Media*, Cambridge, UK: Polity Press, 2011, pp. 74 - 75.

② Lev Manovich, *The Language of New Media*, Cambridge, MA: MIT Press, 2001, pp. 212 - 228.

人有意义的技艺的话，那么数字化就是对计算机和人工智能有意义的技术。

数字化终结了文化技艺，同时也终结了技术性媒介的再媒介化。按照博特和古辛的再媒介化（remediation）理论，媒介的演化是连续的进程，媒介和被该媒介再媒介化了的媒介同样都是真实的媒介。可数字化根本不是对人具有意义的媒介，只是二进制代码对万有的刻画，图灵机与所有模拟性的技术性媒介之间，存在无法逾越的断裂。我们一开始就对线下《三国杀》的操作链进行刻画，也就是要突显文化技艺操作链是一种由操作者、中介物（纸牌）、符号乃至游戏场所构成的动态过程；而在线《三国杀》则通过数字化把这一过程封闭为由计算机主宰的自主运转过程。操作链中的种种要素，皆可以为数字运算所取代，其中就包括文化。文化可以嵌在文化技艺的操作链上，但对于计算机来说，文化也是程序的一部分。文化技艺操作链才是实实在在对人类有意义的文化载体，在软件中，它构成了玩家的界面。

第二节　线上游戏的文化嵌入

生活中，人们往往将文化与技术视作既相互区别又有联系的两个词。比如计算机技术通常指计算机系统、零部件、组装等技术，但也包含技术文化，且不说系统和零部件的品牌，计算机技术本身就根植于西方的历史文化；而提到网络隐私、网络版权等文化层面的概念，当然也与计算机技术的特性息息相关。因此，人们通常以相辅相成、互相促进来描述技术与文化二者之间的关系。与以上的经验事实相符，文化技艺概念强调文化与技术其实是同一过程的两个方面，这一过程的可能性条件是新的物质性操作实践。勒罗伊－古汉（Leori-Gourhan）等人类学家认为直立行走技术是人类文明产生的基础，采取的就是这种理论预设。直立行走使人的双手得以解放，是一种新的物质性操作实践，促进了大脑的进化。

当最初创造性的操作过程定型后，文化就随之嵌入其中了；操作过程的变化，往往也伴随着文化嵌入状况的变化。《三国杀》技艺的演变可以说明这一点。据现有的文献，玩印有图案的纸牌，始自唐末，不过玩法渐渐失传，直至 16 世纪中叶后复又兴起，[1] 赵吉士在《寄园寄所寄》中说：万历末年，民间的叶子戏，图宋寇姓名而斗之。至崇祯时大盛……[2] 在当时，图画很可能不仅仅是一种装饰，而是确实具有不可或缺的文化意义。在政治上，明末时局动荡，统治者希图人们通过游戏活动牢记缉拿要犯，以维护统治；在艺术上，水浒人物是美术创作的极佳素材，陈洪绶绘制的"水浒叶子"，刻画的人物眉目传神、线条清晰、个性分明，具有很高的艺术价值。[3] 在实际的游戏活动中，"水浒文化"亦体现在一些"地方规矩"上，比如东平县人会在打牌过程中"说唱九万歌"，根据蒋铁生整理出的说唱词我们可以看到，水浒文化已糅合进了整条打牌的操作链：

一

打了个一还是一，一万燕青了不起。

保着宋江闯东京，泰山打擂数第一。

二

打二万是花荣，搭弓拉箭有神通。

大雁排队天空过，一箭一个倒栽葱。

三

打三万偏偏脸，大刀关胜不简单，

水火二将同被捉，好汉英雄威名传。

四

打四万是柴进，他的外号小旋风。

仗义疏财人缘好，结义宋江为弟兄。

五

打五万是李逵，手使板斧有神威。

性急火烈有力气，叫他杀东不杀西。

---

① 周小英：《明末版画〈婴戏叶子〉》，《新美术》2007 年第 6 期。

② 转引自李永华、安雪《读陈洪绶〈水浒叶子〉走笔》，《图书与情报》2005 年第 1 期。

③ 李永华、安雪：《读陈洪绶〈水浒叶子〉走笔》，《图书与情报》2005 年第 1 期。

六

打六万是李俊，他的外号混江龙，

揭阳岭上救宋江，情深谊厚义意重。

七

打七万是秦明，他的朋友叫董平，

董平来把东平守 ，宋江他就攻不动。

八

打八万是朱全，他是梁山真英雄，

救宋江两肋插了刀，朱全义释宋公明。

九

打九万是宋江，他是梁山头号王，

劫富济贫杀贪官，弟兄一百单八将。①

这些说唱小曲，"简直就是一个个内容基本完整的水浒故事"；② 同样，《三国杀》中的"南蛮入侵""八卦阵""苦肉""锦囊""制衡"等标识操作的名目，也深深浸透着三国故事的文化底蕴。如此看来，无论水浒叶子戏中的水浒元素，还是《三国杀》中的三国元素，都不是仅起到标识作用的象征性工具，还具有对游戏过程产生实际作用的文化意义。不过在后来的嬗变过程中，文化意义可能逐渐淡化，只留下抽象的操作过程：

> 根据一般的传说，纸牌上的索、筒、万都是当年捉拿梁山好汉的悬赏数目。据说九万是宋江、八万是朱全、七万是林冲、六万是吴用、五万是李逵、四万是杨雄……其中又有不写悬赏数目的，而在牌的图像上涂有朱色的有三张，俗称"枝花""威风""千子"，枝花是孙二娘，威风是鲁智深，千子是武松。后来麻将牌已演变为一百单八张，显然是象征梁山一百单八将的意思。所说的"筒"就是金钱，

---

① 蒋铁生：《东平县"说唱水浒叶子牌"调查》，《民俗研究》2007 年第 1 期。
② 蒋铁生：《东平县"说唱水浒叶子牌"调查》，《民俗研究》2007 年第 1 期。

"索"是钱贯,"万"是十千,凡成牌曰湖,也就是指的梁山泊。①

可见,仅从纸牌这一中介物本身上看,无论叶子、骨牌还是麻将牌、《三国杀》牌,都是储存着使游戏得以运行之数据的物质载体,游戏者其实在不了解牌的文化背景的情况下,也不影响游戏的运行。比如我们今天在打麻将时,恐怕很少有人知道麻将牌与水浒的联系。从这个意义上看,所有的打牌游戏似乎在性质上都是相同的,都是以牌为中介、遵从一定规则的象征性行动。

的确,从操作链的运作细节上看,《三国杀》与其他纸牌游戏只具有复杂程度上的差别,即操作链更"长",而不存在质的差别。不过,在纸牌游戏的历史中,也存在能与《三国杀》的复杂程度和文化嵌入性相媲美的发明——晚清著名女实业家、女作家发明的《红楼叶戏谱》:

> 此谱借叶子戏之形式,融合《红楼梦》之主题、人物,采用"以类相从"的原则,除茫茫大士、渺渺真人、贾宝玉三张纸牌用为"百子"外,其余红楼主要女性人物按其典型性质、个人才情分为情淑、情贞、情妒等十个种类,……同时,徐曼仙还注意到"于同而不同处有别",按人物在《红楼梦》中的不同作用和地位,再为同一种类中的不同人物下判词,……作此游戏,一人坐庄,三人与之相斗,采用同类牌色配对的规则,除作为"百子"和三"领袖"——淑媛领袖贾元春、金钗领袖林黛玉、青衣领袖鸳鸯——的牌用法较复杂外,其他牌色可以同类互配,合成四副即算合成,又有不同花色供玩家配合。总体看,此游戏的玩法较为繁复,不仅需要玩家具有较高的文化素养,了解规则,还需要玩家在谙熟《红楼梦》的前提下,才能自由发挥。②

---

① 李永华、安雪:《读陈洪绶〈水浒叶子〉走笔》,《图书与情报》2005 年第 1 期。
② 武迪、赵素忍:《〈红楼叶戏谱〉杂考——兼论〈红楼梦〉及其续书中的叶子戏》,《红楼梦学刊》2017 年第 1 期。

与《红楼叶戏谱》一样，线下《三国杀》的特殊性就在于它是一种有意的发明，用今天的话来说，就是一种文创产品，而不是无迹可考的民间通俗游戏。总的来看，《三国杀》创造性地糅合了叶子戏中的多种文化元素。相较于陈洪绶精心绘制的水浒人物，《三国杀》卡牌上的图画、人物形象显然也经过精心设计；打牌时对技能的选用、目标的选择等都要明确说出，不乏说唱的色彩；与按人物个性分类的《红楼叶戏谱》类似，《三国杀》中人物的技能也尽可能符合了三国故事中的人物气质。另外，《三国杀》玩家需要在谙熟武将技能和游戏规则的情况下，才能发挥出更好的游戏效果。

表面上看，上述文化元素似乎也适用于在线游戏。仅从游戏体验上看，我们并不否认这一点。然而，文化技艺中的文化是在有限的时间空间中体现出来的、与操作者相伴随的意义生成过程；在线游戏中的文化则是代码、程序的，可在时间上无限延展，且不需要占据空间。在线《三国杀》是一种"无限游戏"，参与者登入登出，并不影响游戏24小时连续运行，参与者不知道游戏的起点和终点；游戏存在的最终目的不是放松身心或获得快乐，而是阻止游戏的结束，让每个参与者都一直参与下去。这种无限游戏吞并了线下的"有限游戏"，而文化技艺无法反过来模拟"无限游戏"。笔者不是在批判这个现象，而是描述技艺/技术之间的断裂，使人意识到，文化变迁，也许潜藏在技艺/技术运作的细节变化之中。

第三节　编程作为媒介"终结"后的
唯一一种文化技艺

在今天这个将一切游戏编程的时代，计算机上的牌类游戏不再需要纸牌这一中介物，线下游戏这种文化技艺面临着"终结"。人们也许会疑惑，在计算机上的"纸牌"难道和线下的纸牌不是一样吗？线上与线下的不同难道不只是操作过程不同（一个点鼠标，一个用手打牌）而已吗？那么何来"终结"之说？

所谓"终结"，并不是一个价值判断，而是一个事实判断，意思是数字化可以把声响、图像、文本都还原为数字，计算机于是可以扮演以往所有技术性媒介的角色，从而消除了媒介之间的差异。也就是说，在数字化过程中，纸牌等中介物只是一种象征性的说法而已，它们实际上都被数字化为软件和界面，已没有了"肉身"。

软件和界面与模拟时代的电视机和收音机等实则有本质的不同，在人类的日常生活中，软件和界面当然发挥着和过去电视显示屏一样的功能，但严格来讲，软件和界面并不是技术性媒介，因为它们的存在只是对人类局限性的让步——人类无法直接从计算机内部的数字运算中获得意义，只能借助软件和界面，获得使用技术性媒介的感觉。按照这一思路往下推论，如果人类都能学会以 0 和 1 的方式进行思维，那么我们根本不需要用软件和界面模仿技术性媒介。所以，所谓游戏的"终结"，不过是说，在线上进行游戏的人们，并不像线下操作者那样，知道整套游戏是如何运行的，他们根本不知道游戏为何物！要想知道在线游戏是何物，必须学会编程。

我们把眼界放得更宽一些，就不难发现，在所有东西都可以被数字化的时代，人类实际上只剩下一种终极的文化技艺——编程。正是这一技艺，保证了人类暂时不会被自主的技术淘汰。在线下游戏中，少一个人就会影响游戏的进行，而在线游戏中的"人"可以被计算机的算法取代；线下游戏中的"杀""闪"是对实际的身体技艺的抽象，而在线游戏中的种种"技艺"则是对抽象的抽象、对形式的再形式化，这对计算机来说是富有意义的，但对人来说则是空洞的——人的所有行动最终被化约为"点鼠标"。

说得更严重一些，用户友好型的软件是一种精神鸦片，它使人看不到计算机内部的操作，所以基特勒要鼓励人们掌握基本的编程技术，以直接连入赛博空间。

第七、第八章提供一种从物质性角度克服媒介概念恶性扩张的思路，这种思路也并非唯一的道路。实际上，就像在媒介观念史中展现的那样，物质性和观念性都是媒介概念的重要方面，因此在物质性的思路之外，黑格尔更偏观念论的媒介观也值得深入挖掘，本书暂且点到为止。

结　语
往真之路

本书的问题，一言以蔽之：媒介概念为何在当代媒介理论中无限扩张？这个问题关涉到人们如何理解媒介与"真"的关系。要揭示这一点，就要深入形形色色媒介观的历史性。于是得出框架如图9-1。

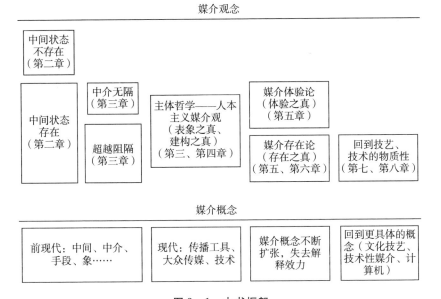

图9-1　本书框架

本书要揭示出，在通往真实的过程中，种种尝试克服中介阻碍的道路。在先哲开启的这个思的领域中，存在并行的、交叉的，乃至相互破坏的道路。按照删繁就简的书写策略，应当只讲主干道，以使主题集中。但是，这种策略本身就与源始的状况不符，无益于看到思想运动本身的错综复杂性。因此，本书在指出媒介概念群及其思想内涵之丰富性的前提下，再徐徐引入"往真之路"的主题。

在建构"往真之路"时，不能立即得出什么结论；不能证明这条路就一定是正确的康庄大道，那条路就一定是南辕北辙。因为，思想的道路不同于科学的道路，它无法证伪。但是，它能扩展思想的境界。如果说有什么结论的话，那就是：媒介概念在当代的无限扩展，是媒介与存在的关系问题在历史中展开的结果。这个结果，有赖于从前现代到现当代，学者们经常走的几条道路。

相比于中间状态不存在论，前现代"媒介观"的一个更重要方面是，承认中介的存在。在这个框架下，思想家开拓出两条主干道，一条道路是中介并不会造成阻隔，忘记中介才能通达真意；另一条道路是中介意味着阻隔，意味着表象与物自身的永远分离，意味着诠释的空间，意味着真正超越阻隔只能是一种永恒的渴望，能通达的只是表象之真、建构之真。

康德的主体哲学对后一条道路给出了严格的论证，对后世以主体的先天认识能力为基点的技术哲学产生了深远影响；甚至思想家在试图摆脱主体哲学、人类中心论时，往往不经意间落入了主体哲学思维方式的桎梏。比如以麦克卢汉为代表的一批被贴上"技术决定论"标签的学者，在一定程度上挑战了以人为中心的主体哲学；但是，它并没有颠覆主体哲学的进路，因为在处理人类如何在技术控制下保有自由的问题时，它回到了主体的先天能力上。尽管埃吕尔指出主体哲学这条道路并不牢靠，从而提出了他救方案，但他也没能从根本上说明不牢靠的根源何在。

事实上，主体哲学的道路尽管可疑，却无法证伪。在本书第四章中，我们就看到，在当代，沿着康德、麦克卢汉的道路前进的媒介理论家大有人在。尽管本书站在胡塞尔和海德格尔的现象学立场上，认为媒介体验论和媒介存在论道路，从根本上撼动了主体哲学的道路，克服了主体哲学只能达到表象之真的局限。但本书并不是仅仅在负面意义上批判主体哲学，原因如前所述，在主体哲学道路上前进的媒介环境学者，取得了丰硕的成果。

　　从现象学，尤其是海德格尔的存在论上看，思想的道路并不遵循必然性，而是富有可能性。不管是通达表象之真、建构之真，还是通达现象学意义的体验之真，种种道路，都是通往存在本身的可能的道路。

　　之所以以媒介与存在的关系问题作结，不仅仅是因为理论出现的时间顺序，也不仅仅是它解释了媒介概念恶性扩张的存在论原因，更是因为，人与存在的关系的改变与文化技艺、技术性媒介密切相连。人与存在的共属一体状态被技术性媒介打碎，如今控制论、递归性的自动机、人工智能的崛起，已然宣告着人类中心主义的终结、后人类时代的开启。这样看来，沿着主体哲学这条路走的媒介学说，恐怕就必然与主体哲学一道走向终结。不过，哪里有终结，哪里就可能有新生。新生，在本书中，就是重新理解技艺/技术自身的运作。这个观念，并不是反人类，而是呼吁人们重新摆正人在技术实践中的位置；人不再是悬挂于意义之网上的行动者，而是镶嵌在操作之链上的操作者。若要矫现代技术之弊，不能光靠主体的科学之思或想象一个能够拯救我们的他者，而是要不断返回技艺/技术所在的无蔽之域。思想并不仅仅属于人类，而是属于一切思想运动过程中应合着无蔽之二重性的思想者。

附 录

相关文章

　　附录文章是对正文相关论点和理论的强化与深化（详见正文相关部分的说明），同时可作为技术性媒介和文化技艺的个案研究。

　　第一篇以麦克卢汉的媒介理论为基础，讨论 PPT 的使用，如何插入了纸质讲稿时代演讲空间的前景—背景结构，打破了讲稿、演讲者、板书、阅听人之间的有机关系。阅听人、演讲者之间的有机反馈链被重塑为人机关联体；PPT 是关联体的核心，既直接关联着声光设备的无机界，又同时关联着人的有机界。在新空间中，演讲者和阅听人必须努力调整自身的感觉平衡比率，以保持正常的信息传递和接收；但二者时常难以抵挡机器的微观时间对人类的宏观时间的切割，演讲者丧失纸质讲稿时代的演讲节奏，阅听人无法同步处理声音和过多的光学刺激。

　　第二篇旨在深入基特勒的文化技艺理论，关注 1800 年前后的德语区，教育领域出现的以最小意义元素为教学起点的基础读物、语音法，和围绕核心家庭展开的早期教育。这些教学法的细节变化与文学、哲学、行政等领域相互作用，生成一套新的话语规则，引发整个文化领域的系统性变革，生成了话语系统 1800。基特勒别开生面地勾连起微观的技艺变革和宏观的话语系统，对浪漫主义文学和德国古典哲学给出了一种不浪漫和非古典哲学的解释：文学和哲学只不过是话语系统之规则性的无意识书写，是教育的附带效果。

　　第三篇将弗卢塞尔的摄影哲学作为范例，检视特殊的技术装置何以引发深刻的哲学思考。弗卢塞尔认为，人类经历了从生产传统图像到概念化图像再到技术图像的演进历程，摄影是生产技术图像的起点和装置社会的原初模型。通过批判摄影装置，弗卢塞尔揭示出装置程序通过规定操作者的操作可能性，支配了技术图像的生产。人遵循着装置程序的自动化逻辑，成为装置社会自我反馈中的环节；无论人的公开举动，还是内在的思想、感觉和欲望，都在为维系装置运转、促进装置升级做出贡献。同时，弗卢塞尔也为人类的自由保留了最后的希望：不断穷竭装置程序的无尽可能性，与装置一同想象。

PPT 批判

　　媒介理论家麦克卢汉认为，新媒介（本文中，媒介指作用于人类感官的、起中介作用的技术）有能力重新配置感觉参数。如相比于舞台剧，电视的独特之处不仅在于上演的内容，而且在于需要观众接受新的媒介形式（电视的外壳、发光的屏幕，以及围绕电视的背景等）的刺激。这样一来，观众在看电视时势必要同步调整视觉和听觉之间的感觉/感官比率（sense ratios），以处理新形式的声光刺激，达到所谓的感觉平衡（the balanced interplay among the senses）。该理论忽略个体之间感觉参数和信息处理能力的差异，也就是说，人们的感觉平衡比率处于一定范围内，不会相差太大，这实际上与神经科学的预设相同：把正常的人类感觉视为数据采集器，把正常的人类意识视为处理数据并维持感觉平衡比率的保护性屏障。[①] 不过，麦克卢汉更重视新媒介对人类社会整体的感觉平衡比率的重塑作用，因此在他看来，每种广泛使用的新媒介都可能催生新的感觉平衡比率，从而影响人们对世界的认识。

　　以感觉平衡理论为预设，本文试图探讨，目前在演讲中广泛使用的PPT对感觉平衡产生怎样的影响。对这一问题，虽然有一些实证研究成果，但欠缺批判性的理论反思。所谓批判，并非对使用PPT做负面的价值判

[①]　〔加〕马歇尔·麦克卢汉：《谷登堡星汉璀璨：印刷文明的诞生》，杨晨光译，北京理工大学出版社，2014，第112页。

断，而是以感觉平衡理论为视角，澄清 PPT 究竟如何重塑了演讲空间中人们的感觉参数，从而让我们更好地理解 PPT 这一熟悉的陌生者。

演讲空间是一种相对封闭的空间，演讲者的行动、阅听人的行动、物（包括讲台、讲稿、窗户、墙、技术设备等）和时间性是这一空间中的关键要素，也是本文要探讨的重点。当然，这一描述性框架是高度简化的，忽略了不同场合的演讲空间的差异。另外，为了凸显 PPT 对空间环境的重塑作用，我们将只考虑两种环境：一是不应用现代技术设备的纸质讲稿时代的环境，二是应用电子计算机及其相关设备的 PPT 时代的环境。忽略了在纸质讲稿和 PPT 之间的幻灯片等过渡性媒介物，这些媒介物或更接近纸质讲稿时代的板书（如把纸上的内容投影到墙上），或更接近如今的 PPT。

鉴于批判性研究不可能穷尽所有的经验场域，纠缠于细节往往会看不清新媒介不知不觉的影响，我们姑且把简化的框架作为理想模型，暂不牵涉演讲场合的差异和过渡性媒介物。媒介理论家也把理想模型的建构视为一种方法——以部分代整体的提喻（synecdoche）。提喻并非以偏概全，而是使说出的部分与未说出的丰富性产生共鸣，刺激人们突破语言编织的既定框架。

在纸质讲稿时代，演讲者的声音、肢体语言等行动处于演讲空间的前景，阅听人的目光、窃窃私语等处于背景；物和时间性常处于背景，但能够被演讲者的行动召唤到前景之中。PPT 作为一种新引入的内容呈现技术，是否意味着对空间环境的系统性重塑？若要回答这个总问题，不妨从演讲空间中的物因素对其他三要素的重塑作用入手，看新媒介的引入对阅听人、演讲者和时间性同时产生了怎样的作用。

一 阅听人的认知负荷与感觉平衡比率

实证研究者多关心媒介对传播效果的影响。为了研究 PPT 的实际传播效果，哈佛大学的研究团队进行了一项针对商业演讲场景的双盲研究，具体的研究问题是：与"可缩放用户界面"（ZUIs）和口头演示相比，PPT 的效果如何？总的来看，结果表明，PPT 基本上不会给目标阅听人传递更多的信息，也不会改善人们对所宣讲品牌的看法。具体而言，相比于没有视觉辅助的口头演讲，PPT 没有使演讲更好。而相比于口头演讲和 PPT 演讲，ZUIs 和口头演示更具组织性、吸引力、说服力和有效性。研究还发现，缺乏视觉辅助的口头演讲，或在虚拟布上进行连续、线性过渡的演讲，会使阅听人更集中注意力，获得更愉快的体验。[1]

为什么 PPT 使传播效果变差？根据认知负荷理论，人们处理信息的总量不能超过一定阈值，如果超过的话，会出现认知负荷过重的情况，影响学习效率。其中，材料的组织和呈现方式是影响认知负荷的基本因素之一。[2] 如果我们同意上述理论，则可以推论出，PPT 作为一种新的信息呈现方式，发出了过多的光学信息，可能使阅听人出现认知负荷过重。但是，为什么额外的光学信息就会造成如此大的影响呢？这一点，麦克卢汉用感觉比率论加以解释。

对于阅听人来说，听觉和视觉两种感觉能力的同步与协调，是顺利参与到演讲空间中的关键行动。听觉负责处理声学信息，接收演讲者富有意义的语音语调，过滤掉其他无意义的噪声；视觉负责聚焦光学信息，把目光集中于演讲者富有意义的手势、表情，或演讲者引导大家看的东西之上。更重要的是，听觉与视觉需要相互协调，保持比率的适当。若只关注演讲者的姿态，就会忽视其声音；若闭上眼睛只听声音，就会遗漏视觉信息。

在演讲中，演讲者的声音往往是更重要的，需要阅听人给予更高的感觉比率，这也就是我们说听演讲，而非看演讲的原因。与之相比，看电视的行动需要给予视觉更高的比率。当然，听觉和视觉的总量，以及两者之间的比率不是固定不变的，它随时间流动而动态调整。比如，设想这样一个场景：演讲者一边说话，一边把我们的目光引导到一幅图画，或窗外的风景；此时，由于光学信息的增加，总的信息量增加，阅听人需要重新分配感觉比率，尤其要增加视觉比率，以维持对演讲空间的参与度。若认知

---

[1] Paul Armstrong, *Stop using PowerPoint, Harvard University says it's damaging your brand and your company*, https://www.forbes.com/sites/paularmstrongtech/2017/07/05/stop-using-powerpoint-harvard-university-says-its-damaging-your-brand-and-your-company/? sh = 66147f33e65b, 最后访问日期：2020 年 2 月 21 日。

[2] 张慧、张凡：《认知负荷理论综述》，《教育研究与实验》1999 年第 4 期。

负荷过重，阅听人就无法根据空间环境的变化同步调整感觉比率，导致"某种感觉提高到高强度"，"对其他感觉产生麻醉作用"，[1] 造成感觉之间的整体性失衡（通俗来讲，通常所说的目瞪口呆、大脑不够用或紊乱都属于感觉平衡打破现象），信息的传递也会随之受阻。

需强调，我们是在理论预设的层面讨论比率失衡的问题，即讨论的是实证研究结果的可能根据。也许，通过神经科学家、认知科学家和实验心理学家的配合，可以在演讲现场测量出，阅听人在听讲时，哪里是负责听觉的区域，哪里是负责视觉的区域，乃至二者活跃程度的变化、正常范围的感觉比率，并总结出关于感觉比率的普遍规律。但既然还没有准确的科学数据，我们就只能根据理论进行推论。麦克卢汉的媒介理论尤其注意新媒介造成的比率失衡问题：第一，新媒介的物质性改变了人类所处的环境，比如若要正常使用电视，不仅需要把这一新的物质形态摆出来，而且需要架设与之相关的技术设备，营造新的媒介环境；第二，新技术改变环境，意味着人类的感觉需要接受新环境的刺激，并重新适应新环境。

如果上述理论正确的话，人类就面临着一个严峻的挑战，即，面对电子媒介的刺激，人类能否保持感觉比率的平衡？麦克卢汉的回答是，往往不能，但，我们要努力恢复平衡。也许，这才是实证研究者认为PPT是鸡肋的真正根据。在纸质讲稿时代，阅听人能够在前景—背景的二元空间结构中保持感觉平衡，但在PPT时代，这一平衡被打破，且并未恢复。当然，实证研究仅仅指出了对阅听人可能的颠覆性影响，并未触及研究空间中的其他要素。实际上，PPT的影响不可能只针对阅听人，它也同步地影响演讲者，对此，我们必须动态地加以分析。

二 同时重塑演讲者与阅听人的感觉

戈夫曼提出了三种理想的演讲模式：背诵式（memorization）、脱稿式（fresh talk）和讲稿式（aloud reading）。其中背诵式更多出于表演的需要，就像影视剧演员一样，好像是在自然流畅地说话，实际上说的是基本固定

---

[1] 〔加〕马歇尔·麦克卢汉：《谷登堡星汉璀璨：印刷文明的诞生》，杨晨光译，第89页。

的台词。一些脱稿式演讲者不会背诵或看稿，其理想状态是完全即兴，临场根据主题进行发挥。但更多的脱稿演讲者事先都有所准备，只不过他们不会事先准确安排每句话、每次起承转合，只是有底气临场把话语连贯下来。讲稿式则需要根据讲稿演讲。在没有 PPT 之前，讲稿多为纸张，演讲者可以念稿，也可以在讲稿的基础上发挥。不论采取那种形式，讲稿式演讲者通常会把一些要素糅合进来。如有的演讲者在用眼睛扫描过一段话之后，开始即兴发挥；有的演讲者则会背诵刚刚扫描过的内容，不管怎样，至少要看起来像在自然而然地说话，否则就是在朗读而非演讲。[①] 为了不模糊焦点，我们把场景局限在讲稿式演讲中，探讨物本身如何成为重塑空间的重要因素。

在纸质讲稿时代，纸质讲稿是与演讲者直接发生关系的物，但并不像演讲者的行动那样处于前景，而是常处于背景。讲稿式演讲模拟即兴式演讲，演讲者尽量掩饰讲稿的存在，把讲稿平铺在讲台上，正面面向阅听人，偶尔瞥及讲稿。此时，讲稿是一种透明的媒介，虽然隐而不显，却传递内容。只有当演讲者低头念稿，或拿起讲稿展示，或动作较大地翻阅讲稿，或打翻水杯使讲稿浸湿，讲稿才被召唤到前景而凸显。

板书是与讲稿密切相关的技艺。当演讲者无法准确地把讲稿转换为言语行动时，往往需要板书的辅助。板书把讲稿的一部分转换为摆在眼前之物，转换为视觉内容；在演讲者的口授与书写下，阅听人的耳与眼（也可能有手）相互配合，接收并同步处理内容。讲稿、口授、板书、阅听人的接收与处理，一起构成了一条相对稳定的信息传递链，其间发生的是内容从信源到信宿的转录。转录不能等同于机械复制，演讲者如果要复制，不如全程念稿或抄板书；阅听人如果要复制，不如去请速记员。演讲者念稿或抄板书过多，就会把讲稿召唤到前景，从而破坏讲稿的媒介透明性，使运作链不再流畅。阅听人像速记员一样记笔记，就会用写破坏感觉平衡，使大脑变成单纯的声音誊写器。

转录给阐释和发挥留下空间，演讲者可以阐释讲稿，并引申出超出讲

---

① 　Erving Goffman, *Forms of Talk*, Philadelphia, PA: University of Pennsylvania, 1981, pp. 171 –
172.

稿的内容；阅听人不光接收信息，还要对演讲者的言语行动做出阐释，激发自己的联想。当然，阐释和发挥不能过度，演讲者过度发挥，就会使信源端在打断、重连之间反复，从而影响阅听人的接收（通俗来讲就是经常跑题）；阅听人如果阐释和联想过多，就从信息传递链中脱离，成为出神者，不再是可以做出反馈从而维系传递链正常运转的信宿。

当进入 PPT 时代，纸质讲稿时代的演讲空间就被重塑，其中的信息传递链就被打破。这是因为，PPT 并非透明的媒介，而是插入在前景与背景之间的东西。它并不属于前景，因为它在演讲者"背后"，只有当演讲者明确提示阅听人注意 PPT 时，它才位于前景，承担过去的板书功能；但它也不属于背景，因为它摆在阅听人面前，它的形态刺激着阅听人的视觉，除非闭眼或低头，否则无法忽视其存在。换言之，PPT 存在时阅听人的视觉无法聚焦——究竟是把演讲者的言语行动作为前景，还是把 PPT 放在前景？这个问题对阅听人的感觉平衡提出了挑战。当然，如果演讲者能让阅听人明确，何时把 PPT 视作处于前景，何时把它视作处于背景（如在艺术演讲中，PPT 中全是画，整场演讲是对画作的分析），这个问题也就不存在。然而，现实中大多数演讲的 PPT 富含文字，且演讲者不会刻意提示阅听人注意这些内容；看文字还是听声音，就成了一个问题。

为了应对来自媒介物的刺激和感觉比率的危机，也许人们可以进化出信息处理能力更强的感觉和大脑。但就上述实证结果来看，新的视觉刺激的插入似乎超过了人脑信息处理的阈值，阅听人没有得到更多的信息；人类并没能把感觉比率调整到平衡状态，否则用 PPT 理应不会对演讲空间中的信息传递造成负面影响。当然，我们不是要做"不用 PPT"的价值判断，拒绝新媒介的宣誓在人类历史上屡见不鲜，但无一成功；重要的不是简单的接受或拒绝，而是追问造成改变的根据。追问的方法，就是对媒介物本身进行批判。

PPT 作为一种横亘在阅听人与演讲者之间的光学技术物，不仅打破了阅听人的感觉平衡，而且重塑着演讲者的演讲行动。按照戈夫曼的演讲理论，对于演讲者来说，看电脑屏幕上的 PPT 与看纸质讲稿应当没有什么质的不同，即，演讲者依然是在模拟即兴演讲。这一讲法固然有道理，但，社会学理论往往忽视技术操作的细节变化所带来的整体性影响。我们不妨只讨论一个细节：翻页。在纸质讲稿时代，翻页行动由手完成，翻页行动属于整个言语行动的一部分；演讲者在时间的流逝中，或缓慢或快速地翻过讲稿。不管翻页的速度有多快，翻页行动都是有机的、连续的。但翻动PPT页面的过程中，演讲者操纵的是鼠标或其他设备，实际上并非手在翻，而是机器在"翻"。机器的"翻页"是无机的、断裂式的，更确切地说是切换。切换从不考虑人类的反应时间，它以机器速度完成行动，等待人类的跟进。于是，人类演讲者往往遭遇"翻页的尴尬"，无法与机器形成有机统一。

作为社会理论家的戈夫曼，并非没有注意到媒介物对演讲的影响，但他仅仅注意到出问题的技术设备，如不良的光线对幻灯片的影响，麦克风故障对演讲者和听众的影响。对戈夫曼而言，这些设备问题与咽喉炎等"人体设备故障"类似，是"噪声"的一类来源。当然，类似不等于完全相同，所谓技术问题引起的"噪声"基本上是可以避免和修正的，而"人体设备"引起的"噪声"更具有不可避免性和不可修正性，如浓重的口音、常需喝水，以及扶眼镜、摸鼻子、口头禅等下意识行为。[1] 以此来考虑人类对PPT的使用，我们会发现，PPT翻页与"人体设备引起噪声"的逻辑相同，无论自己还是他人协助用鼠标等相关设备进行翻页，还是设置好自动翻页，都不可避免地切割演讲者的有机行动。切割所引起的一次次"故障"是不可修正的，除非使机器对人类做出让步，使基于机器速度的设备模拟人类的有机速度。

面对机器，演讲者依然可以阐释和发挥，但要维系住这些看起来与纸质讲稿时代相同的行动，演讲者必须适应机器带来的新环境，相应地调整感觉比率。除了必须面对的一次次切割，演讲者还必须时刻面对新的讲台布局，面对电脑屏幕的光学刺激，以及在新的演讲空间中发生变化的阅听人等。这些刺激与电视给观众带来的新刺激一样，只有同步地适应，才能顺利接收和处理。

---

① Erving Goffman, *Forms of Talk*, Philadelphia, PA: University of Pennsylvania, 1981, pp. 183 – 184.

整体来看，PPT 的插入之所以对阅听人、演讲者乃至整个演讲空间环境产生系统性影响，是因为 PPT 具有与纸质讲稿完全不同的"物性"，它不透明、产生大量光学刺激并极大超越了人类的反应时间。其后果是，前景—背景的二元结构被打破，阅听人—演讲者之间的有机反馈链被重塑为人机关联体；PPT 是关联体的核心，既直接关联着声光设备的无机界，又同时关联着人的有机界。

以上，我们主要讨论了演讲空间四要素中的三种要素（演讲者的行动、阅听人的行动和物质环境）及其相互关系，那么，时间性难道也会改变吗？

三　重塑时间性

如果我们把时间性仅仅理解为物理时间，PPT 自然不会改变什么。但我们讨论的是演讲空间中的时间，即通常所谓可控制的时间。钟表时间根本无法控制，可控制的实际上是人对于时间进程的理解，基于这一理解，演讲者可以控制演讲的节奏，阅听人也可以控制自己处理信息的节奏。

在纸质讲稿时代，时间节奏主要体现在演讲者的言语行动上，如声音的抑扬顿挫、语速、停顿的时机、手势等。这些行动把时间节奏限制在人类反应时间的阈值之内，演讲者或阅听人的最快信息处理速度是阈值的上限。在 PPT 时代，时间节奏清晰地呈现为 PPT 翻页的频率，人类的时间控制被空间化为页与页之间的间隔。

当然，纸质讲稿时代的时间节奏也是空间化的，空间化为钟表指针一格一格的走动；这种空间化的时间基本上处于背景，只有在看表时才会摆在眼前。但 PPT 所切割出的时间节奏永远摆在那里，挑衅着人类的视觉。的确，PPT 恰恰就是摆在前面的东西，是 setting-before，德文以 Vorstellen（表象）这个含义丰富的词来标记，stellen 与古希腊词 ιστᾰμαι（站立）有词根上的联系。站立是一种停下来，所以 PPT 是一种摆在前面的在表面上停下来的现象。

PPT 对时间节奏的空间化切割，让有机的、连续的时间进程，显示为离散的前后相继。前后之间的空隙，是以机器速度为单位的切换，这个速度，人类的反应时间无法处理，只能通过长时间（相对于机器速度来说的长时间）停留在一个页面的方式，对之忽略不计。然而实际上，人们已被卷到精密切割的时间轴之上，机器速度已然完成了对人类反应时间的切割，这一点，在演讲者意识到要节约时间时尤为明显。

如果时间不够用，演讲者常常以加速翻页（包括跳过 PPT 页面）的方式争取时间，这样一来，演讲节奏的变化被外化在 PPT 翻页的频率变化上，时间之流成为愈加细密的视觉性、空间性切割，犹如高级厨师以极快的手速把食材切细成丝。此时，阅听人的感觉平衡将面临无比严峻的考验——必须努力跟上切割的速率，但是，保持感觉平衡的努力往往以失败告终：一些人选择让听觉主管，放弃观看；一些人让眼睛跟上翻页的频率，把声音置入背景；更多的人"目瞪耳呆"，既不知道看到了什么，也不知道听到了什么。在此过程中，演讲者不再是口授的主体，而扮演着切割设备操作者的角色；他为了要节约时间，下意识地选择模拟技术设备所在的最小时间过程，放弃了人类的宏观时间过程对时间节奏的控制。当关闭 PPT 后，人们才恢复反应，在结束语中重新恢复感觉平衡。

四　结语

PPT 插入纸质讲稿时代演讲空间的前景—背景结构，打破了讲稿、演讲者、板书、阅听人之间的有机关系，使演讲者和阅听人卷入了由摆在眼前的媒介物中介的新空间，二者必须努力调整自身的感觉平衡比率，以保持正常的信息传递和接收。但现实的情况是，二者时常难以抵挡机器时间性对人类时间性的切割，演讲者抛弃了纸质讲稿时代的演讲技艺和节奏，阅听人无法同步处理声音和过多的光学刺激。

当然，我们并不是要鼓吹回归纸质讲稿时代，新媒介完全可能会刺激出全新的感觉平衡比率，没有必要执着于单一的固定平衡比。如果新技术确实刺激过度的话，意识作为一种"保护性屏障"，在短时间内可能会麻痹，但会在长时间进化后发展出应对策略，避免意识崩溃。

正像印刷书时代没有人再怀念手抄本时代的"听写授课"一样，今人也不必过度怀念纸质讲稿时代的演讲者，相比于过去，我们处理电子内容的能力也许已经有了进步。但在新媒介的冲击下，视觉、听觉、触觉、运动感觉等如何进化到相对平衡，却依然是个问题。我们如今是要放任 PPT 对感觉平衡的一再打破，寄期望于未来大脑的进化？还是开始尝试更多的技术组合，逐渐适应电子媒介对感觉的刺激？如果以口头、手抄、印刷、电子来为文化划分阶段有一定道理，那么，我们也许正处于一种新文化的初级阶段，只能提供一些关于该阶段的不完整的文化理论。然而，这些不完整的理论足以使我们意识到，"漠视新型信息媒介在改变我们各种感官的状态和关系中所发挥的作用"[①]，并非明智之举。

读写教学法的变革与德语区话语系统 1800 的生成

教育领域的变革如何形塑整个文化领域，不仅仅是学界关心的话题，亦是常引起广泛讨论的社会话题。在《话语系统 1800/1900》一书中，基特勒通过对教育、文学、哲学等文本材料的话语分析，揭示出读写教学中的细节变化，如何引发了 18 世纪末 19 世纪初德语区文化领域（话语系统 1800）的深刻变革。他对于读写实践与整体文化领域之关系的分析，别开生面地勾连起微观的教育变革和宏观的话语系统（Aufschreibesystem）转型，对于跨学科研究具有一定启发意义。

一　从有意义的语音元素开始

欧洲人要获得精湛的读写技艺，必然要学习读写字母，可如何教字母却是一直在变化的文化实践。在 1800 年前后，德语区基础读物有意淘汰了宗教改革时期引入的字母组合教学法（如 ab、eb、ib，这种方法只能产生少量有意义的单词），更重视从简单的、有意义的语音元素开始教学。尼迈耶（August Niemeyer）写道，不能再用无意义的组合来教学，而是要用带有意义的单音节的词，如 Bad（浴）、Brett（板）、Hof（院）、Teig（面）、Zahn（牙）、Mehl（粉）、Hut（帽）、Dorf（村）等。蒂利希

---

① 〔加〕马歇尔·麦克卢汉：《谷登堡星汉璀璨：印刷文明的诞生》，杨晨光译，第 126 页。

(Ernst Tillich) 发明了一种单音的辗转变换 (gleitende Übergang) 方法，如围绕 a 的 ab、ba、ap、pa、ma、am、ad、da、at、ta 等。裴斯泰洛奇 (Pestalozzi) 也采用了变换法，不过他的方法是延展式的变换，如 eph、ephra、ephraim /buc、buce、bucephal，或者说是词的逆向变换 (eph、ephra 都出自 ephraim)。① 基特勒认为，围绕有意义的语音元素进行的教学法的出现，是文化领域的革命性事件：字母组合不再被认为是任意的，而被认为是内在于人类本性、源于自然本身之秩序的东西。

除了基础读物中字母组合方式的变化，阅读理念的变化亦值得注意。在 1800 年前后，人们开始认为，记诵宗教书籍的教育法 (让儿童记圣经中复杂的人名、地名) 是荒唐的，德语区学校开始追求学生对文本的理解。马丁·路德 "逐字逐句详述" 的阅读法，变为只读学生和老师能 "读懂" (verstehen) 的诠释学 (Hermeneutik) 方法。②

这些读写实践上的变化，综合体现在 "皇家巴伐利亚教堂与学校部长" (königlich baierischen Kirchen-und Schulrat) 施蒂凡尼 (Heinrich Stephani) 的教育改革中。他把认字的重心从拼写转移到口说，如学习 schon 这个词，仅仅教给孩子每个字母怎么读，孩子是没办法掌握发音的，要先分解成 sch 和 on 来读，然后再合起来读，孩子才能完全学会这个词的读法。施蒂凡尼的语音法 (Lautiermethode) 是可与书写之发明相媲美的语言革命，它不仅是一套教说话的方法，更预示着话语系统的转型："欧洲字母表的革命在于其口语化 (Oralisierung)。不起眼的基础读物有助于认识论转型 (epistemologischer Schwenk)：从普通语法 (allgemeine Grammatik) 转到语言科学 (Sprachwissenschaft)。"③ 从意义开始的语音法 (Lautiermethode) 或音节法 (Syllabiermethode) 取代从无意义开始的拼写法 (Buchstabiermethode)，意味着字母被视为一种类似音符的注记 (No-

① Friedrich A. Kittler, *Aufschreibesysteme 1800/1900*, München：Wilhelm Fink Verlag, 1985, pp. 58 – 62.

② Friedrich A. Kittler, *Aufschreibesysteme 1800/1900*, München：Wilhelm Fink Verlag, 1985, p. 28.

③ Friedrich A. Kittler, *Aufschreibesysteme 1800/1900*, München：Wilhelm Fink Verlag, 1985, p. 42.

ten）——文字只能通过将视觉语言（Gesichtssprache）翻译为有意义的听觉语言（Gehörsprache）才能习得；曾经只冲击眼睛的字母，被嘴转化成始终萦绕的声音。① 于是，外在的死记硬背为内在之声所取代。

　　发生于 18 世纪末的语音实验，使有意义的语言、有理性的人同动物的发声区别开来。赫尔德在《论语言的起源》中认为，人类语言与动物的发声存在本质的区别，动物受本能支配，人类语言源自心灵和理性的力量："当人初次形成清晰的思想时，语言业已存在于他的心灵之中……父母并不能代替孩子思维，而是通过语言来启发和促进孩子的理性运用。"② 在基特勒看来，赫尔德无法意识到的是，有理性的人，始于基础读物和母亲之口中的有意义的声音；这个判断，等于从语言教育的角度呼应了福柯所谓"人的诞生"。读写技艺的改变把理性、先验、精神、心灵、自然等所指领域的概念召唤出来，围绕所指领域而展开的文学、哲学书写，就是德语区的浪漫主义。

　　在话语系统 1800 中，母亲承担起从有意义的、可理解的声音开始教学的重任，构成了内在性的源泉："所有的任意性（Willkür）皆消失于名为母声（Mutterstimme）的内在意义之中。"③ 需要特别注意的是，基特勒并不把母亲仅仅理解为家庭生活中教儿童说话的家庭成员，而且敏锐地洞察到"母亲"与"自然""精神""心灵"等当时常用的超越性概念的相通性（在文学作品中尤为常见），简言之，这些概念共同开显出话语系统 1800 的话语之源，即元话语层面的纯粹的所指领域，一切话语都源出于此，并具有归返于此的态势。因此，基特勒常用单数、大写的"母亲""女性"来提示话语系统中"母亲"（本文用打上引号来表示元话语层面的"母亲"等概念）的独特性。

　　　　作为"自然"（Natur）和"理念"（Ideal），"母亲"（Die Mut-

---

① Friedrich A. Kittler, *Aufschreibesysteme 1800/1900*, München：Wilhelm Fink Verlag, 1985, p. 43.

② 〔德〕J. G. 赫尔德：《论语言的起源》，姚小平译，商务印书馆，第 31 页。

③ Friedrich A. Kittler, *Aufschreibesysteme 1800/1900*, München：Wilhelm Fink Verlag, 1985, p. 39.

ter）导引了整个话语系统 1800。不同话语（它们之间的规范性相互作用构成了系统）只能在语用层面加以区分。它们中的每一个都通过不同的道路（Wegen）或迂回之路（Umwegen）回到源头。[①]

话语并非对生物意义上的母亲之声的摹仿，而是基于读写教学领域最小意义元素的辗转增长，这种辗转增长并非无序的野蛮生长，而是始终受"母亲"的导引；不同的最小意义元素及由之生长出来的话语，不管在某一或某些文化领域经历了怎样的辗转流动，都时刻保有对"母爱"的记忆。

如果说家庭教育中的母亲教会儿童说话，那么学校教育中的教师则教会儿童手写；母亲们通过嘴巴位置的最小变化，来演示一种语调如何转变为另一种语调，从而教会儿童音的意义的不可分割性（也即教会儿童同所指领域发生关系）；教师们用字母和手写动作演示同样的技巧：让儿童认识到手写体的不可分割性。这段当时书中的对话表明了这一点：

老师：（Centner 这个词准确且漂亮地写在黑板上。）我刚写在黑板上的词叫什么？

学生：Centner。

老师：第一个 e 和前一个 C 是分开的吗？

学生：没分开。

老师：那么这两个字母应该是一起的。这个单词的哪个字母与其他字母是分开的？

学生：都没有。

老师：那么，关于这个单词的所有字母，我们能说些什么呢？

学生：它们都是一起的。

老师：这个单词的拼写没有错误。现在，如果你来写这个单词，把每个字母都分开来写，这样写对吗？

学生：不对。

---

① Friedrich A. Kittler, *Aufschreibesysteme 1800/1900*, München：Wilhelm Fink Verlag, 1985, p. 67.

老师：你怎么知道的？

学生：因为如果这么写对，您早就这么写了。

老师：对。①

不可分割的最小意义元素使具备个性的书写得以可能，造就了手写体。手写体的成熟意味着个体的形成，他们是诗人、哲人、教育工作者、公务员⋯⋯这些话语的掌握者（主要是男性）反过来又成为女人、母亲的教育者，对她们施以教化，如此循环往复："教育话语消失于母亲之口，只为在行政管理中倍增地再次出现。"② 话语在母亲之口—教育机构—文学、哲学—行政中的辗转过程，是话语系统1800中话语的命运，因为话语重新返回自身，需要通过对女性的教育和行政机构中的男性书写者来完成。女人不断地被再生产为母亲，男人被规定为维系这一再生产过程的话语承担者，从而"越来越多的母亲越来越成为'母亲'（entstehen mehr und mehr Mütter, die mehr und mehr Mütter sind）。"③ 有意义的语音元素通过母亲的言传身教，得以在各文化领域辗转增长，基特勒就此对浪漫主义文学和德国古典哲学给出了一种十分不浪漫和非古典哲学的解释：文学和哲学只不过是话语系统之规则性的无意识书写，只不过是一种"教育的附带效果"（ein pädagogischer Nebeneffekt）。④

二　作为话语之源的"母亲"及其与各话语领域的相互作用

不能把基特勒所谓的"母亲""女性"坐实，即不能把围绕母亲的教育实践视作话语系统产生的原因。如果非要在实际的话语实践层面来说的话，教育实践及发生在其他领域的话语实践，与所谓话语系统1800是一同

① 基特勒转引自普尔曼（Johann Paulus Pöhlmann），见 Friedrich A. Kittler, *Aufschreibesysteme 1800/1900*, München：Wilhelm Fink Verlag, 1985, p. 102。

② Friedrich A. Kittler, *Aufschreibesysteme 1800/1900*, München：Wilhelm Fink Verlag, 1985, p. 69.

③ Friedrich A. Kittler, *Aufschreibesysteme 1800/1900*, München：Wilhelm Fink Verlag, 1985, p. 70.

④ Friedrich A. Kittler, *Aufschreibesysteme 1800/1900*, München：Wilhelm Fink Verlag, 1985, p. 108.

诞生的。强调系统间断裂的基特勒式话语分析①并不从线性的因果关系来理解历史，而是从文化技艺的断裂处，窥探到系统性转型的实际发生。事实上，生物意义上的母亲在学习施蒂凡尼的语音法之前，就或多或少地会这些发音；重要的不是教育改革如何打造了一些全新的母亲，而是这一时期各文化领域对话语规则的理解无形中发生了转型。至于这种转型究竟是如何发生的，则是"不可解的"（unerfindlich），② 因为它不仅超越于具体的话语实践，而且超越于话语系统的规则性；对于处于话语实践之中的人类研究者来说，充其量只能在话语实践的蛛丝马迹中捕捉到某个话语系统自身的规则性。处于各话语系统之间的，只有纯粹的断裂，或基特勒所说的短路（Kurzschluß）——它无法为话语所填充。历史的连续性只是幻象，承认非连续性反倒是诚实的做法。

与文化技艺断裂（从无意义到有意义的字母组合、音节法）相伴随的是整个基础教育领域的革新。曾经的欧洲人没有文化教化（Kulturisation；acculturaion）的中心场所，他们必须学习的行为、知识、读写技能等，都是在不同的群体和阶层（Ständen）中传承下来的；要获得正规知识，需要经过漫长的道路和许多权威机构（Instanzen）。而教育手册和入门教材的出现，缩短了（kurzschließen，有时译为短路，是基特勒的术语，表示文化技艺间的断裂）官方教育渠道，③ 家庭成为基础教育的中心场所。母亲的口传身教取代了拼写法；"当孩子在日后的生活中拿起书本，他们不会看见字母，而是会情不自禁地（mit unstillbarer Sehnsucht）听到句子间的声音"。④ 赫尔德明确提出，应当从 ich bin/du bist（我是/你是）等有意义的句子入手进行语法练习；这样，对家庭成员的称呼，取代了原来复杂的宗

---

① 基特勒的话语系统与福柯相关概念的关系，参见车致新《媒介技术话语的谱系—— 基特勒思想研究》，北京大学出版社，2019，第44～53页。
② Friedrich A. Kittler, *Aufschreibesysteme 1800/1900*, München：Wilhelm Fink Verlag, 1985, p. 67.
③ Friedrich A. Kittler, *Aufschreibesysteme 1800/1900*, München：Wilhelm Fink Verlag, 1985, p. 38.
④ Friedrich A. Kittler, *Aufschreibesysteme 1800/1900*, München：Wilhelm Fink Verlag, 1985, p. 45.

教词汇，核心家庭成了学习者的新"宗教"。①

对于作为教育者的母亲来说，革命亦在发生。为了教孩子，母亲必须首先了解自己的嘴，知道诸如 m、n、l 等字母正确的发音方法，由此带来了语音的净化——要求母声被训练为标准德语的来源。"一个完成了自我教育的母亲之口，不再以一种经验 - 方言（empirisch-dialektal）的方式工作，而是成为原初声音（Urstimmlauts）的喉舌，它生成所有其他声音。"②声音的净化意味着语音的标准化，德语成了标准德语（Hochdeutsch）；从元话语的层面看，话语系统 1800 中的话语都是同质的，不论孩童的牙牙学语还是文人创作的诗歌，都遵循同一个话语规则（Sprachnorm）。③ 这些发生在教育领域的变化非常关键，学习不再需要曲折的路途，而只需直接通过有意的声音和"母亲"之口的潜移默化。作为系统中的话语之源和教育者，"母亲"不仅限于与"自然"或"理念"画上等号，还可以是"女性""精神""内在"等。总之，在文学、哲学和学校教育等文化领域，"母亲"的身影无处不在。

（一）文学中的"母亲"

蒂克（Ludwig Tieck）曾回忆这样的场景：在母亲的膝上学会辨识字母，把字母想象为活的人物。他后来创作了一个故事，描绘女主人公回忆起小时候如何逃离暴虐的继父，被一个住在森林里的女人收留，并在那里学会了读书，发现读书是"无尽的快乐之源"。④ "母亲"乃话语之源——话语系统 1800 中的作家无意识地书写着这一规则。

在霍夫曼（E. T. A. Hoffmann）的小说《沙人》（*Der Sandmann*）中，"母亲"表现为一个叫奥林匹亚（Olimpia）的美女。主人公拿但业（Nathanael）爱上了她，面对拿但业的追求，她只会说 ach（德语中表示叹

① Friedrich A. Kittler, *Aufschreibesysteme 1800/1900*, München: Wilhelm Fink Verlag, 1985, p. 62.

② Friedrich A. Kittler, *Aufschreibesysteme 1800/1900*, München: Wilhelm Fink Verlag, 1985, p. 46.

③ Friedrich A. Kittler, *Aufschreibesysteme 1800/1900*, München: Wilhelm Fink Verlag, 1985, p. 47.

④ Friedrich A. Kittler, *Aufschreibesysteme 1800/1900*, München: Wilhelm Fink Verlag, 1985, p. 66.

息）；但这丝毫不影响他对她疯狂的爱，他认为只有她能理解他的诗作，把他写过的所有东西不知疲倦地读给她听。然而，拿但业最终发现，她实际上是个机械人偶，从而因此疯掉。① 美丽的人偶是拿但业的话语之源，又是这些话语的归宿；值得注意的是，人偶本身不会说话，提示出这一"教人说话者"的双重性：既是实际流通着的话语的启发者，又是具有所指特性的话语之源。

在霍夫曼的另一篇小说《金罐》② 中，我们可以看到通过"女性"之口进行的语音法教学的效果。小说中来自神界的蛇女三姐妹唱道：

Zwischen durch—zwischen ein—zwischen Zweigen, zwischen schwellenden Blüten, schwingen, schlängeln, schlingen wir uns—Schwesterlein—Schwesterlein, schwinge dich im Schimmer—schnell, schnell herauf—herab—

这些互相牵连辗转变换的意义元素，成功地引起了男主人公安泽穆斯（Anselmus）的爱欲，使他爱上了三姐妹之一的塞佩狄娜（Serpentina）。"对于一个学会读圣经中冗长的名字的人来说，不会知道符号和感情之间的桥梁。但一个从一开始就处于'按照字母表排列的有意义的词语'（Sinnwörtern alphabetisiert）中的人，总是会出现在包含他和母亲的规定性场景之中。"③ 小说中的"母亲"是三姐妹的歌，是塞佩狄娜，也是她的家族所在的神界，凡人安泽穆斯听过"按照字母表排列的有意义的词语"后神魂颠倒，接受了塞佩狄娜的父亲林德霍斯特（Lindhorst）的任务：抄他们在神界的家谱——一本可以追溯到世界之开端的家谱。神界的意义就是安泽穆斯书写的源头，通过书写行动，安泽穆斯最终与塞佩狄娜在神界结为眷属。

---

① 中译可参见《霍夫曼短篇小说选》，王印宝、冯令仪译，湖南文艺出版社，1996。
② 中译可参见《霍夫曼志异小说选》，韩世钟、傅惟慈等译，江苏人民出版社，1985。
③ Friedrich A. Kittler, *Aufschreibesysteme 1800/1900*, München：Wilhelm Fink Verlag, 1985, p. 98.

从有意义的字母组合中读出内在之声，是 19 世纪出现的诠释学方法。
"安泽穆斯不是去解字谜，而是听字里行间的意义；安泽穆斯看到的不是
符号，而是一个以母亲形象出现在他面前的至爱。"[①] 话语系统 1800 中的
话语，总是无法回避爱欲之表达，因为 "源出于母亲之口的阅读教育从一
开始就具有爱欲"。[②] 这种 "爱欲" 不仅是男女之爱，而且是贯穿于话语系
统的、对所指领域的 "爱" 的态势。譬如在 1800 年前后的语言学中，出
现了词根概念，词根将所有词追溯到原初的历史意义（urgeschichtliche Sig-
nifikanz），这种意义将所有的印欧语言联系在一起，使它们成为同一个母
亲的女儿，形成一种美妙的 "核心家庭" 之爱。在洛本（Ferdinand von
Loeben）的小说中，主人公看到 "几个梵文书写的字样"，并说道："在我
看来，语言就像是迷途的圣子，跑遍全世界寻找他们的母亲。"[③] 这个母亲
一旦找到，就无法进一步分析。梵语词根表示最小意义元素，具有不可分
解性（Unzerlegbarkeit），从而成为所有意义的起源，成为 "爱" 的中心。
当时的一些人认为，以爱为主题的文学对儿童有害，会导致手淫；他们无
法意识到，话语系统 1800 下的文学教育必然包括爱的教育，手淫乃是
"闭锁在母爱和教育" 中的结果。[④]

（二）女人、文人与公务员

文人与公务员、母亲与国家之间看似没有直接的关系，但在元话语层
面是相互联通的，联通的关键在于："母亲"（Die Mutter）是教育话语的
起源，这些教育话语又会返回到 "母亲"，被日常的教育实践所吸收，从
而强化母亲作为诗语之源、国家教育者的功能。母亲与文人、公务员构成
了一个莫比乌斯之环，"为了生成普遍的公务员，生成了母亲，母亲又生

---

① Friedrich A. Kittler, *Aufschreibesysteme 1800/1900*, München：Wilhelm Fink Verlag, 1985,
   pp. 117 - 118.
② Friedrich A. Kittler, *Aufschreibesysteme 1800/1900*, München：Wilhelm Fink Verlag, 1985,
   p. 118.
③ 基特勒转引自洛本，见 Friedrich A. Kittler, *Aufschreibesysteme 1800/1900*, München：Wilhelm
   Fink Verlag, 1985, p. 56。
④ Friedrich A. Kittler, *Aufschreibesysteme 1800/1900*, München：Wilhelm Fink Verlag, 1985,
   p. 119.

成了普遍的公务员……"① 消融于母亲之口的官方话语，总又会在文人、公务员那里复活。当然，女人在当时的国家行政体系里处于被排斥的地位。在话语系统 1800 中，把女人排除在国家行政人员之外具有特别的意义：她们并不具有话语权，却是话语之源，借用拉康的术语，她们乃是时代话语之不可能的存在之真。

女人和公务员的两极分离，在哲学话语中得到了理论化：

公务员写作——不只是任意写什么东西，而是写人的规定性（die Bestimmung des Menschen）；母亲不写，她让人说话。这种对人的双重规定性使人具有普遍性，而对人的普遍性的书写只能以普遍化为代价，换言之，只能通过哲学。哲学可以阐明两性的话语网络（Diskursnetz），但在这样做的时候，它称母亲为"女人"（Frau），称公务员为"人"（Menschen）。这就导致了必然的矛盾：把人写成两种人，把人类（Menshengeschlecht，按：字面上是人的两性）的规定性写给两个收信人。②

也就是说，作为话语之源的"母亲"类似整个系统的硬件，隐而不彰地起着作用，但自身无法言说和表达；教育、文学、行政、哲学等领域的话语类似软件，由硬件规定着，但几乎不提及硬件的实际作用。男性从女人那里学会了说话和写作，认为只有会说话和写作的人才是人，从而要求无言的女人只有像男人一样说话和写作，才算真正的人。施莱格尔（Karl Wilhelm Friedrich Schlegel）在写给他的爱人多萝西娅·维特（Dorothea Veit）的信中就这样阐述"女人"与"人"的关系：

生活就是写作；人唯一的规定性就是用艺术精神之笔尖（Griffel

---

① Friedrich A. Kittler, *Aufschreibesysteme 1800/1900*, München: Wilhelm Fink Verlag, 1985, p. 76.

② Friedrich A. Kittler, *Aufschreibesysteme 1800/1900*, München: Wilhelm Fink Verlag, 1985, p. 79 – 80.

des bildenden Geistes），把神圣的思想刻在自然的石板上。但就你而言，我认为，如果你继续像以前一样，在惯常的和象征的意义上、由内而外地歌唱，［如果你］少一些沉默，并不时带着崇敬之情读一些神圣的文字，而不是让别人为你阅读和讲述，你就能完美地完成你在人的规定性（Bestimmung des menschlichen Geschlechts）中所扮演的角色。特别要注意的是，你要比过去更能把握到文字之神圣。①

"女人"的双重性就在于此，一方面是话语之源，使男人书写；另一方面又是男性话语的接收者，被要求成为完美的人。到底谁教谁说话？这一现实中的矛盾看似不可调和，其实受制于话语系统 1800 中的规则性：话语之源不断让话语返回自身。在这一过程中，男人和女人各自扮演着维系系统的角色，女人既是输出端，也是输入端，她们需要成为男性作家的读者，成为被教育者，才能维护自己作为输出端的地位，因为话语需要返回，才能重新源出。

（三）默读的形而上学

对于基特勒来说，把先验、精神等概念挂在嘴边的哲学，实际上是"一种默读的形而上学"（eine Metaphysik des leisen Lesens），即设定一种源于基础教育中设定的最小意义元素，一种源于"母亲"的无声的内在语言，并把无声的先验语言翻译为有声语句。哲学家总想回到无声的源头，从而对大声朗读语句的人展开攻击；大声朗读无法实现人的规定性，只会"使多萝西娅·维特们的耳朵得到享受"。② 黑格尔认为：

> ［默读这一］养成的习惯，为字母书写的奇特性［按：指字母文字缺乏象形性］做了补偿，即，默读利于视觉，从听觉性迂回到表象，并把字母表转化为象形书写；这样，当我们使用字母文字时，我

---

① 基特勒转引自施莱格尔，见 Friedrich A. Kittler, *Aufschreibesysteme 1800/1900*, München：Wilhelm Fink Verlag, 1985, p. 80。

② Friedrich A. Kittler, *Aufschreibesysteme 1800/1900*, München：Wilhelm Fink Verlag, 1985, p. 81.

们就不需要有意识地用声音做中介；相反，缺乏默读习惯的人，大声地阅读，以在字母的声音中理解 ［文字］。①

对黑格尔们而言，只有默读才促使内在性成为习惯。话语系统 1800 的先验哲学无疑是内在性的表达。在诗歌获得书写内在性之自由的同时，哲学也获得了想象力的自由。以费希特为代表的哲学家，嘲笑旧欧洲寻章摘句式的授课法，开始用自己书写的讲义，从而开启了哲学的新时代——一个"自产自消"的时代。当哲学家不知如何推进自己的论证时，他们就会像诗人一样，等重读自己的作品时再择机把文字连贯起来。费希特宣称，诗人的内在审美驱动力，同样也是哲人的内驱力。费希特就是"作者—我"（Autor-Ich），他出版他自己。②

如果说这些表达出来的内在性是浮在面上的能指的话，那么"母亲"就是沉在下面的所指。表面上看，哲学话语或把女人排除在静默的沉思之外，或催促女人进入静默状态以实现人的完满；但从话语系统的深层结构来看，哲学话语恰恰源自无声的"母亲"。哲学源于"母亲"，所以教导女人回归"母亲"。话语系统并非形而上学系统，它首先是由读写教育实践所编写的程序，这一程序设定的作为起点的不可分割的意义，就是哲学所谓的内在性。在教育家裴斯泰洛齐的教育哲学中，孩子成长要经历的"自然到社会、再返回自然真理"③ 的过程，也不过是复写着系统的规则，同时也维系着系统的顺利运转。

在哲学的话语中，日常的说法没有对的。在基特勒看来，哲学对于日常说法的批判，恰恰强调了读写教育的重要性——书写者可以将话语玩弄于股掌之间。哲学精神的觉醒，实际上源于对以"理解意义"为核心的教育制度的维护，如大学预科对杰出作品的研究和阐释。沃斯（Christian

---

① 基特勒转引自黑格尔，见 Friedrich A. Kittler, *Aufschreibesysteme 1800/1900*, München：Wilhelm Fink Verlag, 1985, p. 82。

② Friedrich A. Kittler, *Aufschreibesysteme 1800/1900*, München：Wilhelm Fink Verlag, 1985, pp. 190 – 191.

③ 渠敬东：《父道与母爱——裴斯泰洛齐教育思想中的政治与宗教基础》，《北京大学教育评论》2017 年第 1 期。

Daniel Voss）即在文中指出："国家的每个服务人员都应该有哲学基础，受到全民的哲学教育，我们不能期待他会从国家道德和文化领域的从属性地位中实现圆满；因为国家的每个服务人员都有对精神自由的根本需要。"①

（四）阅读成瘾

文学和哲学只能无意识地复写自身所承担的话语功能，以使话语流通的程序继续运行下去，这一功能或程序的关键在于：让源于"母亲"的话语流回到"母亲"。在经验领域，这对应一种历史革新——为女孩写作。歌德等诗人一方面激发更多的年轻男子成为作家，另一方面成为女读者眼中的"上帝"，吸引着更多的女读者"信徒"。鉴于为女性写作的作者的增多，女读者可接触的作品也越来越多。保罗（Jean Paul）和尼特哈默尔（Friedrich Immanuel Niethammer）等人描绘了女读者的"阅读成瘾"（Lesesucht）现象：她们一方面总要看大量新的东西，另一方面又囫囵吞枣，甚至在书上睡觉。② 这种现象恰恰是最小意义元素辗转增长的后果：话语的增殖需要对话语自身的滥用。黑格尔对此给出的建议是，反复阅读一部好作品：

> 亲爱的女士！
> 这段时间，我桌上有一本年鉴本想寄给您，现在我终于要寄了；我只希望我的耽搁不会使它失去新奇的魅力。这段历史故事确实值得不时地阅读；不论怎么说，鉴赏一件艺术作品的美，在于反复地看而得的愉悦——愉快地回到它……③

为了保证话语的纯洁性以维系系统的再生产，黑格尔的意见是对经典作品进行细读，或者说用诠释学对"阅读成瘾"进行治疗。与黑格尔的意

---

① 基特勒转引自沃斯，Friedrich A. Kittler, *Aufschreibesysteme 1800/1900*, München：Wilhelm Fink Verlag, 1985, p. 187。
② Friedrich A. Kittler, *Aufschreibesysteme 1800/1900*, München：Wilhelm Fink Verlag, 1985, pp. 176 – 178.
③ 基特勒转引自黑格尔，见 Friedrich A. Kittler, *Aufschreibesysteme 1800/1900*, München：Wilhelm Fink Verlag, 1985, p. 178。

见类似，为缓解作品大量滋生带来的阅读教育压力，公务员给出的方案是，从大量的作品中提炼出经典，即编文集。这样做的后果是，一些作品总是出现在教学读物之中。

黑格尔的朋友、巴伐利亚教育改革者尼特哈默尔，秉持经典作品为教育服务的理念，主张为受教育者提供精选作品，并授以研读之法："我们有我们的民族经典，但我们并不了解它们；我们也许读过它们，但我们并没有去学。阅读热（Lesewuth）已经成为德国人的民族恶习，它总是要求新的东西，好的和坏的一并吞噬。"① 最终，尼特哈默尔只推荐了歌德一人。当然，经典作品不止歌德的作品，话语系统1800需要通过不断收编作者维持运行；除了相对固定的经典外，学校拥有更新作品的自由裁量权。

"文集以永久性消除饥渴的方式呈现作品。德语诗歌的典律化（Kanonisierung）始于文集，而非始于理论。"② 编文集的举措确实起到了效果，虽然作品依然大量滋生，但滥用的势头得到了遏止——女孩们在学校中学会阅读经典的技艺；施莱格尔对他爱人的希望，通过制度化得以实现。同时，学校不教女孩们写作，因为"女读者阅读男作者的作品"是教育体制设定的程序：德语区学校"花费一个世纪的时间培养尽情啜饮诗人之酒的女人们"。③ 这一程序使两性的差异制度化。通过课程安排，女孩的学校把阅读热引导为对文学作品的消费，而男孩的学校把阅读引导为撰写升学考试文章，以为日后的文人、公务员生涯做准备。

随着女性意识到自己在话语系统中的重要角色，她们也开始争取男女平等的教育机会，认为女性发挥的作用比人们在国家革命（Staatsrevolutionen，如法国大革命）中发挥的作用更大，女性乃是"个体之未来性格的基础，并对整体产生影响"。④ 这种女性政治话语，把女性确立为整个社

---

① 基特勒转引自尼特哈默尔，见 Friedrich A. Kittler, *Aufschreibesysteme 1800/1900*, München：Wilhelm Fink Verlag, 1985, p. 181。

② Friedrich A. Kittler, *Aufschreibesysteme 1800/1900*, München：Wilhelm Fink Verlag, 1985, p. 178.

③ Friedrich A. Kittler, *Aufschreibesysteme 1800/1900*, München：Wilhelm Fink Verlag, 1985, p. 180.

④ 基特勒转引自霍尔斯特（Amalie Holst），见 Friedrich A. Kittler, *Aufschreibesysteme 1800/1900*, München：Wilhelm Fink Verlag, 1985, p. 71。

会良好运作的基础——国家只有养护好自己的母亲，才能够强大。"母亲"
与"真理"（Wahrheit）于是成了同义词，她乃是"通过儿童基础教育设
定人之存在的可能性条件的人，具有一种真理般的超越性权力（wahrhaft
transzendentale Macht）——超越于所有经验的和政治的条件之上"。① 当
然，基特勒绝不是在讲妇女在实际政治生活中的地位，而是在论述 1800 年
前后社会政治与话语系统之规则性的相关性，即源出—返回"母亲"的规
则性所引导出的社会政治实践；所源出和返回者并非某个具体的实体，而
是系统设定的所指领域。

　　事实上，在实践层面，并非所有话语都道说"母亲"真理般的地位，
恰恰相反，许多人主张把妇女排除在行政系统之外，隐含把妇女看作天生
接近自然状态而缺乏理性的贬义。但是，恰恰是女性与行政，以及与男医
生、男法官、男牧师等的二分，保证了儿童成长为国家的栋梁，国家反过
来又强化着女性对儿童的基础教育。也就是说，从整体的话语运作来看，
女性虽然在社会中受"歧视"，但实际上却发挥着基础性的作用——这恰
恰是时代话语的真理。质言之，基特勒话语分析的重点，不在于当时人们
对妇女的一般性看法，而在于挖掘文本中未说出的东西，未说出的东西反
而构成了说出的东西的源泉。

　　作为单数（als Eine）的"女性"（Die Frau），是所有话语产生的基
础，并因此被排除在诸话语渠道之外，因为这些渠道是由公务员或作者把
持的。她留在这个退避在后的基础中，以使作为复数存在的女人（Frauen）
停留于家庭阅读之中，怀有对神圣文本的尊敬——家庭中阅读成为新的
"宗教活动"。这样看来，话语系统层面的性别划分是相当简单的："母亲"
（Die Mutter）产生作为"诗性作品之统一基础"（Einheitsgründe poetischer
Werke）的作家。但在实际的社会生活中，女人们（Frauen）无法获得这
种统一性，她们大多是围绕在"作者天体"（Zentralgestirn Autor）周围的
"女读者多元性"（eine Vielheit von Leserinnen），还有少数女性不时地拿起

---

① Friedrich A. Kittler, *Aufschreibesysteme 1800/1900*, München: Wilhelm Fink Verlag, 1985,
　 p. 71.

笔来写作。① 这些少数情况并不违背话语系统的基本规则，她们拿起笔来不是为了承担起作者的功能，而往往只能通过匿名或笔名来隐藏自己原本的身份，因为系统规则把女人定位为话语生产中退居幕后的源头：

> 男人们通过重读自己的作品，从事作者功能；女性通过描述她们所读的内容，从事女读者的互补功能。一方面，元作家（Urautor）歌德在发表自己的文集时确立了诗歌的标准。另一方面，女人们并不 ［像男作者那样］ 永远重复"恋爱的自动书写"（verliebte écriture automatique），而是总是读歌德，直到她们收获阅读的果实——确保德国诗歌的声誉。②

三　结语：读写技艺生成系统性变革

从有意义的语音元素和核心家庭教育开始，1800 年前后的德语区发展出一套统一的教育技术和流程，如统一发音、书写方式，将考试作为升学和进入政府部门的门槛等。其结果是阅读、写作方式的系统性规范化：未来的读者和作者要掌握标准化的单词拼法，阅读过程中要眼睛看着字但嘴不发声，手写时要正确地连笔。这些技术训练，是人沉入内在性的外在条件——小说表现出对青少年内心感情世界的执迷，诗歌由过往的神学主题转向了对自然与人的关注，哲学更是将自我与主体提到空前的高度。在最小意义元素、默念、默写等读写技艺及其制度配置下，自我展开了对内在的关注。书写并非表达自我、描摹自然的工具，阅读亦非完善自我、了解世界的手段，它们从根本上建构了自我，重构了人类对于自然和生活世界的理解。

基特勒虽然延续了福柯的话语分析方法论，但对于基特勒来说，文化技艺的变迁才应当是话语分析的基本单位。基特勒对施蒂凡尼的语音法、

---

① Friedrich A. Kittler, *Aufschreibesysteme 1800/1900*, München：Wilhelm Fink Verlag, 1985, p. 154.

② Friedrich A. Kittler, *Aufschreibesysteme 1800/1900*, München：Wilhelm Fink Verlag, 1985, p. 158.

蒂利希的辗转变换法、赫尔德的语法教学法等改革给予了高度评价，认为这些方法才是构成话语系统 1800 之基底的文化技艺。自主性、内在性等标志着文化、哲学转型的概念，与文化技艺的变迁乃是同一过程的两个方面；文化技艺构成了话语系统的"无意识"，它在文化实践中偶然生成，先于哲学对它的反思。但它并非直接决定着文化的走向，而是通过具体而丰富的话语实践辗转增长为特定时代的"意识"。

基特勒采用了信息论框架，将话语的流转、意义的生成视作输入、输出、反馈的过程，由此揭示出话语系统 1800 的生成过程。其中，生发于读写教育实践的"母亲/女性……"是话语系统 1800 的话语之源，是精神，它并不说话，只咕哝（säuseln），这种意义上的"母亲"只限于那个历史时期。① 在话语系统 1800 之前的欧洲，没有文化教化的中心场所，而新教育话语将母亲塑造为初级社会化的代理人——母亲让儿童掌握读写等文化技艺，并冠之以"爱欲之乐"的光环。这种乐趣特别依赖于母性之声，因此，浪漫主义特别热衷于原初口语和内在的先验之声。

原初口语并不仅仅是一种梦想，更是一种技术现实。施蒂凡尼将教育方法改革为：在教给儿童字母发音的基础上培养读写技艺。这种教育方式在今天已是常规，在当时却是一个重要的话语事件（discursive event）。它不仅仅是教育理念的更新，更是对语言物质性的重新组织。新教育所产生的最小意义元素、原初口语、"母亲"等，不是抽象的先验概念或线性因果关系中的起点，而是话语事实（discursive facts），是话语系统中起传递和指令作用的关节点；这些关节点把眼睛、耳朵、手等身体器官连接到字母和权力实体，从而塑造现实。整个系统中，没有中心或起源点，它涌现出一套属于自己的理论：一种关于词根的语言学——迷途的圣子跑遍全世界寻找母亲，一个属于自己的想象空间——将自然之声转译成诗与思，一份属于自己的读写规约——浪漫主义诠释学……②

① Friedrich A. Kittler, *Aufschreibesysteme 1800/1900*, München: Wilhelm Fink Verlag, 1985, p. 27.

② David E. Wellbery, "Forward," in F. A. Kittler, *Discourse Networks 1800/1900*, trans. by M. Metteer, & C. Cullens, Standford, CA: Stanford University Press, 1990, pp. xxiii – xxiv.

基特勒事无巨细地描述了话语系统中的教育实践：引导儿童正确发音的基础读物与母亲之口，将诠释学制度化的大学改革，还有将读者塑造为主体的文学阅读等。这些实践的特定的扩散和连接路径，尤其是与文学、哲学、行政等领域相互作用，最终生成了整个话语系统 1800。由此，我们可以看到教学法的细节变化所蕴藏的巨大能量——可能引起特定时期文化实践的系统性变革。

摄影：装置社会的模型

——弗卢塞尔《摄影哲学的思考》释义

理论界谈起摄影，往往把摄影当作一种日常行动或艺术实践，如果沿此思维惯性读解哲学家弗卢塞尔的经典作品 *Für eine Philosophie der Potografie*①，很容易把该书理解成以摄影为主题的理论分析，而忽略其对后工业社会的历史性反思；很容易把其中关于摄影的论述划为重点，作为媒介学或艺术学研究的思想资源，而看不到：弗卢塞尔恰恰是通过批判摄影，把后工业社会指认为装置社会，从而揭示装置社会把一切思想、情感转化为思想资源，终结了人类自由的现实境况。

该书出版于 20 世纪 80 年代，在 40 年后的今天，弗卢塞尔装置社会已然成形。回看这本小书，笔者不禁惊讶，弗卢塞尔对装置社会的预见，竟是由对摄影装置的细节分析架设起来的。在他笔下，摄影是装置社会的原初模型；分析摄影，就是分析人类在装置社会中的处境。如果我们对技术时代尚缺乏全盘把握的能力，不妨回看这本小书，从摄影走向一种批判哲学，追问在装置程序的世界中，自由还是否可能。

一　从传统图像到技术图像

弗卢塞尔被视为哲学上的多面手，有种博尔赫斯式的曲折缠绕。② 阅

---

① 中译本为〔巴西〕威廉·弗卢塞尔《摄影哲学的思考》，毛卫东、丁君君译，中国民族摄影艺术出版社，2017。书中译作"影像"的，为行文统一，引文皆改为"图像"。
② 参见刘云卿《V. 弗鲁塞尔：数字时代的蒙田》，《世界哲学》2019 年第 6 期。

读书的第一章，我们会发现，弗卢塞尔并没有直接针对摄影展开讨论，而是讨论了与摄影有关的概念——图像（Bild）。弗卢塞尔从生存论的角度，把图像界定为世界与人类之间的中介：人类无法直接把握世界，需要借助图像展开对于世界的想象，使世界得以成为属于人类的有意义的世界。这一点对于理解弗卢塞尔的摄影哲学尤为重要，不能把图像理解为肉眼可见的线条、色彩，天生的盲人也有图像，因为盲人也有对于世界的想象。弗卢塞尔用了一个海德格尔的术语提示这一点，即人绽出地生存（ek-sistiert）。人绽出于是对世界开始有了想象，想象的世界图像成为人与世界的中介，基于该中介，人可以不断对世界展开新的想象，于是，人类的意义世界得以延展和绽放。

弗卢塞尔认为，人类经历了从生产传统图像到概念化图像再到技术图像的演进历程，摄影是生产技术图像的起点，因此，要理解弗卢塞尔的摄影哲学，首先要理解图像的生产方式及其演进历程。

传统图像的生产方式是，"一切都参与到赋予意义的语境当中"。比如，原始人会认为："日出就是打鸣，打鸣就是日出。"[1] 概念化图像的生产方式是运用因果关系和线性思维，不难联想到柏拉图的线喻：假设一条线段分为不等的两段，一段是可见的事物，一段是可思的事物，可见的事物以可思的事物为根据。[2] 技术图像的生产方式是把现实转换为全局的图像场景（glolabes Bildszenarium），如当今的 VR 技术。在前两个阶段中，人们知道生产图像的意义是更好地理解自身及其世界的存在。在技术图像阶段，人们虽然赋予图像各种实用的目的，但遗忘了生产图像"是为了让自己在这个世界上辨明方向"，[3] 甚至让技术图像取代世界本身，使自己生活在无世界的幻觉中。

从传统图像的世界转变为概念化图像的世界，关键因素是线性书写的发明。在书写字母文字的过程中，传统图像中的元素必须以线性的方式排列，这就迫使事件之间建立起前后关系；于是人们开始形成线性思维和具

---

① 〔巴西〕威廉·弗卢塞尔：《摄影哲学的思考》，毛卫东、丁君君译，第 10 页。
② 详见〔古希腊〕柏拉图《理想国》，顾寿观译，岳麓书社，2017，第 315—318 页。
③ 〔巴西〕威廉·弗卢塞尔：《摄影哲学的思考》，毛卫东、丁君君译，第 11 页。

有因果关系的诸概念。如日出和公鸡打鸣，日出被排列为打鸣的原因。

线性思维压制了传统图像的魔法性，使图像转变了存在方式，成为由概念生产的概念化图像。反过来，概念化图像也会对概念产生影响：赋旧概念以新的意义，或创造新概念。因此，概念与概念化图像的关系始终是辩证的。概念始终对图像进行再生产和再解释，把非线性的图像元素转化为一个个线性的概念；与此同时，图像也在图解文本，把概念重新图像化，即把概念变得可想象，成为生活世界的一部分，使人们得以借助概念世界的中介辩明方向。

如果不注意概念与概念化图像的辩证关系，很可能会把弗卢塞尔的观点误解为：书写取代图像。实际上，只要人类存在，图像就不会被取代而消失，因为图像是生存论概念，无论传统图像、概念化图像还是技术图像，都是图像的存在方式。弗卢塞尔之所以花费一章的篇幅进行这番宏大叙事，是为了给后面批判技术图像阶段的装置社会奠定基础：前两个阶段的人们尚且知道生产图像的意义，为什么到了技术图像阶段就突然忘记了呢？

这是因为，概念与概念化图像之间的辩证运动运转之际，概念的一种特殊形式——科学概念，对概念与概念化图像的辩证关系提出了挑战。科学概念让人无法想象："希望想象相对论方程的意义，却完全不知所云。"[1]胡塞尔曾指出，出现这种状况的原因是近代科学，尤其是伽利略，将自然数学化，可感知的直观图像被转化为纯粹的数。弗卢塞尔没有详细分析概念与概念化图像的辩证关系产生危机的原因，但与胡塞尔所谓哲学和科学的危机基本一致：讲求纯粹事实的科学概念，逐渐使概念化图像变成无法想象的空洞图像，最终使概念与概念化图像的辩证关系萎缩为对科学概念的单方面崇拜。科学概念制造的技术装置产生技术图像，使人们踏入一种全新的图像时代。

技术图像在一定程度上重振了图像的魔法性，让科学概念变得可想象，使科学概念与生活世界水乳交融，并从而克服了概念与概念化图像辩

---

① 〔巴西〕威廉·弗卢塞尔：《摄影哲学的思考》，毛卫东、丁君君译，第13页。

证关系的危机；但是技术图像又带来了更大的危机，它吞噬一切，试图把一切文本都转化为可见的图像（笔者依然把图像解释为生存论概念，即人们开始把技术装置可测得的世界视为唯一的世界），表面上以再现、再造场景的方式重新复活了原始图像、概念化图像时代的想象，实际上把一切想象转化为技术可见的图像，从而封闭了人类自身的想象力。通过批判摄影装置，弗卢塞尔揭示出装置如何支配了技术图像的生产，使一切创造和想象服从于装置程序所限定的可能性，同时，他也为人类的自由保留了最后的希望：不断穷竭装置程序的无尽可能性，与装置一同想象。

二　技术图像与摄影装置

所谓摄影哲学，并不是把摄影作为一种用哲学加以解释的对象，而是说摄影本身就是哲学，就是一种具有时代意义的思想模式。要理解这一点，我们先总结一下弗卢塞尔基于图像的人类学宏大叙事：首先是传统图像、古代魔法、史前时代；其次是概念登场，概念与概念化图像辩证运动，结果遭遇危机的时代；最后是技术装置登场，使人们把技术图像等同于世界本身，遗忘了图像乃是人与世界之中介的后历史时代。弗卢塞尔之所以对摄影，而不是其他装置情有独钟，就在于摄影装置是生产技术图像的萌芽，"摄影装置在当下和不远的未来将变成具有支配性的装置的原型，为关于装置的分析提供了恰当的出发点"。[①]

弗卢塞尔笔下的摄影装置不是一种中性的技术工具，它时刻处于一种跃跃欲试的准备状态，为人拍照片做好准备。摄影装置发挥功能，需要依靠摄影装置的程序。程序不仅指装置自动产生图像的程序，也包括容许人们去把玩和操作的可能性。程序规定着摄影者拍摄的可能性，"摄影者通过实现所有可能性来耗尽摄影的程序"。[②] 在弗卢塞尔看来，这种寻找可能性的过程，并不是摄影者控制装置进行的创造，而是人与装置结合在一起执行生产信息的程序；摄影者不是完全自由的工匠或艺人，而是在程序规则条件下的"功能执行者"。

[①] 〔巴西〕威廉·弗卢塞尔：《摄影哲学的思考》，毛卫东、丁君君译，第21页。
[②] 〔巴西〕威廉·弗卢塞尔：《摄影哲学的思考》，毛卫东、丁君君译，第25页。

功能执行者与装置之间的关系是相互的："功能执行者通过对它的外在之物（输入与输出）进行控制来支配装置，但又因为装置内在的不透明性而被装置支配。"① 这种相互关系，并不是单方面强调技术装置对人的限制乃至控制，而是给摄影者留有自由的余地，因为装置程序中"所包含的可能性实际上是用之不竭的"。② 面对装置程序无法穷尽的可能性，弗卢塞尔区分了两种摄影者，第一种虽然总在拍新的图像，但只是在重复同一种程序的逻辑，没有提供新信息；第二种则探索装置程序尚未被探索的可能性，这样才是在生产新信息。是否生产新信息，是摄影者是否具有创造力的标准。

弗卢塞尔进一步关注了新信息生产者，即探索式摄影者的动作。探索式的摄影动作本身就是一种"现象学上的怀疑"——"从尽可能多的角度接近现象"。由此，弗卢塞尔把探索式的摄影动作视作反意识形态的姿态。意识形态往往坚持单一视角的优先性，而探索式摄影者则坚持多视角的优先性。"摄影者本身以一种后意识形态的方式采取行动，甚至在他觉得自己正服务于某种意识形态的时候也是如此。"③ 即是说，虽然反意识形态也可能构成一种意识形态，但摄影者总是可以与意识形态保持距离，达到这种状态不能仅仅归结为摄影者本身的主观意图，摄影装置也在刺激摄影者挑战常规的摄影方式，在摄影者进行探索的过程中把多角度的可能性敞开给他。这些敞开的尚未被探索的可能性，保证摄影者不会被束缚在单一视角的必然性上。

弗卢塞尔强调人类试图耗尽装置程序，对能拍出具有新信息的探索式摄影者的青睐，会给人造成立场不清晰的印象。一方面，他表达了以自动化装置为思想模型重新理解世界的后人类主义；另一方面，他寄希望于"精英拍摄者"的觉醒，"认为人仍然是优于装置的主体"，"这种保守的态度会被后人类主义者说成囿于某种不彻底的人类学的保守主义者"。④ 笔

---

① 〔巴西〕威廉・弗卢塞尔：《摄影哲学的思考》，毛卫东、丁君君译，第 26—27 页。
② 〔巴西〕威廉・弗卢塞尔：《摄影哲学的思考》，毛卫东、丁君君译，第 34 页。
③ 〔巴西〕威廉・弗卢塞尔：《摄影哲学的思考》，毛卫东、丁君君译，第 35 页。
④ 张巧：《作为装置的摄影——以威廉・弗卢塞尔的摄影哲学为中心的考察》，《北京电影学院学报》2020 年第 10 期。

者认为,弗卢塞尔的立场是明确反对人类优先的后人类主义,他常用的表述是"摄影者和装置融为一个不可分割的功能"。① 展开来讲,在弗卢塞尔的语境中,探索式摄影者之所以更受到重视,是因为他们首先是哲学家,接受了技术装置设置的时代命运,理解了嵌入摄影装置的多视角优先性和后意识形态性,从而能够对技术装置处之泰然,自觉地在摄影程序的可能性范围内追求新的情境,创造新的信息。因此,探索式拍摄者不能理解成掌握摄影专业技能的专业摄影者,或学院内的摄影艺术理论家,他们类似柏拉图笔下的哲人王,对摄影装置及其所处的世界有整体的把握。

除了疑似保守的人类中心主义说法,我们也许更应该注意弗卢塞尔强调的另一面:装置程序的可能性并不意味着行动的绝对自由乃至无规则。摄影者的实践总是被束缚在程序规定的可能性范围内。"摄影者只能在装置的程序之内有所行动,即便他相信自己的行动是在对抗这个程序。对于所有后工业的行动而言都是如此。"② 可见,弗卢塞尔并非仅仅就摄影谈摄影,而是把摄影视作后工业时代的思想模型。后工业时代的人们总是试图摆脱和超越工业时代机器对人的控制和异化,以网络亚文化、先锋艺术、新媒体艺术等行动对抗控制,探索理解机器的新视角,从而证明超越后工业时代"装置型社会"是可能的。但实际上这些行动恰恰都是在装置程序之内进行的,装置程序好比如来佛的手掌,人们自以为跳出了掌心,实际上还在掌中。这也许才是弗卢塞尔急于为人类自由寻找出路的原因。

甚至可以说,弗卢塞尔让我们清醒地意识到,我们首先必须接受,我们是被投入摄影装置乃至装置社会中的人,而不是一上来就摆出一副反抗机器宰制的姿态,这种姿态只会使自己更深地卷入其中而不自知,比如如今社交媒体中倡导重拾田园牧歌式生活的言论,恰恰都是通过传播技术得以流传。只有站在装置程序所敞开的多重视角中理解我们与装置的关系,才能游刃有余地真正创造属于后工业时代的文化。在此意义上,把弗卢塞尔的重视"精英摄影者"与罗兰·巴特的重视业余欣赏者放在一起对比,只是在表面上建构对立。巴特之所以重视业余欣赏者摆脱意识形态单一性

---

① 〔巴西〕威廉·弗卢塞尔:《摄影哲学的思考》,毛卫东、丁君君译,第36页。
② 〔巴西〕威廉·弗卢塞尔:《摄影哲学的思考》,毛卫东、丁君君译,第35页。

的作用，是因为业余欣赏者没有在一套意识形态教化过程中培育起"意趣"，从而可以"意外地"突破意识形态的条条框框。而弗卢塞尔根本不关心欣赏者怎么解读照片的内容。或者说，照片的内容只是第二性的，更根本的是作为信息的照片，即新的信息如何在技术装置规定的可能性中生产出来。这样看来，巴特才是典型的工业时代的人类中心主义的保守者，他笔下反抗意识形态的照片解读者，仅仅把机器视作为单一意识形态服务的客体，这样的结果，只能使解读者更深地卷入装置的单一程序，成为朋友圈中的过时信息制造者，而无法看到，装置程序与功能执行者共属一体所开启的可能性，才更可能成为摆脱单一意识形态的出发点。西蒙栋曾指出，建构人与机器之间的对立是一种"轻率的人文主义"，① 机器的世界也是世界的一部分，是人面对整个世界的中介。用本文的概念来说，装置程序所生产的技术图像，是人类生存图像的一种展开方式，是人对世界的一种想象方式，是人与世界之间的中介。只不过，装置程序提供的生存图像之全面、稳定、可靠，有如黑匣子一般，使人遗忘了技术图像和世界本身的差异，遗忘了科学真理和真理本身的差异，把科学真理之光照耀下的装置程序误认为"不需要理解、只要去相信"的全知全能者，从而使世界萎缩为装置可见的世界，那些不可见的"最终极的、最高贵的价值，已从公共生活中销声匿迹，它们或者遁入神秘生活的超越领域，或者走进了个人之间直接的私人交往的友爱之中"。② 只有回忆起技术图像作为中介的生存图像性，才不至于把对世界的想象囿于技术图像。

三　批判摄影的目的

以人类中心的视角来推论，批判摄影的目的，是让人的意志战胜装置程序。但弗卢塞尔的后人类视角提醒我们，程序"始终把人的意图重新转向装置的功能"，并吸收到程序自身当中。③ 因此，批判摄影的目的，不是

---

① Gilbert Simondon, *On the Mode of Existence of Technical Objects*, trans. by Cecile Malaspina and John Rogove, Minneapolis, MN: Univocal Publishing, 2017, p. 15.

② 〔德〕马克斯·韦伯：《学术与政治：韦伯的两篇演说》，冯克利译，三联书店，1998，第48页。

③ 〔巴西〕威廉·弗卢塞尔：《摄影哲学的思考》，毛卫东、丁君君译，第41页。

一厢情愿地强调人类精神的优先性和对装置的控制能力，而是破解摄影者与摄影装置之间的复杂纠葛。

从摄影者的方面来说，摄影者的意图是给他人提供新信息："首先，把他关于世界的概念编码成图像；其次，用摄影装置来做到这一点；再次，把由此生产的图像展示给他人，于是可以成为他们的经验、判断、评价和行为的范式；最后，这些范式尽可能保持持久。"[①] 摄影者关于世界的概念是这一过程的重点，"摄影的程序就是服务于这些重点"。[②] 摄影装置的目的与摄影者的意图一致，也是生产出新信息。但是，从摄影装置的角度看，达成这一目的的过程不是人利用摄影装置，而是摄影装置及与之相关的社会配置，利用人将摄影装置的可能性实现出来。也就是说，人与摄影装置处在相互利用的关系中。在相互利用的同时，摄影者与摄影装置还会展开斗争，摄影装置总是限制着摄影者的想象，把摄影者限定在摄影程序中，摄影者则必须戴着镣铐跳舞，不断发掘摄影程序的无尽可能性。

需要再次强调的是，弗卢塞尔并不局限在摄影装置与人的关系上，而是洞察到：摄影装置本身就是一种思想模型，是装置社会的浓缩。比如，弗卢塞尔还讨论摄影者与报纸装置之间的关系。就摄影者的意图而言，摄影者希望把报纸作为传播照片的媒介。报纸也希望利用摄影者的照片赢得更多的受众。这样，摄影者与报纸装置相互利用，实现给读者提供新信息的目的。同时，摄影者与报纸装置也展开斗争：

> 摄影者知道，只有适合报纸程序的照片才会被发表，所以他试图愚弄报纸的审查制度，把审美、政治或认识论的因素偷偷带入自己的图像中。另一方面，报纸早就发现这些愚弄和欺骗它的企图，而且发表了这些照片，因为它认为，它可以充分利用这些偷偷加进来的因素，使它的程序更加丰富。[③]

---

① 〔巴西〕威廉·弗卢塞尔：《摄影哲学的思考》，毛卫东、丁君君译，第 40 页。
② 〔巴西〕威廉·弗卢塞尔：《摄影哲学的思考》，毛卫东、丁君君译，第 41 页。
③ 〔巴西〕威廉·弗卢塞尔：《摄影哲学的思考》，毛卫东、丁君君译，第 47 页。

　　这段话，表面上看与传统的批判理论没什么不同，然而不要忘了，这句话的前提在于理解装置本身的思想模型意义。弗卢塞尔没有让实际掌握报纸的资本家和编辑做主语，因为他所谓的报纸是装置化了的报纸，是一套嵌入在社会装置中的程序。装置程序教会我们的重要一点在于，不要想着完全突破程序的限制，只要你还是一个摄影者，程序的限制就无法突破；摄影者只能在程序的限制内充分实现未曾发掘到的可能性，从而在与装置的斗争中实现与装置的和解。也因此，弗卢塞尔暗示，摄影者的抵抗不是针对某个人或某个群体，而是针对整个程序，某个人或群体尚可愚弄，整个程序却无法愚弄：报纸正是利用了摄影者的抵抗性，使得报纸程序更加丰富。

　　简言之，弗卢塞尔的摄影批判是装置批判，即澄清装置与人之间相互利用、相互斗争的共生关系。因此，弗卢塞尔批评无批判意识的拍快照者和纪实摄影者并没有产生信息，只是在生产多余的图像："他不是'在'拍照，而是被他的装置的贪婪所吞噬，成了装置快门自动释放的延伸。他的动作，是自动化的相机的功能而已。"[①] 这些拍快照者自以为知道照片的产生过程和意义，实际上只是在无反思地跟从装置的程序。如果人们陷入这种无批判性之中，就根本无法破解照片。

　　所谓破解照片，并不是要破解照片的内容，而是意识到装置、程序、信息对概念化图像时代的突破。前文提到，在概念化图像时代，传统图像时代的丰富想象性处于抑制状态；摄影装置，尤其是如今的数字设备生产的照片，重振了图像的魔法性，终结了线性思维的历史时代。弗卢塞尔给出了　个判断，在后工业时代，文章并不解释照片，而是照片在图解文章。[②] 这个判断颇类似于如今所谓的"读图时代"，但弗卢塞尔的重点并不在于揭示快餐式阅读的文化现象，而是要揭示出，照片大行其道的根源在于：概念和概念化图像瓦解，我们必须找到新的构织生存图像的方式，才能在世界中辨明方向，新的方式，即用技术装置生产技术图像；我们与概念化图像时代的人们最大的不同，就在于概念已不再是想象世界的唯一重

　　① 〔巴西〕威廉·弗卢塞尔：《摄影哲学的思考》，毛卫东、丁君君译，第50页。
　　② 〔巴西〕威廉·弗卢塞尔：《摄影哲学的思考》，毛卫东、丁君君译，第52页。

要方式，任何人都有意无意地为各种各样的技术装置服务着，构织着自己的生存图像，从而共同维系着装置社会的运转。

从装置社会自我维系的角度看，资本利用图像吸引受众，并不是问题的根本，根本在于资本为不断生产新装置服务，让人们嵌入不断迭代的技术装置提供的生产图像之中，认为不断更新才是自然的事情——资本家都在遵循这一装置社会的规则。弗卢塞尔希望人们看到，以照片为代表的技术装置的产物，使生产者和消费者都自动纳入技术装置的程序，使装置社会维系自身的同时不断得到强化，而人们并不认为失去了自由和批判意识，反而更卖力地生产囊括宇宙各个角落的信息。这一过程之所以能够顺利完成，躲过巴特等理论家的法眼，就在于照片等装置产物，把自己伪装成人人都能生产、人人都会解读的解放性力量，人们自以为能够破解照片内容，可实际上人只是在服从技术装置的可能性。用弗卢塞尔的说法，我们都是"摄影的宇宙中的居民"，① 想把所有东西都拍摄出来。

四　自由的可能

服从技术装置的可能性，并不意味着被技术完全宰制。对弗卢塞尔而言，只有在充分理解装置社会的程序规则的基础上，才能进行真正的自由创作；即，真正的摄影者应当"用富含信息的图像来对抗多余的图像的洪流"。②

然而，尽管每张照片都不尽相同，但绝大多数照片都遵循同样的装置程序，都是所谓多余的图像；虽然每一张照片看起来都是偶然的随机组合，但这些组合方式都在摄影装置的算计之内，也正是在此意义上，弗卢塞尔说："在摄影的宇宙中，装置是无所不知、无所不能的。"③ 人虽然通晓摄影装置的技术原理，但只有装置真正知道照片的元素如何由自身运作生产出来，这体现着人的认识能力与装置认识能力的差异。在论证这一点的过程中，弗卢塞尔有意将装置的认识能力与人类用概念把握世界的能力

---

① 〔巴西〕威廉·弗卢塞尔：《摄影哲学的思考》，毛卫东、丁君君译，第57页。
② 〔巴西〕威廉·弗卢塞尔：《摄影哲学的思考》，毛卫东、丁君君译，第57页。
③ 〔巴西〕威廉·弗卢塞尔：《摄影哲学的思考》，毛卫东、丁君君译，第60页。

（笛卡尔的设想）做了对比：人类想用概念之点对应世界的每个点，从而达到对世界的完全认识，但"这种无所不知和无所不能是完全做不到的，因为对于广泛的物质结构来说，思维的结构还不够"。① 相比之下，摄影装置能够完全认识由照片构成的宇宙，因为每张照片都对应装置程序中的一个点。如果无批判地接受摄影装置的认识能力的话，人们就会在下意识领域（subliminale regionen）不自觉地拿起相机，反复运行装置程序与照片的映射关系，生产可预料的多余照片，为摄影的宇宙服务。

对弗卢塞尔而言，摄影的宇宙具有典范意义——相机是所有装置的"祖先"，② 即是说，摄影装置所产生的小宇宙与装置社会的大宇宙遵循同样的程序自动化逻辑。批判地分析摄影装置及其程序，可以透视后工业社会、装置社会的运转逻辑，从而为在装置社会保有自由留下余地。对于摄影装置和后工业社会运转逻辑，弗卢塞尔的总体判断是："摄影的宇宙和一切基于装置的宇宙，都使人类和社会机器人化了。"③ 无论在银行柜台、办公室、超市、体育活动、舞蹈，还是在科学文本、诗歌、乐曲、建筑、政治方针中，都可以见到如同机器人一般的举动，因为这些人遵循着装置程序的自动化逻辑，成为装置社会自我反馈中的环节；无论人的公开举动，还是内在的思想、感觉和欲望，都在为维系装置运转、促进装置升级做出贡献。

装置不仅指技术设备，更是一套可以与其他装置相联通的自动化程序："每一个装置都通过另一个装置的输入来供给它的程序，而且利用它的输出来供给另外的装置。"④ 例如报纸装置由摄影装置供给相片，输出的报纸内容又供给网络客户端。装置社会就是由小到摄影装置，大到工业、政治、经济装置构成的装置的复合体，这种复合体"产生于 19 世纪和 20 世纪，人类由此便不断地致力于对它的扩展和完善"。⑤

按照传统的批判思路，只要揭示出装置服务于哪些人的利益，就算完

---

① 〔巴西〕威廉·弗卢塞尔：《摄影哲学的思考》，毛卫东、丁君君译，第 59 页。
② 〔巴西〕威廉·弗卢塞尔：《摄影哲学的思考》，毛卫东、丁君君译，第 62 页。
③ 〔巴西〕威廉·弗卢塞尔：《摄影哲学的思考》，毛卫东、丁君君译，第 61 页。
④ 〔巴西〕威廉·弗卢塞尔：《摄影哲学的思考》，毛卫东、丁君君译，第 62 页。
⑤ 〔巴西〕威廉·弗卢塞尔：《摄影哲学的思考》，毛卫东、丁君君译，第 62 页。

成了批判，如广告公司经营者的利益、军工联合体的利益，但"这种源于工业语境的传统批判，对于装置的现象还远远不够。它漏掉了装置的根本，即它的自动性。这才是需要批判的东西。装置被发明出来，是要自动地发挥功能，独立于人类未来的参与之外。这就是它被制造出来的意图所在：人被排除在外。这个意图无疑大获成功。人依然越来越被装置的程序排除在外，而愚蠢的游戏组合的元素却越来越丰富，它让组合的速度越来越快，超出了每一个试图看清并对它进行控制的人的能力。参与到装置中的人，越来越无法看清黑盒子究竟是什么"。① 所谓愚蠢的游戏组合，是指人按照僵化的装置程序行事，一切都交给装置的认识能力，变得越来越无意图、无创造性；而装置自身却变得越来越自动化，能够自我调节、反馈甚至生长。因此，弗卢塞尔认为，为传统批判理论所忽视的装置自动性，才更应该是批判的对象。

弗卢塞尔不是仅仅针对摄影领域提出一种批判哲学，更是呼吁揭示整个后工业社会中人类与装置之间的博弈；摄影领域之所以重要，是因为它是整个后工业社会的一种范式，从摄影哲学开始，可以帮助我们更好地透视后工业社会的运转逻辑。质言之，后工业社会就是装置社会，针对装置社会的批判哲学并不围绕传统的异化问题，因为异化问题的实质还是人与人之间的斗争，而弗卢塞尔要揭示的是人与装置之间的斗争。

弗卢塞尔希望，人在与装置博弈的过程中，依然能够保持人类的意图和自由。但要实现这一点并不容易，因为装置社会中的人大多都是遵循装置程序，而自以为自由的人，比如摄影者尽管没有创造任何新信息，却相信自己是在自由地行动。如此，人的自由面临更严峻的挑战："我们的思想、感情、欲望和行为都被机器人化了；'生活'就意味着供给装置并被它所供给。简言之，一切都变得荒谬了。所以，人类自由的空间在哪里呢？"② 如果仅仅把自由理解为能够克服自然法则的理性能力，那么按照弗卢塞尔的描述，这样的自由已然转化为装置程序所处理的对象，成为所谓的思想资源。但弗卢塞尔并没有得出自由终结的悲观结论，而是依然相信

---

① 〔巴西〕威廉·弗卢塞尔：《摄影哲学的思考》，毛卫东、丁君君译，第63页。
② 〔巴西〕威廉·弗卢塞尔：《摄影哲学的思考》，毛卫东、丁君君译，第70页。

自由的可能。此自由不再是人类中心主义的理性自由，而是与装置一道达成的自由：克服僵化程序，穷尽装置程序无尽的可能性，不断创造新信息。在装置社会中，真正自由的人知道如何与装置博弈，力图生产尚未被探索到的信息。如何进行这样的探索？弗卢塞尔没有给出具体的答案，或者说，这根本无法给出答案，因为给出的答案就会成为可预料的旧信息。自由的可能性，只能在于与装置一道探寻新信息。白南准的电视佛等装置艺术，也许最符合弗卢塞尔的期待；当技术装置以一种出人意料的姿态出现在眼前，人们也许能从技术装置的日常单一性中挣脱出来，面对艺术家与装置所共同开启的关于世界的想象。

参考文献

〔巴西〕威廉·弗卢塞尔:《摄影哲学的思考》,毛卫东、丁君君译,中国民族摄影艺术出版社,2017。

〔德〕马克斯·霍克海默、〔德〕西奥多·阿道尔诺:《启蒙辩证法:哲学断片》,渠敬东、曹卫东译,上海人民出版社,2006。

〔德〕恩斯特·狄尔编,王扬译注《古希腊抒情诗集》(第一卷),上海人民出版社,2018。

〔德〕阿诺德·盖伦:《技术时代的人类心灵——工业社会的社会心理问题》,何兆武、何冰译,上海科技教育出版社,2008。

〔德〕海德格尔:《巴门尼德》,朱清华译,商务印书馆,2018。

〔德〕马丁·海德格尔:《存在与时间》(修订译本),陈嘉映、王庆节译,三联书店,2012。

〔德〕海德格尔:《路标》,孙周兴译,商务印书馆,2000。

〔德〕海德格尔:《面向思的事情》,陈小文、孙周兴译,商务印书馆,1996。

〔德〕海德格尔:《形而上学导论》,王庆节译,商务印书馆,2015。

〔德〕海德格尔:《形而上学导论》,熊伟、王庆节译,商务印书馆,1996。

〔德〕马丁·海德格尔:《演讲与论文集》,孙周兴译,三联书店,2005。

〔德〕海德格尔:《在通向语言的途中》(修订译本),孙周兴译,商务印书馆，2004。

〔德〕J. G. 赫尔德：《论语言的起源》，姚小平译，商务印书馆。

〔德〕黑格尔：《精神现象学》，贺麟、王玖兴译，上海人民出版社，2013。

《霍夫曼志异小说选》，韩世钟、傅惟慈等译，江苏人民出版社，1985。

《霍夫曼短篇小说选》，王印宝、冯令仪译，湖南文艺出版社，1996。

〔德〕基特勒：《留声机、电影、打字机》，邢春丽译，复旦大学出版社，2017。

〔德〕康德：《纯粹理性批判》（注释本），李秋零译注，中国人民大学出版社，2011。

〔德〕康德：《任何一种能够作为科学出现的未来形而上学导论》，庞景仁译，商务印书馆，1978。

〔美〕保罗·莱文森：《数字麦克卢汉——信息化新纪元指南》，何道宽译，社会科学文献出版社，2001。

〔德〕莱辛：《拉奥孔》，朱光潜译，商务印书馆，2016。

〔德〕马克思：《资本论》（第一卷），中央编译局译，人民出版社，2018。

〔德〕马克斯·韦伯：《学术与政治：韦伯的两篇演说》，冯克利译，三联书店，1998。

〔德〕西格弗里德·齐林斯基：《媒体考古学》，荣震华译，商务印书馆，2006。

〔德〕叔本华：《作为意志和表象的世界》，石冲白译，商务印书馆，1982。

〔德〕维特根斯坦：《哲学研究》，李步楼译，商务印书馆，2000。

〔德〕文德尔班：《哲学史教程》（上卷），罗达仁译，商务印书馆，1997。

〔法〕莫里斯·梅洛-庞蒂：《知觉现象学》，姜志辉译，商务印书馆，2001。

〔古罗马〕西塞罗：《论演说家》，王焕生译，中国政法大学出版社，

2003。

〔古希腊〕柏拉图：《理想国》，顾寿观译，岳麓书社，2017。

《荷马史诗·奥德赛》，王焕生译，人民文学出版社，1997。

《柏拉图全集》（第二卷），王晓朝译，人民出版社，2003。

〔古希腊〕亚里士多德：《论灵魂》，秦典华译，载苗力田主编《亚里士多德全集》（第三卷），中国人民大学出版社，1992。

〔古希腊〕亚里士多德：《优台谟伦理学》，徐开来译，载苗力田主编《亚里士多德全集》（第八卷），中国人民大学出版社，1994。

〔古希腊〕亚里士多德：《政治学》，颜一、秦典华译，载苗力田主编《亚里士多德全集》（第九卷），中国人民大学出版社，1992。

〔加〕马歇尔·麦克卢汉：《谷登堡星汉璀璨：印刷文明的诞生》，杨晨光译，北京理工大学出版社，2014。

〔加〕麦克卢汉：《认识媒体——人的延伸》，郑明萱译，台湾猫头鹰出版社，2015。

〔加〕杰弗里·温斯洛普－扬：《基特勒论媒介》，张昱辰译，中国传媒大学出版社，2019。

〔美〕伊丽莎白·爱森斯坦：《作为变革动因的印刷机：早期近代欧洲的传播与文化变革》，何道宽译，北京大学出版社，2010。

〔美〕马克·波斯特：《第二媒介时代》，范静哗译，南京大学出版社，2000。

〔美〕伯格、卢克曼：《知识社会学：社会实体的建构》，邹理民译，台湾巨流图书公司，1991。

〔美〕布莱恩·阿瑟：《技术的本质：技术是什么，它是如何进化的》，曹东溟、王健译，浙江人民出版社，2014。

〔美〕卡茨等编《传播研究的典律文本》，夏春祥等译，台湾五南图书出版公司，2013。

〔美〕詹姆斯·W. 凯瑞：《作为文化的传播》，丁未译，华夏出版社，2005。

〔美〕汤姆·洛克摩尔：《在康德的唤醒下：20 世纪西方哲学》，徐向东译，北京大学出版社，2010。

〔美〕梯利：《西方哲学史》（增补修订版），葛力译，商务印书馆，1995。

〔美〕唐·伊德：《技术与生活世界——从伊甸园到尘世》，韩连庆译，北京大学出版社，2012。

〔日〕吉见俊哉：《媒介文化论：给媒介学习者的 15 讲》，苏硕斌译，台湾群学出版有限公司，2009。

〔英〕赛门·加菲尔：《地图的历史：从石刻地图到 Google Maps，重新看待世界的方式》，郑郁欣译，台湾马可波罗文化，2014。

〔英〕柯林乌：《历史的理念》，陈明福译，桂冠图书股份有限公司，1984。

〔英〕洛克：《人类理解论》（上册），关文运译，商务印书馆，1959。

〔英〕雷蒙·威廉斯：《关键词：文化与社会的词汇》，刘建基译，三联书店，2016。

〔英〕西尔弗斯通：《媒介概念十六讲》，陈玉箴译，台湾韦伯文化国际出版有限公司，2003。

〔英〕休谟：《人性论》，关文运译，商务印书馆，1980。

北京大学哲学系外国哲学史教研室编译《西方哲学原著选读》（上卷），商务印书馆，1981。

曹家荣：《理解技术实作：现象学取径初探》，《社会分析》2013 年第 7 期。

车致新：《"想象界"的物质基础——基特勒论电影媒介的幻觉性》，《电影艺术》2018 年第 4 期。

车致新：《媒介技术话语的谱系——基特勒思想研究》，北京大学出版社，2019。

陈嘉映：《实践/操劳与理论》，《同济大学学报》（社会科学版）2014 年第 1 期。

楚杰：《地图的历史》，《飞碟探索》2011 年第 8 期。

戴士和：《画布上的创造》，四川人民出版社，1986。

翟振明：《虚拟实在与自然实在的本体论对等性》，《哲学研究》2001年第6期。

方念萱：《导言：媒介已成为动词》，《中华传播学刊》2020年第38期。

方维规：《概念史八论——一门显学的理论与实践及其争议与影响》，《东亚观念史集刊》2013年第4期。

方维规：《关键词方法的意涵和局限——雷蒙·威廉斯〈关键词：文化与社会的词汇〉重估》，《中国社会科学》2019年第10期。

郭台辉：《谁的概念史，谁之合理性：三种类型的比较分析》，《学海》2020年第1期。

（西晋）郭象注，（唐）成玄英疏，曹础基、黄兰发整理《庄子注疏》，中华书局，2011。

郭忠华：《历史·理论·实证：概念研究的三种范式》，《学海》2020年第1期。

黄圣哲：《结构诠释学》，台湾唐山出版社，2018。

蒋铁生：《东平县"说唱水浒叶子牌"调查》，《民俗研究》2007年第1期。

李永华、安雪：《读陈洪绶〈水浒叶子〉走笔》，《图书与情报》2005年第1期。

梁之磊、孟庆春：《"媒介"概念的演变》，《中国科技术语》2013年第3期。

林思平：《电脑科技媒介与人机关系：基德勒媒介理论中的电脑》，《传播研究与实践》2017年第2期。

林文刚编《媒介环境学：思想沿革与多维视野》，台湾巨流图书公司，2010。

刘兵：《人类学对技术的研究与技术概念的拓展》，《河北学刊》2004年第3期。

刘海龙：《大众传播理论：范式与流派》，中国人民大学出版社，2008。

刘玲、于成、孙希洋：《电子游戏中的自我——基于ESM方法的个案分析》,《自然辩证法通讯》2020 年第 1 期。

（南朝梁）刘勰著，王运熙、周锋撰：《文心雕龙译注》，上海古籍出版社，1998。

刘云卿：《V. 弗鲁塞尔：数字时代的蒙田》,《世界哲学》2019 年第 6 期。

牟宗三：《老子〈道德经〉讲演录》（三），《鹅湖月刊》2003 年第 6 期。

潘文娇、董晓波：《正视对外译介过程中的跨文化误读》,《中国社会科学报》2020 年 6 月 2 日，第 3 版。

庞朴：《阴阳五行探源》,《中国社会科学》1984 年第 3 期。

渠敬东：《父道与母爱——裴斯泰洛齐教育思想中的政治与宗教基础》,《北京大学教育评论》2017 年第 1 期。

宋祖良：《"哲学的终结"——海德格尔晚期思想的大旨》,《中国社会科学》1991 年第 4 期。

苏秋华：《人型书写自动机：从十九世纪魔术和招魂术讨论机器书写之鬼魅性》,《中山人文学报》2017 年第 43 期。

孙江：《概念、概念史与中国语境》,《史学月刊》2012 年第 9 期。

孙周兴：《非推论的思想还能叫哲学吗？——海德格尔与后哲学的思想前景》,《社会科学战线》2010 年第 9 期。

孙周兴：《说不可说之神秘——海德格尔后期思想研究》,上海三联书店，1994。

唐士哲：《重构媒介？"中介"与"媒介化"概念爬梳》,《新闻学研究》2014 年第 121 期。

（魏）王弼著，楼宇烈校释《王弼集校释》（上、下册），中华书局，1980。

王继周：《文化技艺：德国文化与媒介研究前沿——对话媒介哲学家杰弗里·温斯洛普－扬》,《国际新闻界》2020 年第 5 期。

翁秀琪：《什么是"蜜迪亚"？重新思考媒体/媒介研究》,《传播研究与实践》2011 年第 1 期。

武迪、赵素忍：《〈红楼叶戏谱〉杂考——兼论〈红楼梦〉及其续书中的叶子戏》,《红楼梦学刊》,2017 年第 1 期。

（隋）萧吉著,〔日〕中村璋八校注《五行大义校注》,汲古书院,1998。

徐生权:《意义之外:后诠释批评与基特勒媒介研究的奠基》,《新闻界》2020 年第 9 期。

杨吉华:《意象性思维与象喻性文本》,《山东社会科学》2009 年第 5 期。

叶启政:《现代人的天命——科技、消费与文化的搓揉摩荡》,台湾群学出版有限公司,2005。

尹贡白:《地图的历史》,《地图》1989 年第 3 期。

于成、刘玲:《从传统地图到数字地图——技术现象学视角下的媒介演化》,《自然辩证法通讯》2019 年第 2 期。

于成、徐生权:《德国媒介理论中的文化技艺概念》,《中国社会科学报》2019 年 5 月 28 日,第 6 版。

于成:《"文化技艺"带来媒介考古学新发展》,《中国社会科学报》,2020 年 4 月 1 日,第 7 版。

于成:《打开"媒介黑盒子"——"延伸论"的多重意涵与现象学诠释》,《东方论坛》2020 年第 2 期。

于成:《打字机、女秘书、计算机与思想的生成》,《读书》2019 年第 2 期。

于成:《看指不看月——〈留声机、电影、打字机〉方法论线索》,《传播研究与实践》2019 年第 2 期。

于成:《媒介技术改变声音记录形式》,《中国社会科学报》2020 年 8 月 11 日,第 4 版。

于成:《塞壬之歌的多重阐释》,《读书》2018 年第 8 期。

于成:《为德古拉开启的情报网络》,《读书》2021 年第 7 期。

俞吾金:《如何理解康德关于"人是目的"的观念》,《哲学动态》2011 年第 5 期。

张岱年:《中国古典哲学中若干基本概念的起源与演变》,《哲学研究》1957 年第 2 期。

张慧、张凡:《认知负荷理论综述》,《教育研究与实验》1999 年第 4 期。

张巧:《作为装置的摄影——以威廉·弗卢塞尔的摄影哲学为中心的考察》,《北京电影学院学报》2020 年第 10 期。

张汝伦:《〈存在与时间〉释义》,上海人民出版社,2014。

张汝伦:《作为第一哲学的实践哲学及其实践概念》,《复旦学报》(社会科学版) 2005 年第 5 期。

周小英:《明末版画〈婴戏叶子〉》,《新美术》2007 年第 6 期。

(宋) 朱熹著,廖名春点校《周易本义》,中华书局,1994。

Alan Turing, "Computing Machinery and Intelligence," *Mind*, Vol. 59, No. 236 (1950).

Apsley Cherry-Garrard, *The Worst Journey in the World*, 1922, http://www. ajhw. co. uk/books/book201/ii. html.

Aristotle, *De Anima*, trans. by M. Shiffman, Newburyport, MA: Focus Publishing, 2011.

Boris Groys, *Under Suspicion: A Phenomenology of Media*, trans. by C. Strathausen, New York, NY: Columbia University Press, 2012.

Bram Stoker, *Dracula*, San Diego, CA: ICON Group International, 2005.

Brian Vickers ed. , *Francis Bacon*, Oxford, UK: Oxford University Press, 1996.

Carlos A. Scolari, "Media Ecology: Exploring the Metaphor to Expand the Theory," *Communication Theory*, Vol. 22, No. 2 (2012).

Clive Lawson, "Technology and the Extension of Human Capabilities," *Journal for the Theory of Social Behavior*, Vol. 40, No. 2 (2010).

David J. Gunkel, & Paul A. Taylor, *Heidegger and the Media*, Cambridge, UK: Polity Press, 2014.

Douglas Adams, *The Hitchhiker's Guide to the Galaxy*, New York, NY: Pocket Books, 1979.

Edmund Husserl, *Cartesian Meditations: An Introduction to Phenomenolo-*

gy, trans. by D. Cairns, Springer-Science + Business Media, 1960.

Edmund Husserl, *Formale und Transzendentale Logik*: *Versuch einer Kritik der logischen Vernunft*, The Hague: Martinus Nijhoff, 1974.

Erik Born, "Media Archaeology, Cultural Techniques, and the Middle Ages: An Approach to the Study of Media before the Media," *Seminar: A Journal of Germanic Studies*, Vol. 15, No. 3 (2015).

Ernle Bradford, *Ulysses Found*, London, UK: Hodder and stoughton, 1963.

Erving Goffman, *Forms of Talk*, Philadelphia, PA: University of Pennsylvania, 1981.

Friedrich A. Kittler, "Lightning and Series-Event and Thunder," *Theory, Culture & Society*, Vol. 23, No. 7 – 8 (2006).

Friedrich A. Kittler, "Number and Numeral," *Theory, Culture & Society*, Vol. 23, No. 7 – 8 (2006).

Friedrich A. Kittler, "Thinking Colours and/or Machines," *Theory, Culture & Society*, Vol. 23, No. 7 – 8 (2006).

Friedrich A. Kittler, "Towards an Ontology of Media," *Theory, Culture & Society*, Vol. 15, No. 2 – 3 (2009).

Friedrich A. Kittler, *Aufschreibesysteme 1800/1900*, München: Wilhelm Fink Verlag, 1985.

Friedrich A. Kittler, *Discourse Networks 1800/1900*, trans. by M. Metteer, & C. Cullens, Stanford, CA: Stanford University Press, 1990.

Friedrich A. Kittler, *Gramophone, Film, Typewriter*, trans. by G. Winthrop-Young, & M. Wutz, Standford, CA: Stanford University Press, 1999.

Friedrich A. Kittler, *Optical Media*: *Berlin lectures 1999*, trans. by A. Enns, Cambridge, UK: Polity Press, 2002.

Geoffrey Winthrop-Young, "Cultural Techniques: Preliminary Remarks," *Theory, Culture & Society*, Vol. 30, No. 6 (2013).

Geoffrey Winthrop-Young, *Kittler and the Media*, Cambridge, UK: Polity

Press, 2011.

Gilbert Simondon, *On the Mode of Existence of Technical Objects*, trans. by Cecile Malaspina, & John Rogove, Minneapolis, MN: Univocal Publishing, 2017.

Gilles Deleuze, & Felix Guattari, *What is Philosophy?*, trans. by H. Tomlinson, & G. Burchel, New York, NY: Columbia University Press, 1994.

Harold Innis, *The Bias of Communication* (second edition), Toronto, CA: University of Toronto Press, 2008.

Henry G. Liddell, & Robert Scott, *A Greek-English Lexicon*, http://www.perseus.tufts.edu/hopper/text? doc = Perseus: text: 1999.04.0057: entry = metacu/.

Immanuel Kant, *The Metaphysics of Morals*, trans. by M. Gregor, New York, NY: Cambridge University Press, 1991.

J. R. V. Marchant, & Joseph F. Charles rev., *Cassell's Latin Dictionary*, New York, NY: Funk & Wagnalls, 1953.

Jacques Ellul, *The Technological Society*, trans. by J. Wilkinson, New York, NY: Vintage Books, 1964.

Jaeho Kang, *Walter Benjamin and the Media*, Cambridge, UK: Polity Press, 2014.

James Carey, "Marshall McLuhan: Genealogy and Legacy," *Canadian Journal of Communication*, Vol. 23, No. 3 (1998).

Jay David Bolter, & Richard Grusin, *Remediation: Understanding New Media*, Cambridge, MA: MIT Press, 2000.

John D. Peters, *Speaking into the Air: A History of the Idea of Communication*, Chicago, IL: University of Chicago Press, 1999.

John D. Peters, *The Marvelous Clouds: Toward a Philosophy of Elemental Media*, Chicago, IL: University of Chicago Press, 2015.

John Guillory, "Genesis of the Media Concept," *Critical Inquiry*, Vol. 36, No. 2 (2010).

John Guillory, "The Memo and Modernity," *Critical Inquiry*, Vol. 31,

No. 1 (2004).

Joost van Loon, *Media Technologies: Critical Perspectives*, Maidenhead, UK: Open University Press, 2008.

Laureano Ralon and Marcelo Vieta, "McLuhan and Phenomenology," *Explorations in Media Ecology*, Vol. 10, No. 3 (2011).

Leah S. Marcus, "The Silence of the Archive and the Noise of Cyberspace," in Neil Rhodes, & Jonathan Sawday eds. , *The Renaissance Computer: Knowledge Technology in the First Age of Print*, London, UK: Routledge, 2000.

Lev Manovich, *The Language of New Media*, Cambridge, MA: MIT Press, 2001.

Lewis Mumford, *The Myth of the Machine: Technics and Human Development*, New York: Harcourt Brace Jovanovich, 1967.

Lewis Mumford, *The Myth of the Machine: The Pentagon of Power*, New York, NY: Harcourt Brace Jovanovich, 1970.

Manuel DeLanda, *War in the Age of Intelligence*, New York, NY: Zone Books, 1991.

Marcel Mauss, "Techniques of the Body," trans. by B. Brewstr, in N. Schlanger ed. , *Techniques, Technology and Civilisation*, New York, NY: Durkheim Press, 2006.

Margaret Boden, *Mind as Machine: A History of Cognitive Science* (volume 1), Oxford, UK: Oxford University Press, 2006.

Martin Heidegger, *The Question Concerning Technology and Other Essays*, trans. by W. Lowit, New York, NY: Harper & Row, 1997.

Martin Lister, et al. , *New Media: A Critical Introduction* (2nd edition), London, UK: Routledge, 2009.

Michael Gane, *Baudrillard's Bestiary: Baudrillard and Culture*, London, UK: Routledge, 1991.

Neil Postman, "The Humanism of Media Ecology," *Inaugural Media Ecology Association Convention*, New York, NY: Fordham University, 2000.

Nicholas G. Carr, *The Shallows*: *What the Internet is Doing to Our Brains*, New York, NY: Norton, 2010.

Norbert Wiener, *Cybernetics*: *or Control and Communication in the Animal and the Machine* (second edition), Cambridge, MA: the MIT Press, 1961.

Paul Armstrong, "Stop using PowerPoint, Harvard University says it's damaging your brand and your company," https://www.forbes.com/sites/paularmstrongtech/2017/07/05/stop-using-powerpoint-harvard-university-says-its-damaging-your-brand-and-your-company/? sh = 66147f33e65b.

R. G. Collingwood, *An Autobiography*, Oxford, UK: Oxford University Press, 1978.

Raymond Williams, *Television*: *Technology and Cultural Form*, London, UK: Routledge Classics, 2003.

Richard Grusin, *Premediation*: *Affect and Mediality After 9/11*, New York, NY: Palgrave Macmillan, 2010.

Robert Casillo, "Lewis Mumford and the Organicist Concept in Social Thought," *Journal of the History of Ideas*, Vol. 53, No. 1 (1992).

Rosamond McKitterick, "Books and Sciences before Print," in Marina Frasca-Spada, & Nick Jardine eds., *Books and the Sciences in History*, Cambridge, UK: Cambridge University Press, 2000.

Sachiko Kusukawa, "Illustrating Nature," in Marina Frasca-Spada, & Nick Jardine eds., *Books and the Sciences in History*, Cambridge, UK: Cambridge University Press, 2000.

Sybille Krämer, "The Cultural Techniques of Time Axis Manipulation: On Friedrich Kittler's Conception of Media," *Theory, Culture & Society*, Vol. 23, No. 7 – 8 (2006).

Sybille Krämer, *Medium, Messenger, Transmission*: *An Approach to Media Philosophy*, trans. by A. Enns, Amsterdam, NL: Amsterdam University Press, 2015.

Theodor W. Adorno, *Critical Models*: *Interventions and Catchwords*, trans.

by Henry Pickford, New York, NY: Columbia University Press, 2005.

Tony Bennett, Lawrence Grossberg, & Meaghan Morris eds. , *New Key-words*: *A Revised Vocabulary of Culture and Society*, Malden, MA: Blackwell, 2005.

Tony Schwartz, *Media*: *the Second God*, New York, NY: Anchor Books, 1983.

Willard Quine, *Word and Object* (new edition), Cambridge, MA: The MIT Press, 2013.

后 记

本书在笔者博士学位论文《存在论视域下的媒介观念史：从前现代的"媒介"观到媒介之终结》（2018年6月通过答辩）基础上修改而成。除调整了个别章节的前后顺序、修正了一些论述和措辞外，笔者增加了一些最新研究思考的内容，如第七章"从文化技艺到技术性媒介"和附录文章，以深化在博士论文中未来得及展开的思想。

笔者于2015—2018年在台湾世新大学攻读传播学博士，其间接触了大量媒介理论，在总结的过程中，笔者认识到理解媒介是观念史中的一个重要的、基本的问题，并试图解释一个学界似乎不会关注的问题：为什么当今学者赋予"媒介"如此多的学术内涵？文献往往对此语焉不详，或以媒介在日常生活中的作用越来越重要等理由一笔带过。诚然，我们无法否认媒介技术发展对媒介研究兴起的直接作用，但这并不能解释为什么媒介学者会产生把所有东西都作为媒介的思想倾向。在海德格尔、基特勒等思想家的影响下，笔者认识到这种思想倾向在很大程度上是把媒介纳入真理问题、存在论问题的必然结果，而把媒介纳入真理问题的诸多思想方案，早已从古希腊先哲那里徐徐展开。于是便有了这本《媒介观念史论》。

笔者读博期间，各位老师给予了笔者悉心指导，在此特别表示感谢。笔者在复旦大学本科和硕士阶段所学课程亦为本书的写作打下了坚实的理论基础，使笔者有底气挑战这一复杂的论题。在此对母校的老师表示感谢。

最后还要感谢审读本书初稿的青岛大学张文彦教授，以及为本书提供宝贵指导意见的社会科学文献出版社的梁艳玲副社长、刘同辉编辑。

本书的内容对笔者而言已属过去，难免思虑不周，敬请识者批评。

于　成

2022 年 7 月于青岛

图书在版编目（CIP）数据

媒介观念史论 / 于成著. -- 北京：社会科学文献
出版社，2022.12
ISBN 978 - 7 - 5228 - 1049 - 2

Ⅰ.①媒… Ⅱ.①于… Ⅲ.①传播媒介 – 研究 Ⅳ.
①G206.2

中国版本图书馆 CIP 数据核字（2022）第 214887 号

媒介观念史论

著　　者 / 于　成

出 版 人 / 王利民
责任编辑 / 刘同辉
文稿编辑 / 张静阳
责任印制 / 王京美

出　　版 / 社会科学文献出版社（010）59366556
　　　　　　地址：北京市北三环中路甲 29 号院华龙大厦　邮编：100029
　　　　　　网址：www. ssap. com. cn
发　　行 / 社会科学文献出版社（010）59367028
印　　装 / 三河市龙林印务有限公司

规　　格 / 开　本：787mm × 1092mm　1/16
　　　　　　印　张：15.25　字　数：234 千字
版　　次 / 2022 年 12 月第 1 版　2022 年 12 月第 1 次印刷
书　　号 / ISBN 978 - 7 - 5228 - 1049 - 2
定　　价 / 98.00 元

读者服务电话：4008918866